2012 中国粮食发展报告

CHINA GRAIN DEVELOPMENT REPORT 2012

主　编：聂振邦

副主编：张桂凤

经济管理出版社
ECONOMY & MANAGEMENT PUBLISHING HOUSE

图书在版编目（CIP）数据

2012中国粮食发展报告/聂振邦主编. －北京：经济管理出版社，2012.10
ISBN 978-7-5096-2102-8

Ⅰ. ①2… Ⅱ. ①聂… Ⅲ. ①粮食－经济发展－研究报告－中国－2012 Ⅳ. ①F326.11

中国版本图书馆CIP数据核字(2012)第220192号

责任编辑：张　艳
装帧设计：杨　炜
　　　　　刘艳南
责任校对：熊兰华
图片提供：东方IC

出版发行：经济管理出版社（北京市海淀区北蜂窝8号中雅大厦A座11层 100038）
网　　址：www.E-mp.com.cn
电　　话：(010)51915602
印　　刷：北京神州信达印刷有限公司
经　　销：新华书店
开　　本：880mm×1230mm/16
印　　张：12
字　　数：262千字
版　　次：2012年10月第1版　2012年10月第1次印刷
书　　号：ISBN 978-7-5096-2102-8
定　　价：150.00元

2012 中国粮食发展报告编辑委员会

编写组
（按姓氏笔画为序）

丁 杰 丁 斌 万劲松 于 涛 卞丽华 孔伟娟 尹 坚
方 言 王 松 王正友 王莉蓉 王耀鹏 卢景波 史京华
龙伶俐 刘 韧 刘冬竹 刘宇宁 刘妍衫 刘青青 刘莉华
匡广忠 向玉旭 孙丽娟 孙春艳 孙洪波 安海东 曲贵强
朱之光 许 策 许正斌 齐朝富 何 毅 吴永顺 张 云
张 凯 张 雪 张永强 张永福 张立伟 张亚奇 张庆娥
张延华 张志栋 张树淼 李 红 李 玥 李 洵 李 涛
李云峰 李美琴 李寅铨 杜维春 杨卫路 杨绪珍 肖 玲
肖春阳 陈书玉 陈玉中 陈军生 陈成云 陈秀玲 陈家积
周 波 周 惠 周 辉 周冠华 周晓耘 林 燕 林明亮
罗文娟 郁士祥 金 贤 姚秀敏 姜在峰 洪 荣 胡文忠
胡承淼 胡瑶庆 贺 伟 赵泽林 赵素丽 唐 茂 唐柏飞
唐继发 唐铁军 唐瑞明 徐京华 徐春春 秦玉云 耿晓頔
贾 骞 郭晓虹 陶 英 寇 荣 康 敏 曹颖君 阎豫桂
麻 婷 麻国杰 黄加才 智振华 曾令清 曾衍德 程传秀
程继伟 韩继志 颜 波 黎 霆 魏 然

编审组
（按姓氏笔画为序）

卢景波 孙鉴奇 严 涛 何松森 颜 波

编辑部

主　任：何松森
工作人员：刘珊珊 崔菲菲 朱 蓉

目 录

目录

目录

专栏

附录

2011年中国粮食发展概述

国家粮食局原党组书记、局长　聂振邦

2011年是“十二五”的开局之年。全国各级粮食部门深入贯彻以科学发展观为主题，以转变经济发展方式为主线，落实党中央、国务院的决策部署，认真执行国家粮食政策，抓好粮食收购，改善宏观调控，加强市场监管，推动产业发展，深化体制改革，妥善应对国际金融危机所带来的负面影响，实现了稳市场保安全、强产业惠民生的工作目标，开创了粮食流通工作“十二五”良好局面，为保障国家粮食安全，促进经济社会平稳较快发展作出了积极贡献。

一、夯实基础，促进粮食生产稳定发展

2011年，国家继续巩固和加强农业基础，全面落实强农惠农、富农、政策，加大补贴力度，稳步提高粮食最低收购价，加强以农田水利为重点的农业农村基础设施建设，开展农村土地整治，加强科技服务和抗灾减灾，中央财政“三农”支出超过1万亿元，比上年增加1839亿元。粮食直接补贴、良种补贴、农机具购置补贴和农资综合直补总规模达到1406亿元，比上年增加180亿元。粮食总产量达到57120.8万吨，实现了历史罕见的“八连增”，连续5年超万亿斤，标志着我国粮食综合生产能力稳定跃上新台阶，为进一步加强粮食宏观调控、保障国家粮食安全奠定了坚实的物质基础。

二、抓好收购，促进种粮农民持续增收

综合考虑农民种粮成本增加等因素，稳步提高粮食政策性收购价格水平。2011年，国家继续对小麦和稻谷实行最低收购价政策，白小麦、红小麦和混合麦价格分别为95元（每百斤，下同）、93元、93元，比上年分别提高5元、7元、7元；早籼稻、中晚籼稻和粳稻价格分别为102元、107元、128元，比上年分别提高9元、10元、23元。继续对油菜籽和大豆实行临时收储政策，临时收储价格分别为230元、200元，比上年分别提高35元、10元。继续对东北地区玉米实行临时收储政策，其中内蒙古、辽宁价格为100元，吉林价格为99元，黑龙江价格为98元。

切实组织好粮食收购工作。各级粮食部门把抓好粮食收购作为服务“三农”、促进农民增产增收的重要工作，加强形势分析和研判，及时提供粮食市场信息，强化督导检查，确保全年收购工作顺利完成。初步统计，2011年全国各类粮食经营企业收购粮食28243万吨（贸易粮，下同），同比增加268万吨，其中国有粮食企业收购11443万吨，同比减少963万吨；全年收购托市粮食377万吨，油料330万

吨。初步测算，由于收购价格提高，促进农民增收约300亿元，有效地保护了种粮农民利益和生产积极性。2011年农村居民人均纯收入达到6977元，比2010年实际增长11.4%。

三、加强调控，保持粮食市场基本稳定

全力做好保供稳价工作。一是适时适量安排政策性粮食投放市场。2011年，采取竞价销售、定向销售和邀标销售等方式，累计销售国家政策性粮食3892万吨，食用植物油151万吨；14个省（区、市）与国家协同运作，共向市场投放地方储备粮108万吨，食用植物油2.3万吨，保障了居民口粮和企业用粮需要。二是抓好粮食移库和调运。在相关地方的积极配合下，国家向华北、西北和南方主销区安排小麦跨省移库计划325万吨，向西南、西北旱灾地区调运稻谷55万吨，充实了薄弱地区粮食库存，保证了灾区粮食供应。三是深化粮食产销合作。举办各类粮食产销衔接会、贸易洽谈会，粮油产品交易总量达2300万吨，促进了产区粮食有稳定的销路，销区粮源有可靠的保障。粮食宏观调控政策的有效实施，在消费品价格指数上涨压力较大、其他农产品价格波动剧烈的情况下，确保了粮食市场供应和价格基本稳定。

调控粮食市场的物质基础更加坚实。2011年，国家采取直接收购、自主轮换收购、商品粮就地划转和进口划转等多种方式补充中央储备和国家临时存储库存。调整中央储备粮品种结构，适当增加粳稻收储数量。及时下达中央储备粮年度轮换计划并指导和督促落实，及时追加玉米轮换计划，满足饲料和养殖企业用粮需要。各地按照国家部署，落实粮食省长负责制，进一步充实地方粮油储备，增加成品粮油和小包装粮油储备，东南沿海等主销区调整地方储备结构，增加粳稻储备数量。2011年底，全国地方储备粮、油库存同比分别增长6.5%、15.9%，其中成品粮、油储备库存分别增长18%、16.5%。储备库存的充实和品种结构的调整，为保障供应、稳定市场奠定了坚实的物质基础。

粮食应急、军粮供应和粮油统计、市场监测工作进一步加强。各地确定的粮油应急加工定点企业增加到5799家，应急供应定点企业增加到16038家。军粮供应管理工作制度化建设、全天候军粮供应战备应急保障体系建设得到加强，进一步提升了军粮供应管理水平、服务水平和保障能力。认真履行全社会粮食流通统计职能，完善调查方案，改进调查方法，加强分析研究和对国内外粮油市场的动态实时监测预测，为国家宏观调控提供可靠的决策依据。

四、加强监管，粮食依法行政积极推进

服务于国家宏观调控和保障食品安全的需要，加强依法行政和制度建设，加强对政策性粮食的监督检查和全社会粮食流通的监管，做到了让政府心中有数，让群众放心。

粮食监督检查工作深入推进。经国务院批准，2011年开展了新中国成立以来首次全国食用植物油库存清查。结果显示，全国各类油脂库存数量真实，质量总体良好，储存比较安全。这次清查，进一步摸清了粮食、植物油的库存家底，推动了各项标准制度的建立和完善，提高了油脂库存管理水平。继续开

展全国粮食库存年度例行检查，及时组织对最低收购价、国家临时收储等政策落实情况以及政策性粮食销售出库的监督检查。继续巩固和完善监督检查体系，加强对全社会粮食流通的监督检查，及时查处纠正违法违规行为，维护了正常的粮食流通秩序。

粮食质量监管工作进一步加强。认真履行国务院食品安全委员会成员单位职责，建立粮食质量安全监管考核评价等制度，落实监管责任，组织对东北三省的食品安全督查。扎实做好粮食质量安全检验监测和库存粮食、食用植物油的质量安全抽查。认真做好粮油标准制修订工作，完成标准制修订27项，发布实施标准62项。积极推进粮食质量监测体系建设，安排中央专项补助投资，加强检验监测能力建设。

粮食行政许可制度进一步完善。认真组织开展收购资格审核和中央储备粮代储资格审核，加强对资格企业的检查和指导，规范收购市场秩序和代储行为。全国具有粮食收购资格的经营者达到8.6万家，其中国有及国有控股企业1.64万家，其他经济组织等多元主体6.96万家。共有1841家企业取得中央储备粮代储资格，其中粮食类企业1665家，取得资格仓容9009万吨；油脂类企业176家，取得资格罐容268万吨。

粮食立法普法工作稳步推进。精心组织和做好《粮食法》的起草及报审工作。认真贯彻落实国务院的部署，研究制定粮食行政管理部门深入推进依法行政的意见，发布实施粮食行业“六五”普法规划。继续推进《粮食流通管理条例》和《中央储备粮管理条例》的实施，加强督促检查和指导，粮食最低、最高库存制度得到较好的落实。

粮食仓储制度建设和安全生产工作得到加强。基本完成粮油储藏技术规范制修订工作。高度重视安全生产工作，及时召开会议分析形势，部署工作，制定防范措施，加强对典型安全生产事故的现场调查，通报事故案例，防止同类事故再次发生。

五、规划引路，推动现代粮食流通产业稳步发展

2011年国家发布实施了《国民经济和社会发展第十二个五年规划纲要》，各级粮食部门认真贯彻落实规划纲要精神，紧密结合粮食行业特点、工作实际和发展需要，及时编制行业发展规划，并向有关部门积极争取加强政策和资金扶持，现代粮食流通产业实力得到提升。

编制发布粮食行业“十二五”发展规划纲要。国家发展改革委、国家粮食局联合发布《粮食行业“十二五”发展规划纲要》，明确粮食行业“十二五”期间的主要任务是“深化一项改革，健全六大体系，重点建设六大工程”。编制发布粮食基础设施建设、市场体系建设、加工业发展、科技发展等四个专项规划。各地粮食部门编制完成了“十二五”设施建设等规划并发布实施，加大政府投资规模，为推动粮食流通产业科学发展提供了有力保障。

粮食流通基础设施和物流体系建设得到加强。制定具体措施贯彻国务院物流业健康发展实施意见，与有关部门联合印发了“十二五”农户科学储粮专项规划和管理办法。2011年，国家有关部

门安排中央补助投资24.78亿元，用于粮油仓储设施、粮食现代物流项目、农户科学储粮专项以及实施最低收购价政策等地区仓房的维修改造。2011年下达的141.8万套标准化农户储粮专项进展顺利。各地积极筹措资金，加大投入力度，加快中心粮库、物流产业园区、信息化等设施建设，粮食流通基础设施建设成效显著。

粮食市场体系和信息体系建设稳步推进。完善全国统一粮食竞价交易系统，加强交易市场内部控制制度建设，规范政策性粮油结算资金的管理。国家粮食交易中心总数达到25个，在国家宏观调控中发挥了“稳定器”作用。粮食收购、零售、批发、期货市场稳步发展，大中型区域性、专业性粮食批发市场70家，各类粮食批发市场448家，年交易量超过11000万吨，保证了企业对粮源的需求，促进了产销衔接，在保障当地居民口粮供应和应急保障中发挥了积极作用。粮油市场信息体系基本形成，大型批发市场电子商务交易信息系统快速发展，地方粮食信息网络继续保持良好发展势头。

粮食加工业和产业化经营稳步发展。截至2011年底，粮油加工业主要产品产量同比增幅超过12%，产品销售收入同比增长18%，粮油加工业继续保持平稳较快发展势头。山东、江苏、河南、安徽和湖北等五省的粮油工业总产值超过了千亿元。稻谷、小麦、油脂加工龙头企业建设取得明显进展，促进了产业结构调整和升级。全国国有粮食企业中规模以上产业化龙头企业达到1012家，同比增加83家。配合有关部门严格控制玉米深加工用粮和产能增长初见成效，用粮同比增幅回落。加强对稻谷、大豆加工产业政策的研究并开展专项调查，有关政策建议已纳入国家产业结构调整指导目录。

积极推进粮食科技创新。实施以节能增效和产后减损为主要内容的“十二五”科技项目，以射频识别（RFID）技术为核心的信息技术在江苏试点成功并逐步全面推广，积极推广以生物科学为主的绿色环保储粮技术在粮食储藏和质量检测中的应用，国家发展改革委批准的5个粮食产后国家工程实验室建设全面启动，粮食流通社会化科技创新体系初步形成。

“放心粮油”工程深入推进。制定《放心粮油示范企业经营服务规范》等行规行约，开展放心粮油示范企业创建和信用评价试点工作。继续推广放心粮油进农村、进社区工程，各地共发展销售服务网点近20万个，其中农村网点6万多个。山东省放心粮油网点已达2.2万个，天津粮油集团每天生产放心馒头100万个，陕西省西安市放心馒头市场占有率达到60%以上。很多地方将“放心粮油”工程作为党委、政府的“民生工程”强力推进，深受广大消费者的欢迎。

六、完善措施，粮食流通体制改革取得新进展

加大财政、税收和政策支持力度，加强工作指导，积极推进粮食流通体制改革，国有粮食企业改革和发展取得新成效。

国有粮食企业改革发展环境得到改善。中央财政安排924.1亿元资金，帮助主产省区消化1998年以前的政策性粮食财务挂账。在近三年逐步取消主产省粮食风险基金地方配套98亿元的基础上，从2011年

起将全国粮食风险基金规模从302亿元增加到382亿元。协调有关部门对储备粮承储企业免征印花税、房产税、城镇土地使用税和财政补贴收入免征所得税，明确从2011年起将中央政策性粮食保管费用补贴标准统一提高到每年每公斤0.10元。

国有粮食企业改革和发展积极推进。不断加强国有企业扭亏增盈信息通报和重点企业经营情况定期分析，进一步完善重点国有粮食企业联系制度，及时推广典型经验，国有粮食企业改革和发展迈出新步伐。通过改制重组，全国国有粮食企业调整到15472个，同比减少1077个，企业布局、结构和资产进一步优化，市场竞争力和影响力不断增强，经营管理水平进一步提高。初步统计，全国纳入统计的国有粮食企业实现统算盈利63.6亿元，其中国有粮食购销企业统算盈利52.3亿元，26个省（区、市）实现了全行业统算盈利。

完善粮食价格形成机制有新进展。积极组织开展粮食产销和成本利润调研，在全国23个省（区、市），对8个主要粮油品种进行深入调研，加强对粮食产销和成本收益变化情况的分析，研究提出最低收购价定价原则和完善粮食支持保护政策的措施建议，为稳步提高小麦、稻谷最低收购价水平和合理确定玉米、大豆、油菜籽临时收储价格提供决策依据。

七、党风廉政建设和人才队伍建设进一步加强

深入开展创先争优和庆祝建党90周年活动，全面推进党的思想、组织、作风、制度和反腐倡廉建设。深入贯彻十七届中央纪委第六次全会和国务院第四次廉政工作会议精神，围绕确保粮食安全，服务粮食工作大局，加强对中央重大决策部署和国家粮食宏观调控措施的监督检查，深入开展专项治理，认真解决反腐倡廉建设中人民群众反映强烈的突出问题，切实纠正行业不正之风，扎实推进反腐倡廉各项工作。抓好干部培养锻炼，开展行业高级职称评审和高层次专业技术人才队伍培训，继续做好高技能人才培养工作。成立全国粮食行业职业教育教学指导委员会，加强行业人才交流，组建示范性全国粮食行业职业教育集团。紧密结合保障国家粮食安全和深化粮食流通体制改革、发展现代粮食流通产业的实际，加强粮食战略性问题研究。积极采取多种方式，宣传国家粮食政策和粮食流通各项工作。成功举办“世界粮食日”、行业会展和“全国爱粮节粮宣传周”等活动，首次建设中小学生爱粮节粮教育社会实践基地，增强社会公众的爱粮节粮意识。继续加强粮食储藏、物流、加工、科技、信息和生物技术等方面的对外交流与合作，扩大国际合作领域。

第一部分

粮食生产

一 2011年粮食作物生产情况及2012年形势展望

2011年，在党中央、国务院的坚强领导下，经过各级党委、政府和农业部门，以及广大农民群众的共同努力，粮食生产克服北方冬麦区冬春连旱、长江流域旱涝急转、西南地区严重干旱等多重灾害的影响，粮食总产在高起点、高基数的情况下实现半个世纪以来首次连续八年增产，首次连续五年保持在5亿吨（1万亿斤）以上，为抑制物价过快上涨、应对国际金融危机赢得了主动，为保持经济平稳较快发展、维护社会和谐稳定作出了重要贡献。我国粮食生产实现“八连增”，对平衡全球粮食供求、稳定国际市场价格也具有重要意义。

(一)2011年粮食生产特点

1.粮食面积稳定增加

2011年粮食播种面积11057.3万公顷，比上年增加69.7万公顷，增幅0.6%，是1957年以来第一次连续八年增加。

2.粮食单产提高

2011年粮食平均单产每公顷5165.9公斤，比上年提高192.3公斤，增幅3.9%。

3.粮食总产连续第八年增产

2011年粮食总产57120.8万吨，比上年增产2473.1万吨，增幅4.5%，实现1959年以来第一次

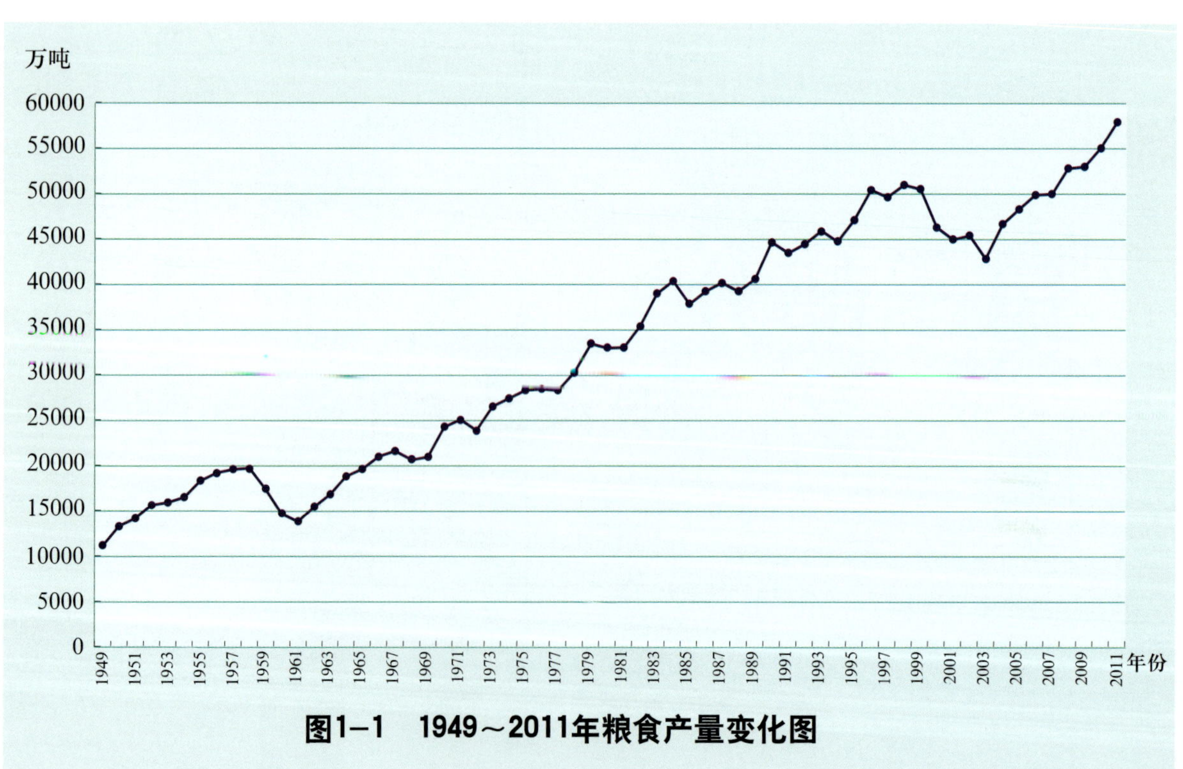

图1-1 1949～2011年粮食产量变化图

连续八年增产。

4.三季粮食季季增产

夏粮增产：2011年夏粮播种面积2755.8万公顷，比上年增加11.8万公顷，增幅0.4%；总产12638.7万吨，比上年增产323.7万吨，增幅2.6%；单产每公顷4586.3公斤，比上年提高98.4公斤，增幅2.2%。

早稻增产：2011年早稻播种面积575.0万公顷，比上年减少4.6万公顷，减幅0.8%；总产3275.4万吨，比上年增产141.7万吨，增幅4.5%；单产每公顷5697.0公斤，比上年提高290.0公斤，增幅5.4%。

秋粮增产：2011年秋粮播种面积7726.6万公顷，比上年增加62.6万公顷，增幅0.8%；总产41206.7万吨，比上年增产2007.7万吨，增幅5.1%；单产每公顷5333.1公斤，比上年提高218.4公斤，增幅4.3%。

5.主要粮食品种“三增一减”

稻谷增产：2011年稻谷播种面积3005.7万公顷，比上年增加18.4万公顷，增幅0.6%；总产20100.1万吨，比上年增产524.0万吨，增幅2.7%；单产每公顷6687.3公斤，比上年增加134.3公斤，增幅2.0%。

小麦增产：2011年小麦播种面积2427.0万公顷，比上年增加1.3万公顷，增幅0.1%；总产11740.1万吨，比上年增产222.0万吨，增幅1.9%；单产每公顷4837.2公斤，比上年提高89.1公斤，增幅1.9%。

玉米增产：2011年玉米播种面积3354.2万公顷，比上年增加104.2万公顷，增幅3.2%；总

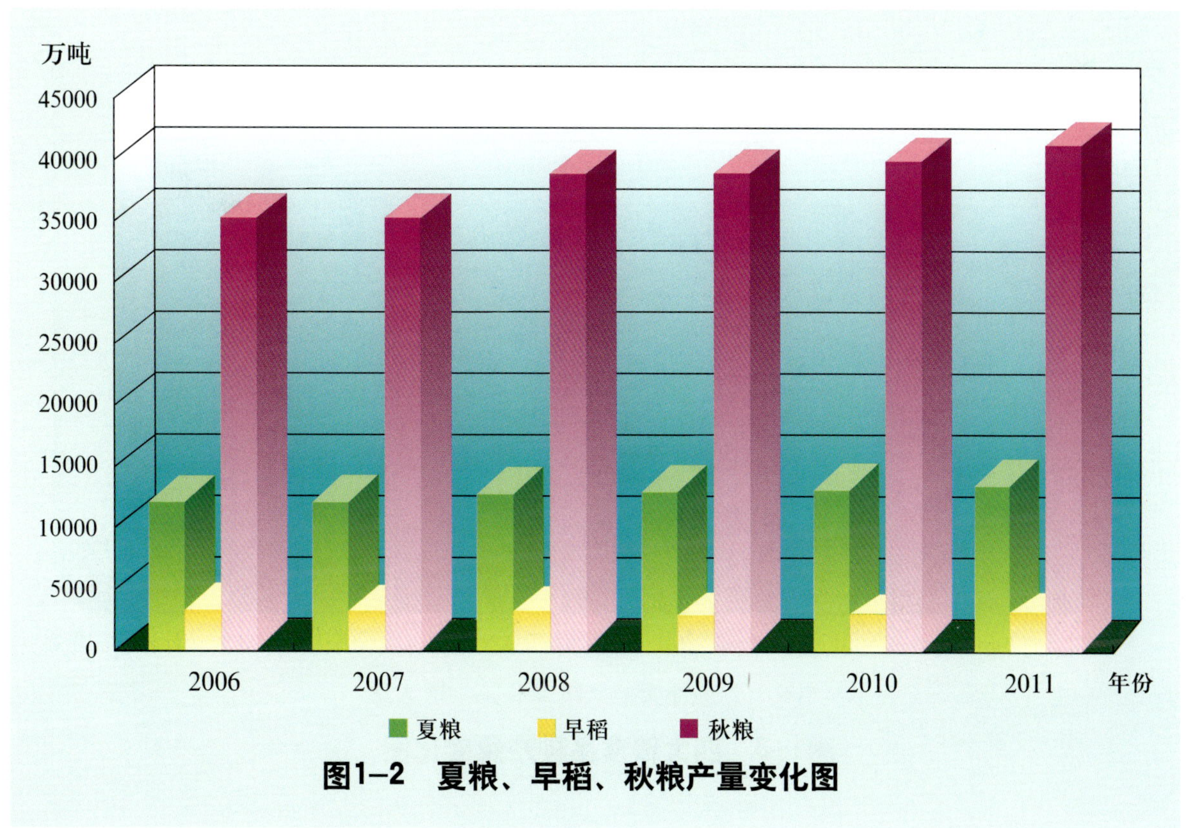

图1-2 夏粮、早稻、秋粮产量变化图

产19278.1万吨，比上年增产1553.6万吨，增幅8.8%；单产每公顷5747.5公斤，比上年提高293.8公斤，增幅5.4%。

大豆减产：2011年大豆播种面积788.9万公顷，比上年减少62.7万公顷，减幅7.4%；总产1448.5万吨，比上年减产59.8万吨，减幅4.0%；单产每公顷1836.3公斤，比上年提高65.1公斤，增幅3.7%。

6.全国基本实现均衡增产

重庆、贵州2省（市）减产，其他29个省（区、市）均有不同程度增产，其中黑龙江增产557.8万吨、吉林增产328.5万吨、辽宁增产270.1万吨、内蒙古增产229.3万吨、河北增产196.7万吨。13个粮食主产省粮食产量43421.5万吨，比上年增产2237.5万吨，占全国粮食总产量的76.0%，比上年提高0.6个百分点；18个粮食主销省和产销平衡省粮食产量13699.3万吨，比上年增产235.6万吨，占全国粮食总产量的24.0%，比上年减少0.6个百分点。河北、山西、内蒙古、辽宁、吉林、黑龙江、安徽、江西、山东、河南、湖南、云南、甘肃、宁夏、新疆等15个省（区）粮食产量创历史新高。内蒙古、辽宁、吉林、黑龙江四省（区）粮食增产量占全国增产总量的56.0%。

（二）主要启示

1.行政推动作用突出

针对2011年粮食生产任务艰巨、形势复杂的情况，为营造重农抓粮的良好氛围，全力保持粮食生产发展好势头，国务院组织开展了全国粮食

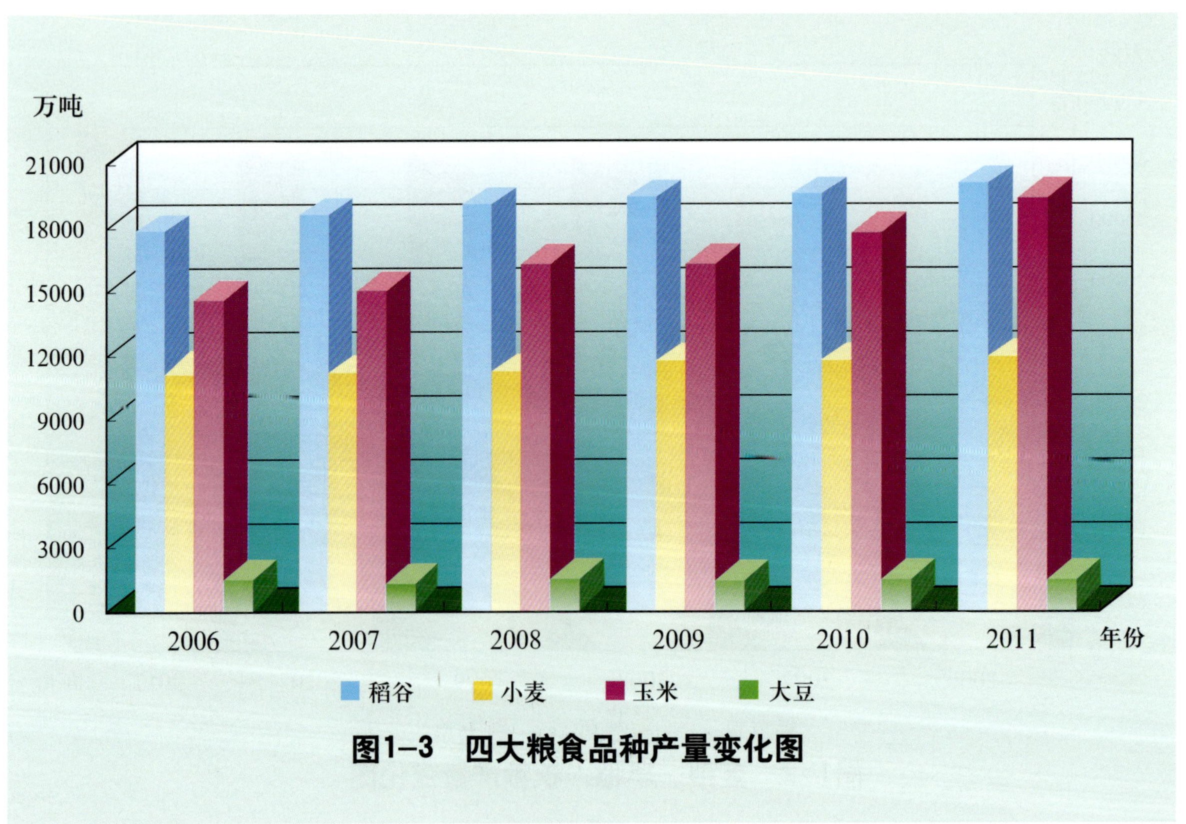

图1-3 四大粮食品种产量变化图

稳定增产行动。农业部充分发挥牵头组织作用，与相关部门密切配合，强化工作督导，开展考核奖励。先后派出两批由11个国务院部门领导带队的工作指导组，分赴23个省（区、市）督导粮食生产，形成了中央统筹、部门联动、上下协同抓粮食生产的合力。在秋冬种、春耕和“三夏”生产等关键农时，派出110个工作组和专家指导组深入主产区，推动政策落实，稳定粮食面积。各级农业部门积极争取当地党委、政府支持，加强组织协调，强化责任落实，创新考核机制，切实把粮食生产发展的目标任务和政策措施落到实处。

2.政策力度前所未有

面对近年灾害多发频发重发的严峻形势，党中央、国务院继续强化完善惠农政策。2011年中央财政安排粮食直补、农资综合补贴、良种补贴、农机具购置补贴“四补贴”资金1406亿元，增加粮食大县奖励资金40亿元，对粮食生产大县除实行一般性转移支付政策奖励外，对增产部分再给予适当奖励。大幅提高并及时公布小麦和稻谷最低收购价，每50公斤分别比上年提高5～7元和9～23元。针对冬麦区持续冬春连旱、长江中下游地区旱涝急转和西南地区严重夏伏旱，中央果断出台冬小麦抗旱浇水、弱苗施肥、水稻大棚育秧等补助政策，资金额度达到42亿元。同时，高产创建和标准园创建资金规模也有较大幅度增加。2011年中央支持粮食生产的政策出台频率之高、力度之大明显超过往年，极大地调动了地方政府抓粮和农民种粮的积极性。

3.指导服务及时到位

围绕促进粮食生产稳定发展，农业部积极创新和完善服务形式，增强了科技示范带动能力。全年制定下发14个技术指导意见，贯穿粮食生产全过程，因时、因地、因作物提出管理措施，探索了粮食生产全程精细化管理的有效方式。继续禁用10种高毒农药，专业化统防统治面积达到4333.3万公顷，比上年增加866.7万公顷；测土配方施肥面积达到8000万公顷，增加666.7万公顷。各地普遍反映，近年来在抓粮食生产中探索出的深松整地、播后镇压、浇越冬水、一喷三防、地膜覆盖、大棚育秧、机插秧等增产节本技术日益成熟，专家与农技人员在关键农时季节巡回指导机制不断完善，有力地促进了粮食增产。

4.高产创建带动有力

为应对粮食生产面临的严峻形势，各级农业部门按照全国粮食稳定增产行动的统一部署，切实把开展高产创建作为应对不利气候影响、落实关键技术措施的重要举措，大力推进整县整乡整建制试点，率先落实抗灾增产技术措施，促进大面积均衡增产，为实现我国粮食产量“八连增”发挥了重要作用。2011年中央财政安排15亿元资金，继续在全国建设5000个万亩示范片，并选择50个县（市）、500个乡（镇），开展整县整乡整建制高产创建试点。各省均以文件形式制定下发了高产创建工作实施方案，明确任务、落实责任，突出重点、真抓实干。各地以万亩示范片和整建制试点为平台，在重要农时和生育时期展示和示范深松整地、播后镇压、浇越冬水、抗旱保苗、一喷三防等关键技术措施，以点带面，辐射带动所在乡（镇）和县（市）平衡增产。据统计，2011年全国4270个粮食（不含杂粮）万亩示范片平均亩产600.5公斤，比全国平均水平高256.1公斤。

5.抗灾救灾效果显著

2011年北方冬麦区发生大范围、长时间冬春连旱，长江流域遭遇多年少见的旱涝急转，西南地区遭遇严重夏伏旱。面对频繁发生的自然灾害，各级农业部门加强监测预警，及时响应，科学指导，大力推进科学防灾减灾。在抗旱救灾的紧要关头，从中央到地方共有3万名多农业部门机关干部、16万名农业专家和技术人员深入基层开展巡回技术指导。北方冬麦区扎实推动播后镇压、抗旱浇水、弱苗追肥等措施落实，实现了夏粮抗旱夺丰收。长江中下游地区狠抓改种补种和田间管理，确保了中稻面积落实和早稻恢复性增产。西南地区千方百计扩大晚秋生产，切实减轻了旱灾损失。各级农业部门加强病虫害监测和防控指导，突出抓好小麦药剂拌种和条锈病源头区控制，有效处置黄淮玉米主产区二点委夜蛾虫害的暴发，强化南方水稻黑条矮缩病联防联控，将病虫危害损失降到最低程度。

(三)2012年粮食生产形势展望

我国粮食生产正处于新的起点，要在高基数上巩固好形势、实现新突破，加快科技进步、依靠科技增粮的要求更为紧迫。

一是资源约束日益趋紧，迫切需要依靠科技挖掘增产潜力。我国粮食实现连续八年增产，来自面积增加的贡献占增产总量的34%，但贡献逐年减小。目前，支撑粮食增产的各种要素绷得越来越紧。1999～2009年的10年间，耕地减少了800万公顷，水资源减少了700亿立方米，农业用水在全国用水的比例由70%下降到62%。要利用有限的耕地和水资源，确保粮食95%的自给率，只能依靠科技进步，提高单产水平，挖掘增产潜力。

二是气候变化影响加剧，迫切需要依靠科技减轻灾害损失。近年来，随着全球气候变化，干旱、洪涝、低温和病虫害等发生频率增加、威胁加重，每年因气象灾害损失粮食4500万吨左右，因病虫害损失粮食2500万吨左右。在目前我国农业基础设施还十分薄弱的情况下，依靠科技大力推行科学防灾减灾的要求更加迫切。

三是粗放经营难以为继，迫切需要依靠科技提高资源利用效率。我国粮食集约化生产水平不高，土、肥、水、种、药等资源利用率较低。化肥使用总量占世界的35%，每公顷平均用量318公斤，远高于120公斤的世界平均水平。每立方灌溉水生产1公斤粮食，每公顷每毫米降水生产7.5公斤粮食，都只有发达国家的一半。迫切需要转变发展方式，切实提高资源利用率。

四是市场竞争日趋激烈，迫切需要依靠科技提升产业素质。随着劳动力、土地、生产资料价格上涨，我国粮食产品成本优势正在减弱。由于一家一户分散经营，产品标准化程度低，质量控制难度大，质量水平与发达国家差距较大，储存、加工和运输水平差距更大。必须加快农业科技进步，用先进科技改造生产，节本增效，提质增效，全面提高我国粮食产品市场竞争力。

2012年是实施“十二五”规划承上启下的重要一年，继续保持粮食生产稳定发展，对于巩固经济社会发展基础、为党的十八大召开创造良好氛围，具有极端重要的意义。中央提出，2012年要坚持不懈抓好“三农”工作，毫不放松抓好粮食生产，增强粮食等农产品供给保障能力。着眼经济社会发展全局，考虑粮食生产的现实保障条件，2012年粮食生产目标，要稳定粮食播种面积，依靠科技提高单产，确保总产在5.25亿吨（10500亿斤）以上，全力以赴争取稳定在5.5亿吨（11000亿斤）的水平。

二 2011年国家扶持粮食发展政策

2010年，我国粮食生产实现了“七连增”，产量接近5.5亿吨（11000亿斤），在此基数上要保持2011年粮食生产丰收，面临的任务更加艰巨：一是粮食产量基数高；二是北方冬麦区遭遇冬春连旱，华北、黄淮等冬小麦主产区从2010年10月起降水偏少；三是粮食生产成本不断上升，农民种粮比较收益下降；四是粮食连年丰收后，一些地方出现放松粮食生产的倾向。面对复杂的形势，党中央、国务院狠抓粮食生产不放松，2011年新年伊始就出台了一系列扶持政策，在继续实施种粮农民直补、良种补贴、农资综合补贴、农机购置补贴“四项补贴”以及产粮大县奖励、测土配方施肥补贴、高产创建补助等政策的基础上，进一步加大了对粮食生产的政策支持力度，为实现粮食连续八年增产和粮食市场稳定发挥了重要作用。

(一)粮食生产扶持政策

1.出台抗旱措施

2011年1月26日，国务院召开常务会议部署进一步做好抗旱工作，要求有关地区和部门高度重视抗旱促春管保丰收工作，努力夺取夏粮丰收，为全年粮食丰收奠定基础；研究出台了“加强气象监测预报，加强水源建设和调度、建立抗旱服务队，加强春季麦田管理、因时因地因苗落实抗旱春管措施、确保冬小麦安全越冬和返青，做好抗旱物资储备和供应、加大跨区跨省送电力度、协调电网企业开辟抗旱用电绿色通道、加大对旱区加油站点配送力度、增加旱区油品调运和投放，解决旱区人畜饮水问题和加大资金支持力度”等六项抗旱政策措施，共安排中央资金72.4亿元。其中，40亿元用于受旱地区农村饮水安全、大型灌区续建配套与节水改造；8亿元用于对冬小麦主产省533.3万公顷（8000万亩）小麦抗旱浇水补助；12亿元用于对600个县级抗旱服务队设备购置补助。另外，中央财政安排10.4亿元资金，对受灾群众给予冬春临时生活困难救助。

2.出台进一步促进粮食生产的政策措施

2011年春节前夕，温家宝总理前往安徽、山东等地调研，途中发现部分耕地撂荒，小麦、油菜苗情不乐观，农民冬管积极性不高，正月初二即布置国家发展改革委牵头研究对策。国家发展改革委即会同财政部、农业部、水利部、国家粮食局等部门分析旱情对我国粮食生产的影响，研究如何调动干部群众粮食生产积极性、保证粮食生产丰收的相关政策措施，提出了十项政策建议上报国务院。2011年2月9日，春节后上班第一天，国务院即召开常务会议出台了十项政策，中央共计安排资金67亿元。其中，强化了1月26日出台的三项措施：一是再安排8亿元用于冬小麦主产省8000万亩小麦给予二次抗旱浇水补助；二是增加旱区200个县级抗旱服务队购置抗旱应急设备资金4亿元；三是再安排中央投资20亿元用于旱区农村饮水安全、大型灌区续建配套与节水改造。新出台的六项政策为：一是安排资金8亿元用于冬小麦主产省8000万亩小麦返青拔节弱苗施肥补助；二是安排12亿元用于冬小麦主产区农民购置抗旱急需的水泵、喷灌机械设备以及其他抗旱节水机具补助；三是实施病虫专业化统防统治补助，粮食主产区的800个县和重大病虫源头区的200个县的2000个规模化的专业化服务组织，中央财政每个补助25万元；四是安排5亿元用于支持东北地区建设水稻育秧大棚；五是对西南西北玉米覆膜种植补助，补助面积333.3万公顷（5000万亩），每公顷补助150元；六是提高稻谷最低收购价。此外，会议还决定由国家发展改革委会同农业部、财政部进一步研究，实施全国粮食稳定增产行动。

随即，2011年2月10日，国务院召开全国粮食生产电视电话会议。温家宝总理在会上要求各地区、各有关部门要充分认识稳定发展粮食和农业生产的极端重要性。2011年宏观调控的首要任务就是保持物价总水平基本稳定，而粮食和农业生产的稳定是稳定农产品价格的根本措施。如果出现粮食减产，农产品市场风险将急剧扩大，势必对稳定物价带来更大压力。要保持粮食稳定增产，夏粮很关键，做好抗旱工作，直接关系夏粮和全年农业丰收，关系物价总水平的稳定，关系经济平稳较快发展。必须从全局和战略的高度，充分认识促进粮食生产、搞好抗旱保丰收工作的重要性，切实增强责任感和紧迫感，坚决克服麻痹思想和侥幸心理，立足抗大旱、抗大灾，千方百计夺取夏粮和全年农业丰收。会上，温家宝总理重申了国务院出台的十项促进粮食生产政策，并要求各地区、各有关部门一定要把思想统一到中央对粮食生产形势、经济形势的分析和判断上来，统一到中央的决策部署上来，牢固树立政治意识、大局意识、责任意识，进一步加强领导，加大支持力度，抓好政策落实，努力促进粮食和农业生产稳定发展。同时还提出要切实把粮食和农业摆到重要位置、要全面落实粮食省长负责制和抗旱工作责任制、要确保各项促进粮食生产的政策措施落到实处、要加强部门协作等四项具体要求。

3. 开展2011年全国粮食稳定增产行动

2011年3月16日，国务院常务会议审议《关于开展2011年全国粮食稳定增产行动的意见》（以下简称《意见》）。会议决定，以粮食主产省和非主产省的主产县为重点地区，以增加重要紧缺品种供给和推广落实防灾减灾增产关键技术为重点，开展2011年全国粮食稳定增产行动，力争粮食播种面积稳定在2010年水平，实现夏粮丰收、早稻增产、秋粮稳定，全年粮食产量在1万亿斤以上。为此，一要落实播种面积，二要加强农田水利和高标准农田建设，三要大规模开展粮食高产创建，四要大力开展科技指导服务，五要全力抓好农资供应和市场监管，六要切实抓好防灾减灾工作，七要加强政策和资金支持。中央新增支农资金100亿元以上。

4.国务院十余个部委进行粮食增产督导

2011年5月，根据国务院常务会议精神，国家发展改革委、财政部、农业部、水利部、科技部、国土资源部、人力资源与社会保障部、监察部、国家统计局、国家粮食局、中国气象局等11个部门，组成由部委领导带队的11个督导组于5月和8月分赴河北、山西、内蒙古、辽宁、吉林、黑龙江、江苏、浙江、安徽、江西、山东、河南、湖北、湖南、广东、广西、重庆、四川、贵州、云南、陕西、甘肃和新疆等23个省（区、市）开展夏粮和秋粮生产督导。督导组就中央扶持粮食生产政策的落实情况、各省出台的相关配套政策、2011年粮食生产目标及生产形势问题等，深入田间地头、召开座谈会，听取当地政府有关工作情况汇报，深入了解各地开展粮食稳定增产行动的进展情况。

5.下达粮食生产建设资金

根据《全国新增1000亿斤粮食生产能力规划（2009～2020年）》（国办发[2009] 47号）精神，国家发展改革委下达中央投资65亿元，用于800个产粮大县田间工程、农技服务体系和东北地区水稻育秧大棚建设，建成高产稳产粮田1600万亩左右、水稻育秧大棚1.2万栋和一批县级农技推广服务站。在投资安排上，按照资金与增产任务挂钩的原则，重点向产粮大省倾斜，黑龙江和河南两省的中央投资规模均在10亿元左右，约占中央总投资的1/3。

(二)粮食最低收购价政策

为贯彻落实中央经济工作会议精神，进一步提高种粮效益，保持市场粮价平稳，保护和调动农民种粮积极性，促进粮食生产发展，2011年国家根据种粮成本变化情况，继续稳步提高粮食最低收购价格。

1.2011年小麦最低收购价政策

为保证2011年夏粮生产，国家发展改革委于2010年10月公布了2011年小麦最低收购价。2011年白小麦（三等，下同）、红小麦和混合麦最低收购价分别为每50公斤95元、93元和93元，比2010年分别提高5元、7元和7元，平均比2010年提高5.4元，平均提高幅度为6.1%。按预计的2011年小麦生产成本及上述价格水平测算，加上每50公斤约7元的粮食直补和农资综合补贴，农民按最低收购价出售小麦的成本利润率可达26%左右，高于小麦生产近20年平均成本利润率20%的水平，能够保护农民种植小麦的积极性。

在提高小麦最低收购价格的同时，拟分两年取消白小麦与红小麦、混合麦最低收购价价差。2010年每50公斤红小麦和混合麦最低收购价比白小麦低4元，2011年先将价差缩小2元，2012年再缩小2元。

2.2011年稻谷最低收购价政策

国家发展改革委于2011年2月公布了2011年稻谷最低收购价。2011年早籼稻（三等，下同）、中晚籼稻和粳稻最低收购价分别为每50公斤102元、107元和128元，比2010年分别提高9元、10元和23元，平均比2010年提高14元，平均提高幅度为14.2%，比当时市场收购价格分别低5元、9元和13元。按预计的2011年稻谷生产成本及上述最低收购价安排水平测算，加上每50公斤约7元的粮食直补和农资综合补贴，稻谷生产成本利润率将达到36%左右，接近稻谷生产近20

年平均成本利润率水平，能够保护农民种粮积极性。而且，2011年新稻上市后，稻谷市场收购价格将会继续稳步上升，农民种植稻谷的实际成本利润率还会再高一些。

2011年，由于粮食价格水平高于最低收购价格，粮食最低收购价执行预案未启动。

三 主要粮食品种生产成本分析

(一)2011年粮食生产成本收益变化情况

据全国价格主管部门成本调查机构的调查显示，2011年粮食与上年相比（下同）：单产提高，成本上升，价格上涨，种粮收益连续第六年增加，再创历史新高。具体情况是：

1.单产提高

2011年气候条件较为有利，主要粮食作物单产均有所增加。总体来看，三种粮食平均（稻谷、小麦、玉米，下同）每公顷产量6630公斤，增加277.5公斤，增幅4.36%。其中，稻谷、小麦和玉米每公顷产量分别为6967.5公斤、5838.0公斤和7083.0公斤，分别增加250.5公斤、288.0公斤和292.5公斤，增幅分别为3.73%、5.18%和4.31%。

2.成本上升

2011年三种粮食平均每公顷总成本和现金成本分别为11868.0元和5995.5元，分别比上年

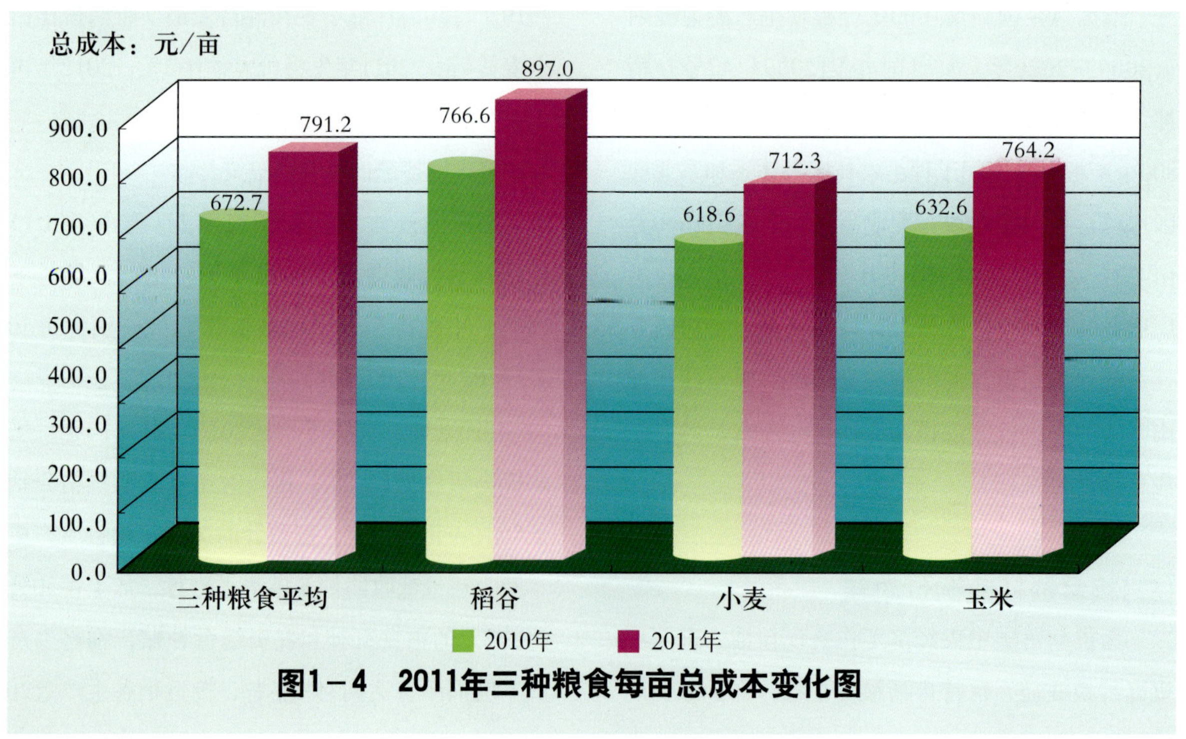

图1－4 2011年三种粮食每亩总成本变化图

增加1777.5元和768.0元，增幅分别为17.61%和14.69%。主要成本项目变动情况：一是主要受化肥价格上涨影响，虽然每公顷化肥施用量（折纯）仅比上年略增0.22%，但每公顷化肥费达到1924.5元，增加259.5元，增幅15.62%；二是由于机械化率提高和机械作业价格上涨，每公顷机械作业费1477.5元，比上年增加204.0元，增幅16%；三是由于价格上涨以及用量增加，每公顷种子费697.5元，比上年增加100.5元，增幅16.88%；四是由于劳动力价格持续上涨，虽然每公顷用工数量比上年减少2.02%，但每公顷人工成本仍达4246.5元，比上年增加843.0元，增幅24.75%；五是由于种粮用地需求持续保持旺盛，土地价格继续上涨，每公顷土地成本2247.0元，比上年增加247.5元，增幅12.36%。

3.价格上涨

受国家提高粮食最低收购价政策引导和实行临时收储、储备吞吐、进出口调节等调控措施以及成本持续增加等多种因素的影响，2011年粮食价格连续第六年上涨。农民出售三种粮食全年平均价格每50公斤115.4元，比上年上涨11.6元，涨幅11.22%。其中，稻谷、小麦和玉米分别为134.5元、104元和106.1元，分别比上年上涨16.5元、4.9元和12.5元，涨幅分别为14.01%、4.99%和13.3%。

4.收益增加

2011年三种粮食平均每公顷净利润和现金收益分别为3762.0元和9633.0元，分别比上年增加354.0元和1363.5元，增幅分别为10.38%和16.48%。每公顷实际收益（现金收益加补贴收入）达10626.0元，比上年增加1450.5元，增幅15.8%，再创历史新高。其中，稻谷、小麦和玉米每公顷实际收益分别为12844.5元、7861.5元和11172.0元，分别比上年增加19.04%、9.78%和16.65%。

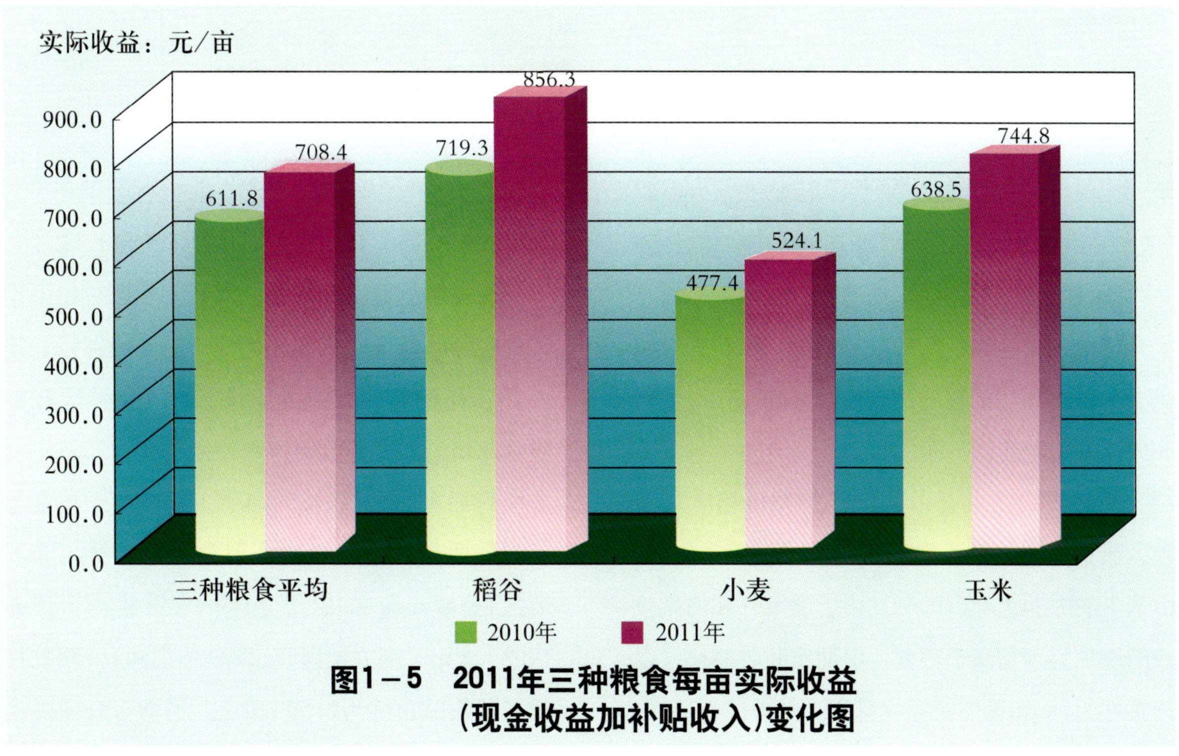

图1－5 2011年三种粮食每亩实际收益（现金收益加补贴收入）变化图

表1-1 2011年粮食成本收益比较表(一)

单位：元

品种	每亩总成本		每亩净利润		每50公斤总成本		每50公斤平均出售价格	
	2010年	2011年	2010年	2011年	2010年	2011年	2010年	2011年
三种粮食平均	672.7	791.2	227.2	250.8	77.6	87.6	103.8	115.4
稻谷	766.6	897.0	309.8	371.3	84.0	95.2	118.0	134.5
早籼稻	702.2	822.7	99.3	212.0	89.7	98.6	102.4	124.0
中籼稻	750.4	891.9	353.0	428.4	74.3	87.7	109.2	129.9
晚籼稻	717.4	835.5	257.0	325.5	88.3	100.4	120.0	139.6
粳稻	896.7	1037.7	529.8	519.3	86.0	95.4	136.9	143.2
小麦	618.6	712.3	132.2	117.9	81.6	89.2	99.0	104.0
玉米	632.6	764.2	239.7	263.1	67.9	78.9	93.6	106.1

表1-2 2011年粮食成本收益比较表(二)

单位：元

品种	每亩现金成本		每亩实际收益（含补贴收入）		每50公斤现金成本	
	2010年	2011年	2010年	2011年	2010年	2011年
三种粮食平均	348.5	399.7	611.8	708.4	40.2	44.3
稻谷	426.1	487.6	719.3	856.3	46.7	51.7
早籼稻	378.7	435.4	484.5	669.4	48.4	52.2
中籼稻	356.3	412.1	819.6	987.3	35.3	40.5
晚籼稻	403.3	459.2	636.2	770.2	49.6	55.2
粳稻	566.2	643.5	937.3	998.3	54.3	59.2
小麦	331.5	370.3	477.4	524.1	43.7	46.4
玉米	287.9	341.3	638.5	744.8	30.9	35.2

(二)2011年粮食和主要经济作物效益比较

2011年粮、棉、油、烟的生产成本均继续呈上升趋势，粮、油、烟的收益增加，棉花的收益减少，粮食相对棉花的比较效益上升、相对油料和烤烟的比较效益下降。

从比较效益来看，2011年棉花价格大幅下跌，收益减少，粮棉实际收益比（以棉花为1）由上年的0.34上升到0.62。由于油菜籽和烤烟收益的增加幅度均高于粮食，粮油实际收益比（以油菜籽为1）和粮烟实际收益比（以烤烟为1）由上年的1.68和0.46，分别下降到1.58和0.43。

从实际收益水平来看，2011年粮食单位面积平均实际收益低于棉花和烤烟，高于油菜籽。其中，三种粮食各品种实际收益均高于油菜籽，粮食与烤烟的实际收益水平差距扩大。2011年每公顷烤烟实际收益24859.5元，仍然高于粮食全年实际收益（按一年两季粮食作物计算，北方地区1公顷小麦和1公顷玉米的实际收益合计为19033.5元，南方地区1公顷早籼稻和1公顷晚籼稻实际收益合计为21594.0元，平均每公顷粮食实际收益为20314.5元），但收益差距由上年的3390.0元扩大为4545.0元。2011年棉花价格大幅下跌，收益下降，每公顷棉花实际收益17227.5元，比同等面积的粮食实际收益少3087.0元。油菜籽每公顷实际收益仅为6727.5元，低于各粮食品种。

四 2011年油料作物生产情况及2012年发展趋势

2011年油料生产继续保持稳定发展，在面积略有减少的情况下，全国油料单产、总产均创历史新纪录，实现自2008年以来的“四连增”，食用植物油自给率稳定在40%以上。

(一)2011年油料生产继续增产

据统计，全国油料总产量3306.8万吨，比上年增产76.7万吨，增长2.4%，增产量和增长幅度都与上年基本相同。2011年油料生产主要有以下特点：

1.单产创新纪录

2011年全国油料平均单产每公顷2386.7公斤，比上年提高60.7公斤，创历史最高纪录。单产提高增产油料83.1万吨，不但补偿了面积下降的影响，还实现了油料产量的稳定增长。花生、油菜籽、芝麻、胡麻、向日葵等5个油料作物单产均比上年提高。除油菜籽外，其余4个作物单产都达到创纪录的水平。其中，花生每公顷3502.5公斤，提高47.5公斤；油菜籽1827.3公斤，提高52.3公斤；芝麻1385.3公斤，提高73.3公斤；胡麻1113.5公斤，提高25.5公斤；向日葵2459.7公斤，提高124.7公斤。

2.主要油料作物增产多

5个油料作物全面增产，但增产最多的是花生和油菜。2011年花生在面积、单产双增加的情况下，产量达到1604.6万吨，创历史最高纪录，比上年增产40.2万吨，占油料增量的52.4%。油菜籽在面积减少的情况下，产量达到1342.6万吨，增产34.4万吨，占油料增量的44.9%。芝麻增产1.8万吨。

3.各地生产不平衡

31个省（区、市）中有19个省份增产，12个省份减产。增产5万吨以上的有辽宁、江西、湖南、四川、贵州、云南6个省，共增产101.2万吨，其中云南、湖南、辽宁3省增产量都超过20万吨。减产5万吨以上的有江苏、安徽、河南、湖北4个省，共减产37.2万吨，减产最多的是安徽，减产13.9万吨。

4.面积略有减少

油料面积在连续3年增加后，有所下降。2011年全国油料面积1385.5万公顷，比上年减少3.5万公顷。除花生面积增加外，其余均有所减少。2011年花生面积458.1万公顷，比上年增加5.4万公顷；油菜籽734.7万公顷，减少2.3万公顷；向日葵94.0万公顷，减少4.4万公顷；芝麻43.7万公顷，减少1.0万公顷；其他油料面积减少1.2万公顷。

5.食用植物油自给率基本稳定

2011年油料增产76.7万吨，大豆减产59.8万吨，棉花增产62.8万吨，茶籽油、玉米油等稳中略增，扣除食用部分，国产油料折油总量1035万吨。按照2011年植物油食用消费量2460万吨测算，食用植物油自给率稳定在42%。

2011年油料生产持续增产的主要因素：一是气候条件总体有利。尽管安徽、江苏等省的冬油菜遭遇冬春干旱冻害、春油菜因播期干旱和收获期多雨造成减产外，大部分油菜产区气候基本正常，特别是西南地区没有发生大范围干旱，油菜单产实现恢复性增长。秋油生长季节各地基本风调雨顺，特别是西北地区雨水比较充足，有利于作物生长。二是油料高产栽培技术得到进一步普及推广。各地以高产创建为抓手，大力开展技术培训，召开各种技术现场会，组织技术观摩活动，在作物生长关键季节开展技术指导，推广普及油料高产栽培技术。三是政策支持力度加大。各地在认真落实油菜、花生良种补贴等生产政策的基础上，加大地方财政支持力度，扶持油料生产发展。湖北、湖南、江西、重庆、四川等省（市）都安排资金支持油菜生产。重庆、浙江对油菜生产大户实行补贴。湖北、湖南、江西等省的不少县市积极开展油菜免费供种等，如湖北省武穴市财政每年安排200万元，对种植油菜的农户进行免费供种，使该市油菜面积稳定在3万公顷左右。四是花生等油料作物市场价格上涨。2011年，花生、油菜籽、向日葵等价格比上年提高，特别是花生价格稳定上涨，调动了农民的生产积极性。

(二)2012年油料生产发展趋势

2012年油料生产继续面临困难。一是油菜、大豆等作物比较效益低的局面没有改变。长江中下游油菜收益不如小麦，东北地区大豆收益只有玉米的一半，2011年内蒙古葵花籽价格下降并出现卖难，影响农民的生产积极性。二是油料生产机械化水平没有大的提高。我国油菜、花生、芝麻、胡麻等作物机械化生产水平低，以人工作业为主，费工费时。受品种、季节、生产条件、机械性能等多方面的影响，机械作业推进缓慢。在农村劳动力素质下降、种植成本上升的大环境下，机械化水平低的问题更加制约油料的发展。三是油料生产发展的政策环境没有大的改变。油料生产发展的支持政策、进出口调控政策都没有变化，油菜与小麦每亩补贴资金差距在拉大；大豆、油菜籽临时收储价格虽有所提高，但难以拉动生产的发展。四是灾害性天气对油料生产的影响在加剧。

同时，也有一些有利条件。一是2011年秋季花生收获以来，价格一直保持在较高的水平；油菜籽价格也呈上涨趋势。二是国家扩大了油料高产创建规模，并安排了芝麻、胡麻、向日葵等特色油料高产创建示范片。三是冬油菜增产趋势明显。

根据以上因素分析，2012年油料生产有可能继续保持基本稳定的趋势，不会出现大起大落的局面。油料面积可能稳中略增。其中，油菜面积有望稳中略增，花生面积小幅增加，但向日葵等特色油料面积将继续呈下降趋势。如气候总体正常，油料总产有可能稳中有增。夏油单产有可能继续恢复，但秋油单产稳定有难度。

五 全国新增1000亿斤粮食生产能力规划实施情况

2011年以来，各地区、各部门按照《全国新增1000亿斤粮食生产能力规划（2009～2020年）》（以下简称《规划》）要求，周密部署，精心组织，扎实工作，加强粮食生产基地建设，提升粮食综合生产能力，为全年粮食增产做出了积极贡献。

(一)各地区认真贯彻落实规划，积极推进粮食基地建设

按照《规划》要求，各地区把粮食产能建设摆在工作重要位置，采取有效措施加快粮食基地建设。一是加强组织领导。大部分省（区）成立了由分管领导任组长，发展改革委、财政、农业、水利、国土等部门负责同志为成员的工作领导小组，建立沟通会商机制，定期召开部门联席会议，研究解决出现的问题。各地区工作领导小组大多在发展改革部门设立了办公室，负责规划实施的日常管理和协调工作，组织编制规划实施方案，制定项目管理办法，推动基地建设。二是落实建设任务。各省区将承担的粮食增产任务层层分解细化落实到县，一些省区还与产粮大县签订了粮食产能建设责任书，明确县政府为第一责任主体，负责具体落实各项建设任务，实现任务、投资、责任相挂钩。三是加快基地建设。各地区将有关涉农资金进一步向产粮大县倾斜，建设高产稳产粮田，形成了一批稳定的粮食生产基地。为加强基地建设管理，各地区还制定了具体的项目管理办法，规范实施程序，完善监管制度，保证工程质量。一些省（区）按照“谁受益、谁监督、谁签字”的原则，邀请村委会、村民代表和受益农户参与管理，接受群众监督。

(二)有关部门加大扶持力度，增加粮食产能建设投入

各有关部门结合工作职能，不断加大投入力度，扶持产粮大县加快粮食生产基础设施建设，努力完成《规划》建设任务。一是强化工作指导。国家发展改革委会同农业、水利、财政等部门，按照钱粮挂钩的原则，指导各地根据增产任务、投资控制规模和粮食生产情况编制省级实施规划，将粮食增产任务分解落实到各产粮大县，明确资金筹措、建设内容、技术路线和保障措施等。有关部门在《规划》框架下，先后编制了《加快灌区建设保障粮食安全近期重点建

设规划》、《农业及粮食科技发展规划》等专项规划，指导相关项目建设。二是加大政策扶持。国家发展改革委将田间工程及农技服务体系建设中央与地方投资比例由以往的1∶0.5调整为1∶0.25，并要求省级投资占地方配套资金一半以上，减轻产粮大县的配套投资压力。财政部将中低产田改造项目中央与地方资金配套比例由1∶0.53调整为1∶0.48，其中13个粮食主产区由1∶0.49调整为1∶0.41，并取消了产粮大县县级财政配套投资的要求，将29个原本不属于农业综合开发县的产粮大县作为特例纳入了建设范围。人民银行、银监会通过完善农村金融产品，创新服务，加强了对产粮大县粮食生产的金融支持。三是增加资金投入。2011年，国家发展改革委安排中央投资65亿元，用于800个产粮大县田间工程建设；安排中央投资67亿元，用于大型灌区续建配套与节水改造、大型灌排泵站更新改造、新建水库配套灌区等项目建设。此外，财政部安排农业综合开发资金70亿元左右，用于产粮大县中低产田改造、中型灌区节水配套改造，改善粮食生产条件。

(三)粮食综合生产能力稳步提升

在各地区、各部门的共同努力下，《规划》实施取得了明显成效，建成了高产稳产的粮食生产基地，为近年来全国粮食稳定增产发挥了积极作用。一是提高了粮食综合生产能力。《规划》确定的800个产粮大县主要分布在粮食主产区，在全国粮食生产中占有举足轻重的地位。通过实施《规划》，产粮大县的粮食生产能力明显提高，带动了全国粮食连年增产。初步统计，2011年规划涉及的24个省（区）粮食播种面积16.04亿亩，比2009年增加0.23亿亩，占同期全国播种面积增量的97%；粮食总产量55106万吨，比2009年增加3950万吨，其中800个产粮大县新增粮食产能约2650万吨。二是改善了粮食生产条件。项目区农业生产条件得到明显改善，粮食生产抵御自然灾害的能力显著增强。初步统计，项目区累计平整土地2100多万亩，建成高产稳产粮田4000多万亩，改造中低产田2450万亩，改良土壤240万亩，新增和改善有效灌溉面积2000多万亩，新打或维修机井8.5万眼，铺设输水管道5万多公里，修建灌排渠道6.3万公里，排灌泵站等2.7万个，闸桥涵等4.8万个，集蓄水设施9042个，机耕路1.9万公里，水稻育秧大棚11.6万栋。上述项目的实施，为粮食稳步增产奠定了坚实的物质基础。三是提升了粮食生产科技水平。项目区粮食良种覆盖率达到95%以上，种子商品化供种水平达到85%以上，高产技术推广到位率达到95%以上，粮食生产水平明显提升。2011年，13个粮食主产区粮食亩产达到366公斤，比全国水平高22公斤，比2009年提高26公斤。其中，产粮大县项目区单产水平普遍比建设前提高40公斤以上。

第二部分

粮食流通

一 2011年粮食流通情况分析

(一)2011年粮食商品量34461万吨，商品率达到60%，比上年提高1个百分点

2011年全国粮食商品量34461万吨，商品率首次跃上60%的台阶。近年来粮食商品量和商品率持续提高的主要原因：一是国家高度重视粮食生产，不断加大政策扶持和资金投入力度，粮食生产连年丰收，粮食增产部分直接形成新增的商品粮源；二是工业化、城镇化的快速推进，粮食生产集约化的发展，农村生活方式的明显改变，使得农户卖原粮再买成品粮及其制品的情况变得越来越普遍；三是国家稳步提高最低收购价水平，适时启动临时收储等强农惠农政策，有效调动了农民种粮、售粮和企业收粮的积极性。分地区看，黑龙江、山东、河北、江西、河南、吉林和安徽等7个粮食主产省商品量增加较多，增量均在100万吨以上，其中黑龙江省增量超过500万吨。分品种看，小麦、稻谷、玉米三大主要粮食品种商品量均有不同程度增加，大豆由于产量减少，商品量有所下降。

(二)粮食收购同比增加

2011年，国家在粮食主产区继续实行小麦、稻谷最低收购价政策，并适当提高了最低收购价水平，由于当年市场价格高于最低收购价，预案没有启动。为切实保护农户利益，稳定市场价格，国家先后在16个油菜籽产区实行了临时收储政策，在东北三省和内蒙古自治区对玉米和大豆实行托市敞开收购，继续在新疆实行小麦临时收储政策，由中储粮总公司组织收购。

2011年，各类粮食企业（包括国有粮食企业、重点非国有粮食企业和转化用粮企业）共收购粮食28243万吨（贸易粮，下同），比上年增加268万吨。其中，收购小麦8027万吨，同比减少1383万吨；大米6510万吨，同比增加1417万吨；玉米12187万吨，同比增加472万吨；大豆1098万吨，同比减少340万吨。

1.国有粮食企业收购粮食11443万吨，同比减少963万吨

分品种看：收购小麦4650万吨，同比减少1527万吨；大米2799万吨，同比增加663万吨；玉米3428万吨，同比增加94万吨；大豆466万吨，同比减少183万吨。与上年相比，小麦、大豆收购减少，大米、玉米收购增加，主要原因：一是2011年新产小麦上市后，主产区市场价格普遍高于最低收购价，预案没有启动，国有粮食企业入市谨慎，收购减少；二是为加强粮食市场调控、掌握调控粮源、保护农民利益，国家采取轮换补库等方式收购稻谷和玉米，收购量增加较多；三是大豆产量下降，商品量减少，国有企业收购减少。2011年多元主体入市活跃，收购量继续增加，而国有企业虽然自营贸易收购也在增加，但收购量仅占全社会各类企业收购总量的40%，比上年下降4个百分点。

2.重点非国有粮食企业和转化用粮企业收购量继续增加

2011年各级粮食部门继续积极引导和鼓励多元主体入市收购，充分发挥市场机制作用，调动各方面参与粮食流通的积极性。全年重点非国有粮食企业收购粮食10895万吨，比上年增加895万吨，其中大米和玉米的收购量分别比上年增加750万吨和362万吨，小麦、大豆分别减少118万吨、175万吨。重点转化用粮企业粮食收购5906万吨，比上年增加337万吨，其中小麦增加262万吨，玉米增加15万吨。

(三)粮食销售同比增加

2011年，针对粮食市场复杂多变的形势，国家有关部门加大工作力度，创新工作机制，采取多种销售方式，增强了调控的针对性和有效性。对政策性粮油品种实行定价定向销售，定点加工后投放市场。按国家政策性籼稻与地方储备籼稻1：2的比例，对重点骨干大米加工企业实行邀标销售，要求企业均衡有序加工投放市场，并承诺保持大米销售价格稳定。在消费品价格指数上涨压力较大、其他农产品价格波动剧烈的情况下，粮食调控措施的实施，确保了粮食市场供应和价格基本稳定，有效满足了居民口粮消费和企业用粮需要。

国有粮食企业累计销售粮食18922万吨，比上年增加11万吨。分品种看，小麦销售7342万吨，同比减少227万吨；大米3609万吨，同比增加562万吨；玉米5839万吨，同比减少616万吨；大豆1992万吨，同比增加329万吨。与上年相比，小麦、玉米销售减少，大米、大豆销售增加，主要原因是为保供给稳物价，国家有关部门根据市场需求，改进调控方式，提高调控效率，采取竞价销售、定向销售和邀标销售等方式，适时适量安排政策性粮食投放市场，全年政策性大米、大豆销售同比增加。

2011年国家政策性粮食销售出库3831万吨。其中最低收购价小麦2211万吨、大米429万吨；临时存储小麦7万吨、大米309万吨、玉米74万吨、大豆248万吨；中央储备大米39万吨、玉米514万吨。

(四)粮油市场价格整体稳步上扬，部分品种价格涨幅较大

2011年，我国消费品价格指数上涨压力较大、其他农产品价格波动剧烈。由于国内粮食产量增长较多，同时国家加大了粮食宏观调控力度，有效抑制了粮价的过快上涨，保持了粮食市场供应和价格基本稳定，但各品种价格走势存在一定差异，其中籼稻和玉米收购价格涨势强劲。据监测，2011年末，国内各主要粮食品种主产区每50公斤市场收购价格为：小麦102.9元、早籼稻122.2元、中籼稻130.8元、晚籼稻131.8元、粳稻141.3元，分别比上年同期增长2.9%、20.3%、21.6%、18.5%和6%；玉米、大豆收购价格为105.4元和203.6元，同比分别上涨14.3%和5.7%。受原粮收购价格上涨的推动，成品粮油零售价格也出现不同程度上涨。2011年末全国晚籼米、粳米和小麦粉每50公斤平均零售价格分别为207元、237元、179元，同比分别上涨13.7%、4.4%、5.9%；豆油、菜籽油和花生油零售价格为561元、625元和1050元，同比分别上涨5.1% 、5.8%和6.8%。

最低收购价执行预案的适时公布和国家临时收储政策的实施，有效保护了种粮农民利益和种粮积极性，切实增强了粮食宏观调控能力和物质基础，为保证市场供应、稳定粮食价格、促进粮食产业健康发展发挥了重要作用。

（五）国有粮食企业库存下降，多元主体库存上升，社会粮食库存总量略增

1.国有粮食企业库存同比减少

2011年，为稳定市场价格，实现管理好通胀预期的目标，国家在加大玉米、小麦、粳稻等政策性粮食销售的同时，为保护种粮农民利益，掌握调控粮源，及时安排了储备补库收购，适时启动了临时收储，增强国家宏观调控保障能力。虽然当年国有粮食企业收购减少、销售增加，年末库存同比略减，但仍处于较高水平，完全可以保证市场供应。分性质看，中央和地方储备库存均有增加，最低收购价粮和国家临时存储库存大幅下降，企业商品周转库存增加较多；分品种看，稻谷和玉米库存比例提高，调控的储备基础进一步增强。分地区看，库存的区域布局继续优化，其中主产区库存比例下降，主销区库存比例上升，产销平衡区库存比例持平。

2.非国有粮食企业和转化用粮企业粮食库存有所增加

各级粮食部门在加强对国有粮食企业工作指导的同时，积极引导各类粮食企业理性入市，采取多种措施引导和规范非国有粮食企业的经营行为，鼓励多元主体参与粮食流通、搞活粮食市场，促进粮食产业化发展。非国有粮食企业和转化用粮企业粮食经营量继续增加，年末非国有粮食企业库存增加较多，转化用粮企业的粮食库存也有所增加。

3. 城乡居民存粮继续增加

据调查，2011年末全国农户存粮30260万吨，比上年增加1550万吨，增幅为5.4%。农户存粮继续增长的主要原因：一是粮食总产特别是秋粮产量增加较多，而秋粮旺季收购期大致在当年10月至翌年3月，年末正是农户手中大量粮源的出售期；二是国家最低收购价和临时收储价格的支撑，以及种粮成本的提高，使得农民待价而售的心理增强；三是农户储粮条件逐步改善以及家庭收入的多元化，也使得许多农户不再急于卖粮变现。分品种和地区看，农户玉米、稻谷和其他杂粮存量增加，小麦同比持平略增，大豆存量则持平略减。农户存粮增加主要集中在粮食主产区，其中河南的小麦，黑龙江、江西和湖北的稻谷，内蒙古和黑龙江的玉米等年末农户存粮增加较多。

2011年末全国城镇居民户存粮730万吨，比上年增加70万吨，增幅10%。城镇居民户存粮增加主要是城镇化率进一步提高和进城务工人员较多，使得城镇家庭存粮继续增长，其中大米和杂粮增加，小麦基本持平。

二 2012年粮油流通形势预测

(一)粮食生产继续稳定发展，粮食产需保持基本平衡，食用植物油产需缺口仍然较大

2012年，国家进一步加大对农业农村的投入力度，完善各项强农惠农政策，粮食生产将继续保持良好的发展态势。由于粮食生产面临的自然和市场风险较大，加之我国粮食产量已实现八连增，在高基数、高起点上实现继续增产的难度会越来越大。预计2012年粮食播种面积比上年略有增加，如果粮食主产区不发生较严重的自然灾害，粮食产量将保持基本稳定。国内粮食消费继续平稳增长，粮食产需总量保持基本平衡。分品种看，小麦、稻谷产需平衡略有盈余；玉米由于深加工需求增长较快，产需趋紧。大豆产需缺口仍然较大，对外依存度高。

预计2012年食用植物油消费平稳增长，考虑到当前国内油料产量大幅增长的可能性不大，产需仍将存在较大缺口，食用植物油和油料进口量将保持较高水平。

(二)多元主体入市活跃，粮食省际间流通数量稳步增加

随着城镇化进程加快和农村劳动力转移，粮食生产集约化程度逐步提高，加之八年连续增产和农民消费习惯的改变，近年来我国可供出售粮食逐年增多，粮食商品率不断提高。由于粮食生产继续向主产区集中，粮食产销区进一步深化产销合作，全国粮食大市场、大流通的格局基本形成。预计2012年粮食省际间流通数量将会稳步增加，国有粮食企业仍将发挥主力军的作用，但多元主体包括外商企业将更加积极主动地入市收购，粮食市场流通更加活跃。

(三)粮食市场价格总体高位运行，个别品种仍存在上涨压力

预计2012年市场粮价将在较高价位上保持基本稳定，但个别品种面临一定的上涨压力。主要原因：一是近几年物价水平总体上涨，能源价格、生产资料价格以及劳动力价格上涨推高了粮食生产成本；二是2012年国家继续完善小麦、稻谷最低收购价政策，进一步提高了收购价格水平，并适时采取玉米、大豆、油菜籽等临时收储政策，也将在一定程度上引导市场价格在高位运行；三是市场对粮食等农产品涨价的预期依然较强，加上国际粮食市场的金融化和能源化趋势增强，投机炒作粮食品种可能性较大。抑制粮价上涨的因素：一是2011年国内粮食生产再获丰收，国家粮食库存充裕；二是国家加强粮食宏观调控，适时适量安排政策性粮食公开竞价销售，保证了市场投放量，从而维持市场价格稳定；三是我国实施稳健的货币政策，将有利于稳定通胀预期，但政策效果显现需要一个较长的过程。

分品种看，预计小麦和稻谷的价格将保持平稳运行的走势；玉米由于产需趋紧，在新粮

上市前价格仍有小幅上涨的可能；由于国内大豆和食用植物油自给率低，受国际市场影响较大，食用植物油和大豆价格将跟随国际市场价格的变动而波动。

三 2011年粮油进出口贸易形势分析

据海关统计，2011年我国进口粮食（含谷物、大豆、杂豆、薯类等，下同）6390.0万吨，同比减少4.6%，主要是大麦和大豆进口减少较多。出口粮食287.5万吨，同比增加4.5%，其中谷物出口减少、大豆出口增加。全年净进口粮食6102.5万吨，同比减少4.9%。

2011年我国进口食用植物油656.8万吨，同比减少4.4%，主要是豆油和菜籽油进口减少较多。出口食用植物油12.2万吨，同比增加31.5%。全年净进口食用植物油644.6万吨，同比减少4.9%。另外，2011年我国进口油菜籽126.2万吨，同比减少21.1%。

2011年我国粮油进出口主要特点是：

(一)进口来源地比较集中

2011年，进口的小麦中，来自澳大利亚、美国、加拿大的小麦分别占51.0%、34.6%、13.7%。进口的玉米主要来自美国，占到96.2%。进口的大米中，来自泰国、越南的大米分别占57.7%、39.1%。进口的大麦中，来自澳大利亚、法国的大麦分别占70.7%、13.5%。进口的大豆中，来自美国、巴西、阿根廷的大豆分别占42.5%、39.2%、14.9%。进口的棕榈油中，来自马来西亚、印度尼西亚的棕榈油分别占65.1%、34.9%。进口的豆油中，来自巴西、阿根廷、美国的豆油分别占43.8%、36.1%、20.0%。进口的油菜籽和菜籽油主要均来自加拿大，分别占到99.0%、95.4%

(二)国内油脂、油料供给对进口依赖相对较大

2011年，我国进口的大豆和食用植物油分别约占国内消费量的85%、25%，分别占世界贸易量的57%、11%，对外依存度高。而谷物进口占国内消费量和世界贸易量的比重均相对较小。2011年，谷物进口量仅占国内消费量的1%左右，不到世界贸易量的2%。其中，实行进口关税配额管理的小麦、大米、玉米进口量，分别仅占我国进口关税配额总量的13.0%、11.2%、24.4%。

(三)进口成本增加较多

2011年，我国谷物进口平均到港成本375.3美元/吨，比上年提高40.2%。其中，小麦336.8美元/吨、玉米329.8美元/吨、大麦344.9美元/吨，分别提高31.2%、41.0%、

52.3%。大豆进口平均到港成本566.8美元/吨，提高23.8%。食用植物油进口平均到港成本1174.5美元/吨，比上年提高33.9%。其中，豆油1158.6美元/吨、花生油1700.1美元/吨、棕榈油1141.6美元/吨、菜籽油1206.5美元/吨，分别提高29.1%、34.2%、37.3%、29.0%。油菜籽进口平均到港成本635.3美元/吨，比上年提高30.7%。

四 2011年粮食价格情况分析及2012年预测

2011年，国内市场粮食价格总体平稳上升，国际市场粮食价格先高位震荡后持续下跌。预计2012年国内市场粮食价格将继续稳中有升，国际市场粮价大幅震荡。

(一)2011年粮食价格运行情况

1.国内市场原粮收购价格先升后稳，成品粮零售价格平稳上升

(1)原粮收购价格先升后稳。2011年1～9月，国内市场粮食收购价格总体保持稳步上升态势；10～12月，秋粮丰收上市，价格稳中略降。分品种看，玉米、稻谷价格上涨较多，稻谷各品种中晚籼稻价格涨幅较大。全年平均，三种粮食平均收购价格为每50公斤111.3元，比上年上涨12.5%，其中稻谷、小麦和玉米分别上涨15.9%、3.1%和19%。

一是籼稻收购价格持续上升。受粳稻价格高位运行拉动和上年因灾减产影响，新稻上市前籼稻价格逐月上升。新产籼稻上市后，由于产量增加有限，产需有所趋紧，价格普遍高开并稳步上升。具体情况：早籼稻价格1～6月小幅上升，7月新稻上市，价格高开稳走，8月地方储备集中轮入补库，价格上涨较快，9月以后随着储备轮入基本结束，价格趋于平稳。中晚籼稻价格1～9月逐月小幅上升，10～12月新稻上市，价格高开稳走。全年平均，早籼稻、晚籼稻收购价格分别为每50公斤114.6元、124.7元，比上年上升14.5%、19.8%。

二是粳稻收购价格先高位稳中波动后小幅回落。2011年粳稻价格在上年四季度大幅上涨后的水平上小幅波动。1～9月稳中略升，10月新粮上市后，由于东北地区粳稻增产较多，供需状况改善，价格小幅下跌，11月底国家启动粳稻轮换补库后，价格逐渐止跌趋稳。全年平均，粳稻收购价格为每50公斤142.7元，比上年上升13.8%。

三是小麦收购价格呈先稳后降再升走势。1～5月价格稳中略升，6～9月随着新麦上市，市场供应量增加，价格小幅回落；9月底国家公布了2012年小麦最低收购价，水平略高于当时市场价格，提振了市场信心，价格止跌回升。10～12

月进入传统面粉消费旺季，市场需求增加，价格呈季节性上升态势。全年平均，小麦收购价格为每50公斤103.1元，比上年上升3.1%。

四是玉米收购价格先快速上涨后高位回落。1～3月，受深加工企业需求强劲，多元主体入市收购积极等因素影响，玉米价格升势较快。4～5月，随着国家抑制玉米深加工相关调控措施的逐步落实，价格升势趋缓。6～9月，由于生猪价格大幅上涨并持续高位运行，饲料用玉米需求增加，拉动玉米价格持续上涨。10月新玉米丰收上市，供应充足，价格高位回落；12月中旬，国家启动玉米临时收储，价格止跌趋稳。全年平均，玉米收购价格为每50公斤103.4元，比上年上升19%。

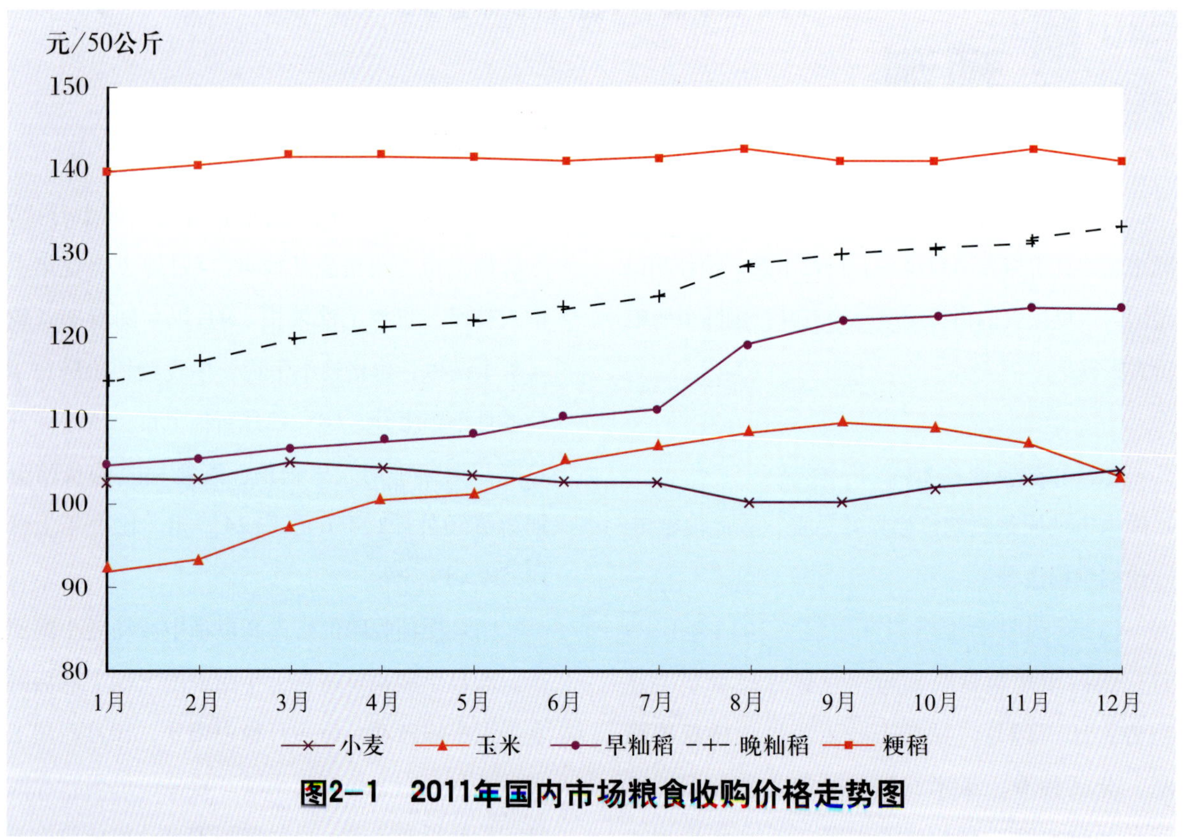

图2-1 2011年国内市场粮食收购价格走势图

(2)成品粮零售价格逐月小幅上升，籼米价格涨幅较大。受原粮收购价格上涨影响，加之人工、运输、仓储等加工、流通成本增加，2011年成品粮零售价格逐月小幅上升。全年平均，36个大中城市早籼米、晚籼米、粳米、标准粉和富强粉零售价格分别为每公斤3.96元、4.48元、5.06元、3.88元和4.46元，比上年分别上升15.3%、19.7%、13.9%、9.8%和13.3%。

2.国际市场粮价先高位震荡后大幅下跌，全年平均水平较多高于上年

2011年1～9月，受原油价格涨跌、美元走弱和主产国天气变化等因素影响，国际市场粮价在2010年下半年大幅上涨后的较高价位上大幅波动，其中小麦震荡下跌，玉米震荡上升，大米先

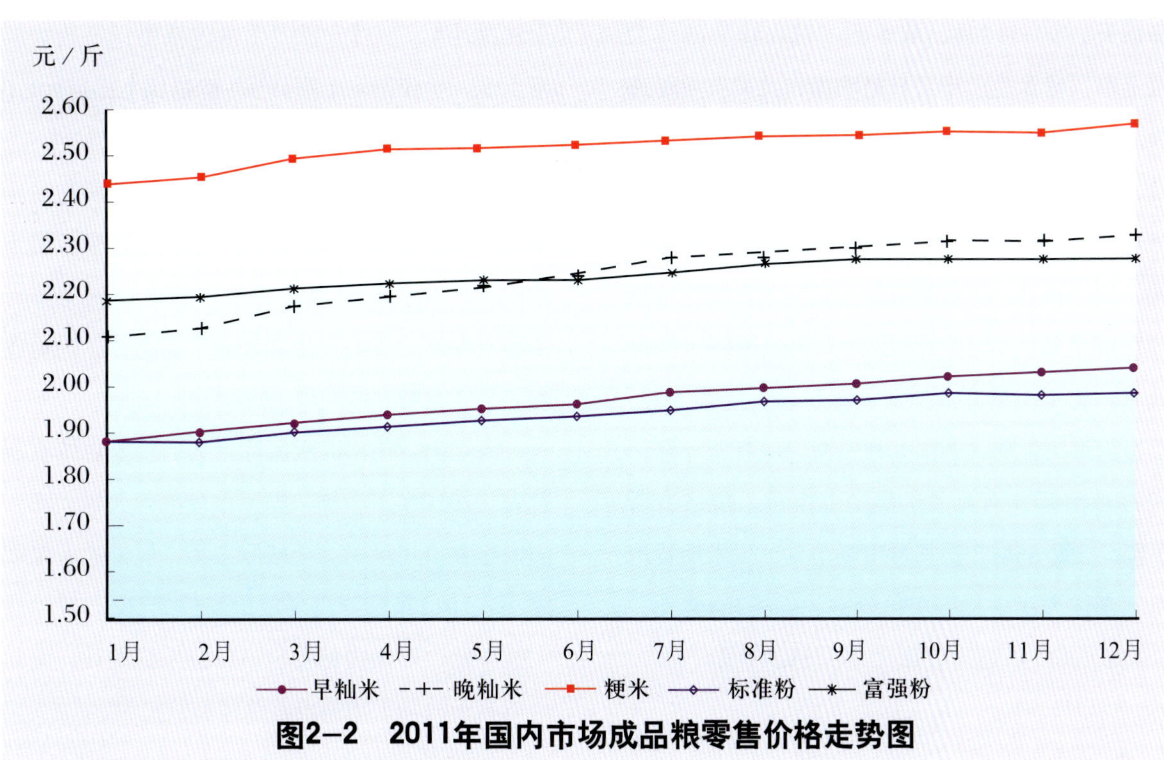

图2-2 2011年国内市场成品粮零售价格走势图

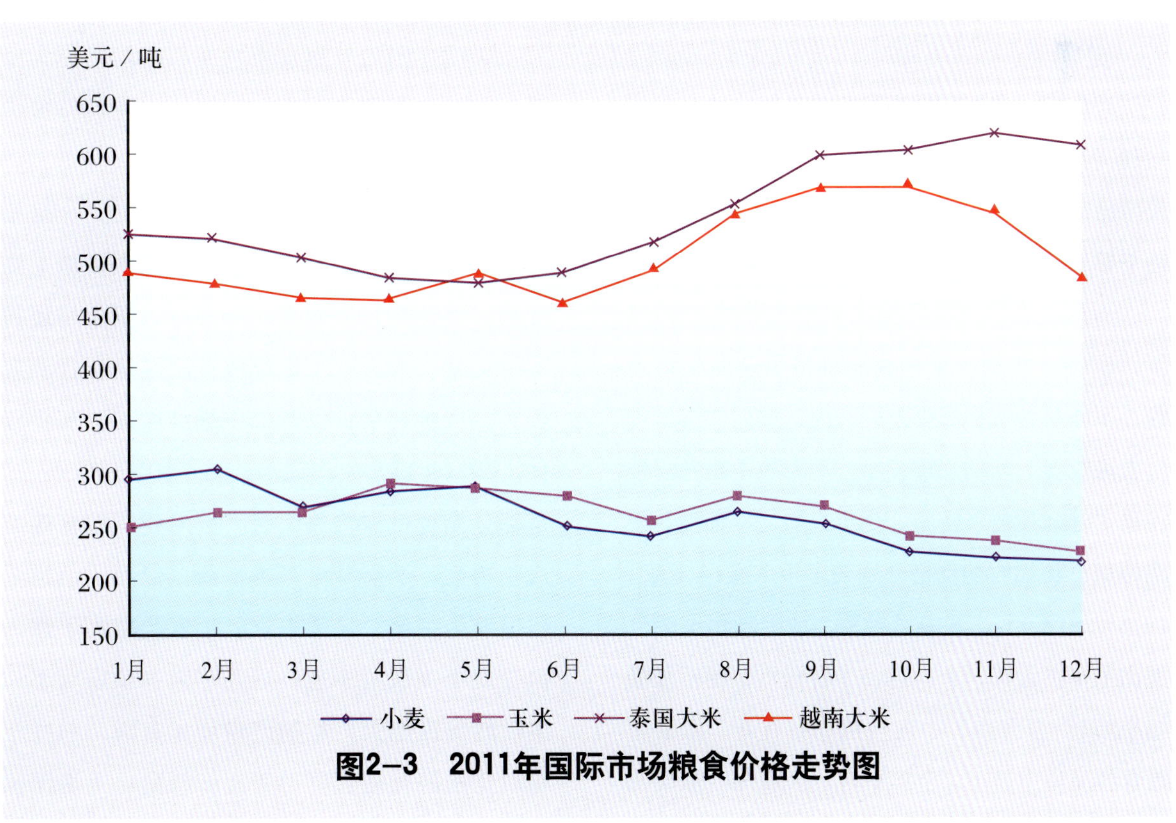

图2-3 2011年国际市场粮食价格走势图

降后升。10～12月，随着北半球农作物陆续大量上市，粮食生产形势日趋明朗，美国农业部连续3个月调增了2011/2012年度世界谷物预测产量，加之欧洲主权债务危机向实体经济蔓延，市场信心不足，国际市场小麦、玉米价格持续下跌，12月15日，芝加哥市场小麦、玉米期货价格分别降至每吨213美元、228美元，达到年内最低点，比年内最高点分别下降34.6%、26.5%。受泰国洪灾影响，泰国大米价格11月有所上升，12月东南亚、南亚大米集中上市后，价格有所下降。全年平均，芝加哥市场小麦、玉米期货价格和泰国大米现货FOB价分别为每吨264美元、268美元和545美元，比上年分别上升23.8%、59.2%和11.4%。

（二）2011年国内市场粮食价格运行的主要特点

2011年，在国家提高粮食最低收购价政策引导和实行临时收储、储备吞吐、进出口调节等调控措施的综合作用下，国内粮食价格总体继续保持平稳上升态势，同时呈现出以下新特点：

一是各品种价格涨幅出现较大分化。2011年，稻谷、小麦、玉米收购价格呈全面上涨态势，不同品种价格涨幅差异较大，籼稻、玉米价格上涨较多，粳稻涨幅较小，小麦稳中略升。稻谷呈“籼强粳弱”格局，全年平均，早籼稻、中晚籼稻、粳稻收购价格分别较上年上涨14.5%、19.8%、13.8%，其中早籼稻、中晚籼稻涨幅分别比上年扩大10.4个、11.3个百分点，粳稻涨幅缩小9.1个百分点。小麦价格稳中有升，涨幅在粮食各品种中最小，全年平均上涨3.1%，涨幅比上年缩小4.7个百分点。玉米价格仍保持较大幅度上涨，全年平均上涨19%，涨幅比上年扩大1.6个百分点。

二是价格秩序良好。2011年，国家完善稻谷、小麦最低收购价执行预案，控制深加工玉米收购，加强粮食收购资格审核，市场主体行为趋于理性，没有发生2010年多元主体“抬价收购”、“抢粮”等现象。

三是国内价格高于国际市场的价差总体有所扩大。2010年下半年，国际市场粮价大幅上涨，国内粮食价格虽仍高于国际市场，但价差大幅度缩小。2011年国际市场粮价高位震荡，9月以后大幅下跌，而国内粮食价格保持平稳上升，国内价格高于国际市场的价差总体有所扩大。

（三）2012年粮食价格走势预测

2012年国内外粮食市场面临的形势更为复杂，既有支撑粮价上升的因素，也有保持粮价稳定的因素。

从影响和推动粮价上升的因素看：一是粮食生产成本继续上升。受资源、能源价格上涨推动，预计2012年化肥、柴油等农资价格还将有所上升，人工、土地等成本刚性增长且涨幅较大，将影响粮食生产成本继续增加。初步预计，2012年粮食生产成本升幅在10%～15%。二是部分品种供需仍然偏紧。虽然我国粮食连续八年增收，产需总量基本平衡，但品质结构矛盾仍较为突出。目前来看，小麦产略大于需，但优质小麦供给不足；近几年南方稳定双季稻生产的难度加大，籼稻产量增长有限，前些年相对宽松的籼稻供需形势逐步趋紧；玉米深加工和饲料需求增长较快，产需仍然偏紧，深加工与饲料争粮矛盾较为突出。三是国家继续提高2012年粮食最低收购价。2012年小麦、稻谷最低收购价已分别于2011年9月下旬、2012年2月上旬向社会公布，平均提高幅度分别为7.8%、14.2%，在粮食最低收购价政策引导下，市场粮价将继续稳步上升。四是2012年继续实现粮食增产难度较大。2011年我国粮食生产迈上5.5亿吨（11000亿斤）的新台阶，但由于我国农田水利基础设施仍然薄弱，抵御自然风险能力较低，在近年来自然灾害多发频发的背景下，2012年继续实现粮食增产仍面临较大挑战。

从有利于粮食市场和价格保持稳定的因素看：一是我国粮食连续八年增产，市场供给总体充裕，产需紧平衡的状况有所改善。二是2012年国家将进一步加大强农惠农力度，增加对种粮农民的各项补贴，继续提高落实最低收购价，有利于保护和调动农民生产积极性，促进粮食生产稳定发展。三是2011年以来国家指导各地加强粮食产销衔接，进一步规范粮食收购秩序，保障市场供给，稳定市场价格和预期，取得了积极成效，2012年将继续加大粮食市场调控力度。

从国际市场看，2012年国际粮食市场形势极为复杂：一是供求紧平衡的局面支撑国际市场粮价高位运行。2011年全球范围粮食总体丰收。据美国农业部报告预计，2011/2012年度世界谷物产量23亿吨，创历史新高，需求量22.96亿吨，由此前预计的产不足需转为产需基本平衡，但供需偏紧的格局不会改变。二是2012年国际经济政治形势复杂多变。欧洲主权债务危机的深层次问题没有解决，如果欧债危机进一步恶化，包括粮食在内的国际市场大宗商品价格可能会大幅下降；如果欧债危机有所缓和，市场信心恢复，大宗商品价格可能大幅上升。此外，为防止经济滑坡，美日欧和新兴经济体有可能再次实行宽松货币政策，全球通胀压力可能再次回升，将不可避免地推高大宗商品价格。虽然我国粮食进出口总量较小，但国际市场粮价大幅震荡对国内市场预期的影响不可低估。

综合各方面因素分析，预计2012年国内市场粮食价格仍将继续稳步上升。受气候异常变化以及国际市场粮价大幅震荡等因素影响，不排除个别品种、个别时段、局部地区粮食价格出现波动的可能性。

第三部分

粮食供求形势

一 2011年粮食供求形势分析与2012年展望

在中央一系列强农惠农富农政策的有力推动下，我国粮食生产实现连续八年丰收，2011年总产量达57120.8万吨，增产2473.1万吨，再创历史新高。粮食消费稳步增长，2011年粮食消费量在57250万吨左右，当年产需缺口约130万吨，产需总量基本平衡。

分品种看，小麦由于饲料用粮和工业用粮增加较多，自2006年以来首次出现当年产不足需，库存有所下降；稻谷产需平衡略有结余；玉米虽然产量增加较多，但由于需求旺盛，产需仍然偏紧。大豆产需缺口仍然较大，对外依存度较高。2011年我国进口大豆5264万吨，同比减少216万吨，进口食用植物油657万吨，同比减少30万吨，主要是由于国内油料生产再获丰收。

2012年，国家将继续加大对粮食生产的扶持力度，较大幅度提高粮食最低收购价格，开展粮食稳定增产行动，进一步调动地方抓粮和农民种粮的积极性，粮食生产将保持稳定发展；粮食消费继续平稳增长，2012年粮食产需将继续保持总量基本平衡。预计2012年食用植物油消费保持平稳略增，产需缺口依然较大，食用植物油和油料进口仍将保持较高水平。

二 主要粮食品种供求形势分析

(一)2011年稻谷供需形势

2011年国内稻谷产量继续提高，需求刚性增长，稻谷进出口维持在较低水平。国内稻谷维持供大于求格局。不过结构性供需矛盾发生明显转变，过去几年表现为粳稻供应偏紧，籼稻供应较为充裕。2011年粳稻增产幅度较大，粳稻供需状况由紧平衡转向相对宽松，而籼稻产量仅持平略增，供需状况向偏紧发展。

1.稻谷供给和需求状况

(1)产量增加，进口增加。2011年，国家继续提高稻谷最低收购价，加大良种补贴力度，农户种植积极性提高，稻谷面积继续扩大，总产量突破2亿吨，达20100.1万吨。据海关总署统计，2011年我国共进口大米57.8万吨，较上年增加21.2万吨，增幅58%。主要来自泰国和越南，自两国进口占总进口的比重超过95%，进口目的是调剂国内品种余缺。

(2)需求增加，出口下降。据国家粮油信息中心估计，2011年国内稻谷消费增至19400万吨，较上年增加531万吨，增幅2.8%。其中食用消费16550万吨，较上年增加400万吨，增幅2.5%，主要原因是人口增加和农村消费增长；工业消费为1100万吨，较上年增加50万吨，增幅4.8%；饲料及损耗量估计为1630万吨，较上年增加80万吨，增幅5.2%，主要原因是玉米价格上涨较快，稻谷替代量增加。据海关总署统计，2011年共出口大米51.6万吨，较上年减少8.0万吨，减幅13.4%。主要出口至韩国、朝鲜、日本和非洲等国家和地区。

2.稻谷市场价格走势及成因

受国家继续提高稻谷最低收购价、消费平稳增长、种植成本上升及价格预期提高等因素推动，2011年国内稻米价格总体呈现震荡上扬态势，年末主产区早籼稻价格较年初上涨了约16%，晚籼稻较年初上涨了约13%，粳稻较年初上涨了约2%。

(1)粳稻价格高开低走。2011年新季粳稻上市之前，粳稻价格基本表现为波动上扬，高点出现在新季粳稻上市前。新季粳稻上市后，收购价格高开低走。由于2010年以来国家不再给予东北地区粳稻入关运输补贴，同时粳稻增产预期强烈、粳稻库存结余量有所增加，稻谷加工和贸易企业收购新粮积极性有所下降。直到11月底，国家启动粳稻中央储备补库工作，收购价格下滑态势才得以遏制，此后市场价格保持弱势稳定。

(2)全年籼稻价格涨幅较大。受2010年早籼稻减产，且2008年和2009年临时存储和最低收购价籼稻消耗大半以及籼稻最低收购价提高等因素影响，2011年籼稻价格高开高走。6月，在旱涝急转的背景下，为平抑稻谷市场价格过快上涨，国家启动籼稻定向销售，致使籼稻市场价格有所回调。在强劲的补库需求带动下，7月早籼稻上市之后早籼稻收购价格持续快速上涨，9月新季中籼稻上市后价格高开高走，涨势持续到年末。

(3)稻谷市场运行重要影响因素。一是惠农政策是价格上涨的支撑因素。国家逐年提高稻谷最低收购价，既保障了农民的最低种植收益，也使得农户的售粮价格预期与实际出售价格逐年上升。2011年2月国家宣布三等早籼稻、中晚籼稻和粳稻最低收购价格分别提高到每50公斤102元、107元和128元，比2010年分别提高9元、10元和23元。

二是结构性供需矛盾是价格上涨的助推因素。种植效益提高刺激粳稻扩大种植，粳稻产量大幅提高，供需状况由紧平衡转向相对宽松。籼稻生产受规模化程度和种植利益低的限制，增产不明显，部分地区甚至略有减产。2011年籼稻价格上涨幅度大于粳稻，市场格局由此前的“粳强籼弱”向“籼强粳弱”转变。

三是政策性销售对市场价格异常波动起到了调控和缓冲作用。为保障稻谷市场供给、稳定稻谷市场价格，2011年国家继续通过竞价交易向市场投放政策性稻谷，并根据当年市场形势对具体交易活动进行调整，包括6月对南方主要产销区实行籼稻定向销售，以确保重点省区原粮供应及价格平稳；增加2009年产籼稻投放数量；多次完善竞价交易细则等。

(二)2011年玉米供求情况

1.玉米供求和需求状况

2011年我国玉米产量大幅增长，进口数量继续增加，国内玉米消费稳步增长，当年结余数量有所增加，供需结构得到改善。

(1)产量与进口量同步增加。2011年玉米产量为19278.1万吨，较上年增加1553.6万吨，增幅8.8%，进口各种用途玉米175万吨，较上年增加18万吨，增幅11.5%。

(2)需求稳步增加，出口量变化不大。2011年国内玉米总消费量为18790万吨，较上年增加990万吨，增幅5.6%。其中，饲料消费11280万吨，较上年增加500万吨，增幅4.6%；工业消费5700万吨，较上年增加350万吨，增幅6.5%。2011年玉米出口13.6万吨，较上年增加0.9万吨，增幅6.7%。

2. 玉米市场价格走势及成因

2011年国内玉米价格持续上扬，上半年国内临时存储玉米托市收购和临时存储玉米竞价销售量减少是推动玉米价格上涨的主要原因。下半年新季玉米上市前，受市场供需缺口显现及不利天气的影响，玉米价格创出历史新高。新季玉米上市后，玉米大幅增产和市场需求不振导致玉米价格迅速回落。

(1)1～3月玉米价格从谷底恢复上涨。国家在1月上旬启动东北地区国有储备玉米收购，有效拉动玉米价格上涨。3月底，长春地区加工企业二等玉米挂牌收购价格为每吨2090元，较春节前上涨230元；大连港口二等烘干玉米平仓价格为每吨2190元，较春节前上涨130元。石家庄和滨州地区加工企业二等玉米挂牌收购价格分别为每吨2090元和2150元，较春节前上涨110元和90元。

(2)4～6月价格止涨趋稳。受政策性玉米收购结束，加工企业收购能力下降、生猪疫情严重，饲料需求不振以及国家出台保供稳价调控措施等因素影响，4月份东北地区玉米收购价格止涨趋稳。4月下旬，国家暂停玉米深加工企业收购玉米增值税抵扣政策，部分收购企业则采取双重定价，华北玉米收购价格一路攀升。进入6月市场主体的看涨预期减弱，用粮企业已签订大量远期供应合同，采购积极性下降，部分深加工企业基本停收。6月底长春地区加工企业二等标准水分玉米挂牌收购价格为每吨2120元，较3月底上涨30元；大连港口二等烘干玉米平仓价格为每吨2320元，较3月底上涨130元。石家庄和滨州地区加工企业二等玉米收购价格分别为每吨2240元和2350元，较3月底上涨150元和140元。

(3)7～9月价格重新上涨。7月，国内外玉米期货价格破位下行，美国进口玉米陆续到达，北方港口玉米平仓价及广东港口成交价均有所走弱。7月中下旬，北方产区用粮企业加紧采购，贸易企业和粮库玉米库存逐渐消耗，多数地区贸易粮源耗尽，产区玉米价格重新上涨，并逐渐超越前期高点。9月中上旬，华北黄淮产区持续阴雨天气，新玉米上市延迟，导致陈玉米价格暴涨，山东、河北、河南等多地玉米收购价格达到2700元/吨左右的高位。9月下旬，当地天气好转，新玉米逐渐上市，产区玉米收购价格迅速回调至8月底价格水平。9月底石家庄和滨州地区加工企业二等玉米收购价格分别为每吨2520元和2550元，较6月底上涨280元和200元。

(4)10～12月价格季节性回落。10月，华北和东北玉米上市逐渐增加，加上国家追加安排中央储备玉米轮换计划370余万吨，市场供给增加，玉米价格开始季节性回调。11月，玉米大幅增产局面基本确定，产量再创历史新高，东北地区玉米增产幅度较大，同时经济增长势头减缓，市场用粮需求减弱，企业普遍降低库存，市场看跌心理加剧。12月中下旬，国家下达东北地区临时存储玉米托市计划，敞开收购农户余粮，支撑国内玉米价格止跌企稳。

2011年底，长春地区加工企业二等标准水分玉米挂牌收购价格为每吨2060元，较10月底下调70元，较上年年底上涨200元；大连港口二等烘干玉米平仓价格为每吨2310元，较10月底下调60元，较上年年底上涨250元。石家庄地区加工企业二等玉米收购价格为每吨2180元，较10月底下调120元，较上年年底上涨200元。滨州地区加工企业收购价格每吨2340元，与10月底持平，较上年年底提高280元。

(三)2011年小麦供需形势

1.小麦供给和需求状况

2011年我国小麦产量同比增加，进口量略增，需求增加明显，出口量略增，市场整体供求仍然宽松，不过新增供给大于需求的局面已经转变为基本平衡，略有结余。

(1)产量增加，进口量持平略增。2011年，我国小麦产量达到11740.1万吨，较上年增加222万吨。据海关统计，2011年我国共进口小麦124.9万吨，较上年略增2.7万吨。2011年上半年国际市场小麦价格居高不下，抑制了小麦进口量增加。2011年下半年起，全球小麦供给形势进一步改善，国际小麦价格下行。同时我国玉米价格高出小麦价格，小麦替代玉米消费逐步增加，使用进口小麦替代国产玉米用于饲料消费，明显有利于降低饲料成本，刺激了饲用小麦进口量激增。

(2)小麦制粉需求平稳略增，饲用需求增加明显。2011年，我国小麦国内总需求量为12019万吨，较上年增加970万吨，增幅8.8%。其中，我国小麦制粉消费量为8300万吨，占国内小麦总消费量的69%，较上年增加150万吨，增幅1.8%；饲用小麦消费量为2100万吨，占国内小麦消费量的17.5%，较上年增加750万吨，增幅55.6%。

2.小麦市场价格走势及成因

2011年我国小麦价格涨幅较小，低于过去数年的平均涨幅，上涨阶段短暂，主要是受临时存储小麦定向销售政策压力、小麦供应充裕以及小麦托市收购政策未启动的影响。

(1)上半年价格高位回落。国家启动了数批临时存储小麦定向销售，部分省份也进行了政策性小麦的定向销售，向骨干制粉企业定向销售政策性小麦，总投放量在1000万吨左右。定向销售政策对保障市场供给和稳定市场价格起到了十分显著的作用。春季及时降水大大缓解了此前主产区的持续干旱，打消了小麦的减产预期，改变了小麦价格上涨预期。加上各地区中央储备和地方储备轮换出库，小麦价格平稳偏弱运行。

(2)6月新麦上市之后，新小麦价格高于托市收购价，小麦托市收购政策未能启动，9月上旬之前新小麦价格走势平稳。小麦价格上涨缓慢，农户在较高的售粮价格预期下，出售小麦并不积极。截至9月30日，全国10个主产省小麦收购量达到5731.6万吨，其中处于主体地位的国有粮食企业的收购量为3588.9万吨，在总收购量中所占比重为62.6%，较上年的77.6%有明显下降。

9月中旬起华北黄淮地区用粮企业小麦库存迅速下降，加上玉米小麦价差达到高位，小麦饲用数量明显增加，市场需求旺盛；同时，国家公布了2012年小麦最低收购价，白麦、红麦和混合麦最低收购价每吨分别较2011年上调了140元、180元和180元，白麦与红麦和混合麦的价差消除，上调后的三等小麦最低收购价均为每吨2040元。受到诸多利好刺激，自9月下旬起到10月中旬，小麦价格每吨累计上涨80～100元。

(3)10月中下旬以来，制粉企业小麦库存恢复至正常水平，制粉需求平稳；新产玉米收获，产量增加，玉米价格高位回落，玉米小麦价差缩小，小麦饲用需求回落。在小麦供应充足和价格上涨预期不强的主导下，小麦价格长时间弱势运行。12月底，河北石家庄地区二等及以上小麦进厂价为每吨2170元，较10月中旬下降30元；较上年年底高10元；山东济南地区进厂价为每吨2180元，与10月中旬基本持平，较上年年底上涨50元；河南郑州地区进厂价为每吨2130元，较10月中旬上涨10元，较上年年底上涨70元。

(四)2011年大豆供求情况

1.供给和需求状况

2011年我国大豆产量及进口量虽然均有所下降，但得益于年初较大的结转库存及临时储备的投放，全年大豆供给充足，年底港口进口大豆库存量仍超过600万吨。

2011年上半年，国家定向销售了部分临储大豆，对国产大豆压榨量起到推动作用。尽管如此，国产大豆在榨油总量中所占比重仍不足8%，大豆榨油重心向沿海地区倾斜趋势没有改变。

(1)国内大豆减产，进口量下降。2011年我国大豆产量1448.5万吨，同比减少59.8万吨，降幅为4.0%。产量下降的主要原因是种植效益相对较低，一些种植大豆的耕地改种玉米或其他作物。全年进口大豆5264万吨，同比减少216万吨，降幅3.9%。大豆进口量下降主要受两方面因素影响：一是上半年国家为调控食用油价格，向市场投放了较多的临储植物油及临储大豆，抵消了一部分大豆压榨需求；二是全年大豆压榨行业利润低迷，在不考虑套期保值因素情况下，全年有10个月的时间大豆压榨厂处于亏损状态，油厂推迟或取消了部分大豆进口船货。2011年我国大豆新增供给总量为6664万吨，同比减少324万吨，降幅4.6%，全年市场供给仍较充足。

(2)国内大豆消费量呈增加趋势，出口量略增。2011年我国大豆需求总量6786万吨，同比增加450万吨，增幅7.1%。其中国内消费6765万吨，同比增加445万吨，增幅7.0%；出口21万吨，同比增加5万吨，增幅31.2%。2011年国内大豆食用及工业消费量为980万吨，同比增加30万吨，增幅3.2%；榨油消费量为5720万吨，同比增加420万吨，增幅7.9%。其中国产大豆榨油消费量为450万吨，同比增加50万吨。国产大豆榨油消费增加的主要原因是国家定向销售了部分临时存储大豆。但受较低的压榨收益制约，国产大豆榨油消费量增长较慢。进口大豆榨油消费量5270万吨，同比增加370万吨，增幅7.6%。

2.市场价格走势及成因

2011年国内大豆价格总体呈现波动走势，国内宏观调控政策、国际市场供需以及全球经济环境，是影响国内大豆价格走势的三大主要因素。我国大豆价格走势可分为四个阶段。

第一阶段是1～6月，我国大豆价格总体呈振荡下行走势。在这一阶段，巴西大豆获得丰收，产量达到7550万吨，增加650万吨，刷新历史纪录。阿根廷产量下降，为4900万吨，减少550万吨。南美地区大豆总产量小幅上升，国际市场大豆供给比较充足。国内CPI居高不下，且通胀预期较强，国家向市场定向投入了较多的植物油和储备大豆，对食用油及大豆价格形成明显的平抑作用。据监测，6月底，哈尔滨地区油厂大豆收购价格每吨3740元，比年初下降120元，降幅3.1%；青岛港进口大豆分销价格为每吨3900元，比年初价格下降350元，降幅8.2%；6月底订货的进口大豆完税成本为每吨4340元，比年初下降了200元，降幅4.3%。在这一阶段，港口大豆库存增加，对进口大豆分销价格形成明显压制。

第二阶段是7～9月初，我国大豆价格上涨。在这一阶段，美国大豆处于关键生长期。由于长势较差，美国农业部下调了产量预期，投机资金流入大豆期货市场，推高芝加哥大豆期价，国际市场大豆价格上涨。据监测，9月初订货的进口大豆完税成本为每吨4760元，比6月底上涨了420元，涨幅9.7%；青岛港进口大豆分销价格为每吨4350元，比6月底上涨了450元，涨幅11.5%；哈尔滨地区油厂大豆收购价格每吨3850元，比6月底上涨了110元，涨幅2.9%。在这一阶段，东北内陆油厂开工率很低，对国产大豆需求较少，抑制了国产大豆价格涨幅。

第三阶段是9月初～11月底，进口大豆价格高位回落，但国产大豆价格明显上升。在这一阶段，欧洲债务危机恶化，投机资金逃离商品市场，国际市场大豆价格大幅下降。不过国内对国家提高大豆托市价格存在预期，国产大豆价格反而逆市上涨。据监测，11月底订货的进口大豆完税成本为每吨3720元，比9月初下降1040元，降幅21.8%；青岛港进口大豆分销价格为每吨3900元，比9月初下降450元，降幅10.3%；哈尔滨地区油厂大豆收购价格每吨4040元，比9月初上涨了190元，涨幅4.9%。

第四阶段是11月底～12月底，进口大豆价格自底部回升，国产大豆价格稳中略降。在这一阶段，欧洲债务危机缓解，南美大豆产区干旱，美国农业部下调南美大豆产量预期，国际市场价格受到拉动。不过国产大豆压榨收益低迷，油厂收购意愿较弱，国产大豆价格受到压制。据监测，12月底订货的进口大豆完税成本为每吨4030元，比11月底上涨310元，涨幅8.3%；青岛港进口大豆分销价格为每吨3950元，比11月底上涨50元，涨幅1.3%；哈尔滨地区油厂大豆收购价格每吨4000元，比11月底下降40元，降幅1.0%。

注：文中引用的2011年产量数据来自国家统计局，需求及现货价格数据来自国家粮油信息中心，进口数据来自海关总署。

三 食用油脂油料供求形势分析

2011年我国油料产量连续第四年增加，再创历史最高纪录。当年我国食用油籽和植物油进口量有所下降。2011年我国植物油消费需求继续增加，但由于国家竞价和定向销售部分临时存储大豆和食用油，国内供应一直保持充裕局面。1～5月国内外油脂油料市场价格呈现震荡回落走势，6～8月价格震荡回升，9～12月受欧债危机爆发影响，国内外油脂油料价格大幅下跌。

(一)油料总产量再创历史最高纪录

2011年我国油料（不包含棉籽和大豆）总产量达到3306.8万吨，比上年增长2.4%，连续第3年创历史最高纪录。其中油菜籽产量为1342.6万吨，同比增长2.6%；花生产量为1604.6万吨，同比增长2.6%，创历史最高纪录。

2011年我国大豆播种面积继续下降，虽然单产有所提高，但总产量仍较上年下降，产量为1448.5万吨，同比下降4.0%；由于棉花播种面积和产量明显增加，2011年我国棉籽产量达到1188万吨，同比增长9.8%。国家粮油信息中心测算，2011年我国油籽总产量（包含大豆和棉籽）为5867万吨，较上年增加56万吨和1.0%；扣除油籽种子、食用和出口，2011年国产油籽折油总产量在1100万吨左右（包括玉米油、米糠油等其他非油籽作物产油）。

(二)食用植物油及油料折油进口量较上年下降

2011年我国食用植物油及油料进口折油总量在1800万吨左右，较上年降低100万吨左右。当年进口食用植物油（包含棕榈油硬脂）779.8万吨，比上年减少5.6%。其中，豆油114.3万吨，比上年减少19.8万吨，减幅为14.7%；菜籽油55.1万吨，比上年减少43.4万吨，减幅高达44.1%；棕榈油591.2万吨，比上年增加21.6万吨，增幅为3.8%。2011年我国共进口油籽（含大豆）5481.8万吨，比上年下降3.9%，进口油籽折油1020万吨左右。其中，进口大豆5264万吨，比上年下降215.7万吨，降幅为3.9%；进口油菜籽126.2万吨，比上年减少33.8万吨，减幅为21.1%。

(三)食用油籽和植物油出口量增加

2011年我国出口油籽（含大豆）91.2万吨，比上年增长3.9%。其中，出口大豆20.8万吨，同比增长26.8%；出口花生仁11.6万吨，同比下降8.7%。当年我国出口食用植物油12.4万吨，比上年增长29.9%。其中，出口豆油5.1万吨，下降13.6%；出口菜籽油3275吨，下降13.9%。

(四)油脂油料供应量继续增加

2011年我国油料总产量再创历史新高，加上棉籽产量的增加抵消了大豆产量的下降，油籽总产量较上年继续增加，但国内产不足需局面继续存在。在国内油料压榨能力不断增加和油粕消费持续增长情况下，对进口油料和食用植物油的依赖性依然较强。2011年上半年国家宏观调控力度加大,通过定向销售和竞价销售等方式共向国内市场投放了152万吨临时存储植物油和253万吨临时存储大豆，加上油籽产量的增加,国内油脂油料供应量较上年明显增加,虽然食用油籽和植物油进口数量下降,但供应依然保持充裕。

(五)国内油脂油料价格走势及成因

2011年国内油脂油料价格走势分为三个阶段：

第一阶段是1月初～5月底，受国家宏观调控力度加大，临时存储植物油和大豆不断投放市场的影响，国内油脂油料供应过剩，虽然国际市场油脂油料价格维持高位运行，但国内油脂油料价格一直呈现震荡回落的走势，1月初沿海地区一级豆油价格集中于每吨10300～10500元，到5月底震荡回落至9850～9950元；长江流域四级菜油价格由年初的每吨9800～9900元回落至5月底的9600～9650元。

第二阶段是6月初～8月底，受国家宏观调控力度减弱、停止拍卖临时存储菜籽油、大幅提高临时存储油菜籽托市收购价格以及美国大豆减产导致国际市场油脂油料价格上涨的影响，国内油脂油料价格呈现震荡上涨的走势，其中菜籽油价格上涨幅度较为明显。6月初长江流域四级菜油价格集中于每吨9650～9700元，到8月底上涨至10400～10500元；沿海地区一级豆油价格由6月初的每吨9800～9900元上涨至8月底的10250～10350元。

第三阶段是9月初～12月底，受欧债危机暴发，国际市场油脂油料价格暴跌后维持低位运行的影响，国内油脂油料价格持续回落,直到12月下旬才开始回升。9月初沿海地区一级豆油价格集中于每吨10200～10300元，到12月底回落至8800～8900元；长江流域四级菜油价格由9月初的每吨10400～10500元回落至12月底的9800～9900元。

(六)国家对油脂油料市场调控进一步加强

2011年国内油脂油料价格呈现震荡回落的走势，除了上半年国家宏观调控力度较大的影响外，9月欧债危机加剧导致国内外油脂油料价格大幅下跌也是重要原因。2011年国家出台的油脂油料市场主要调控政策有：

2011年上半年为控制国内物价上涨，国家通过定向销售和竞价销售等方式共向国内市场投放了152万吨的临时存储植物油和253万吨临时存储大豆，同时，黑龙江、新疆等省（区）地方储备大豆和植物油也通过竞价方式不断投放市场，国内油脂油料有效供给明显增加。

2011年6月初，临时存储油菜籽收购政策出台，收购价格大幅提高到每吨4600元，较上年提高700元和18%。在托市收购价格大幅提高的同时，取消了中央和地方油脂加工企业参与托市收购的政策，由中储粮总公司按照国家规定的价格委托企业收购油菜籽，并加工成临时存储菜籽油。国家共下达两批收购计划，其中夏收油菜籽收购计划为200万吨，秋收油菜籽收购计划为55万吨。

2011年11月，国家决定继续在东北地区实行大豆临时收储政策，国标三等大豆临时收储价格为每吨4000元，较上年提高200元，由中储粮总公司委托收购库点按照国家规定价格敞开收购。

四 杂粮供求形势分析

2011年杂粮种植面积和产量稍有增加，杂粮价格继续小幅上扬，市场较前两年平稳，供求形势仍处于基本平衡状态。

(一)2011年杂粮供给量4816.4万吨，比上年增加181.4万吨，增幅3.9%

1.产量

2011年杂粮种植面积1481.5万公顷，比上年增加7.6万公顷，增幅0.52%。绿豆、马铃薯种植面积有所增加，绿豆种植面积78.1万公顷，比上年增加4.6万公顷，增幅6.2%；马铃薯种植面积542.4万公顷，比上年增加22万公顷，增幅4.2%。大麦、谷子、高粱、燕麦、红小豆等种植面积减少。其中大麦种植面积51.2万公顷，比2009年减少11.4万公顷，比2010年减少6.9万公顷，减幅11.8%；谷子种植面积74.5万公顷，比上年减少6.5万公顷，减幅8%；高粱种植面积50万公顷，比上年减少4.7万公顷，减幅8.5%。

2011年杂粮产量4554.1万吨，比上年增加249.1万吨，增幅5.8%。马铃薯产量1765.8万吨，比上年增加150万吨，增幅9.3%。谷子、绿豆、红小豆等产量与上年基本持平；大麦、高粱产量减少，大麦产量163.7万吨，比上年减少33.5万吨，减幅17%。高粱产量205.1万吨，减少41.7万吨，减幅16.9%。

2.进口

2011年杂粮进口总量262万吨，比上年减少68万吨，减幅20.6%，虽较上年有所减少，仍是近20年来进口数量较多的一年。豌豆进口连续三年呈大幅增长态势，2009年进口37.2万吨，增加17万吨，增幅84.2%；2010年进口55.7万吨，比上年增加16.4万吨，增幅41.7%；2011年进口73.3万吨，增加17.6万吨，增幅31.6%。此外，其他品种进口数量均减少，绿豆减少最多，2011年进口1.6万吨，比上年减6.4万吨，减幅80%；大麦进口177.5万吨，比上年减少59.2万吨，减幅25%。

(二)2011年杂粮需求量4816万吨，比上年增加181.6万吨，增幅3.9%

1.国内消费

2011年杂粮国内消费量为4666.4万吨，比上年增加170.1万吨，增幅3.8%。从分项来看，工业用粮2450.3万吨，比上年增加40.1万吨，增幅1.7%，其中，食品工业用粮1273万吨，比上年增加94.6万吨，增幅8%；直接食用1076.7万吨，比上年增加86.7万吨，增幅8.7%。从分品种来看，杂豆类、薯类的消费量增加较多，其中，豌豆消费量69.5万吨，比上年增加18.1万吨，增幅35.2%；绿豆消费量95.5万吨，增加4.3万吨，增幅4.7%；马铃薯消费量1727.6万吨，比上年增加123.4万吨，增幅7.8%；甘薯消费量1507.2万吨，比上年增加24.6万吨，增幅1.7%。

2.出口

2011年我国杂粮出口由上年的138个国家和

地区减到122个，出口数量149.9万吨，比上年增加11.8万吨，增幅9%。创汇额13.13亿美元，比上年增加2.9亿美元，增幅28%。芸豆出口76.5万吨，比上年增加0.7万吨，创汇6.05亿美元，仍是杂粮出口数量和创汇最大的品种。高粱出口6.9万吨，比上年增加2.5万吨，增幅56.8%。马铃薯出口38.2万吨，比上年增加12万吨，增幅48%。绿豆出口数量近年来增减起伏较大，2009年出口27.4万吨，比2008年增加13.5万吨，增幅97%；2010年出口12.2万吨，比上年减少15.2万吨，减幅55.5%；2011年出口1.5万吨，比上年减少10.6万吨，减幅86.9%。此外，豌豆、大麦、荞麦均为减少。

(三)杂粮国内外市场行情及价格走势

2011年我国杂粮出口数量、金额比上年有所增加，出口价格在连续几年上涨的基础上，继续小幅上扬，平均每公斤上涨0.12美元。只有少数品种价格下降，红小豆每公斤下降0.05美元。燕麦出口0.2万吨，量少价高，每公斤1.04美元，比上年上涨0.52美元；其次，蚕豆的价格上涨幅度也很大，每公斤上涨0.41美元；芸豆、扁豆、谷子的出口价格每公斤上涨0.08美元；马铃薯每公斤上涨0.06美元。

国内杂粮市场近两年变化不是太大，供需一直维持在基本平衡。2009年是需大于供，个别品种需求量和价格凸显，主要是绿豆由于面积减少，产量下降，出口增加，国内消费量也明显下降，价格短期内上涨幅度较大。2010年绿豆种植面积、产量、进口增加，出口减少，国内消费量增加，市场平稳。2011年绿豆产量与上年基本持平，进出口数量相差不大。随着天气变化，到暑季绿豆需求量还会增加，价格可能会小幅上涨，因国内消费量增加，数量相对充足，对国内市场没有大的影响。因受国际市场影响，国际市场杂粮一直比国内看好，预计2012年下半年芸豆等品种的价格还会有所上升，货源也将相对紧张。

第四部分

粮食流通体制改革

一 深入推进粮食流通体制改革

2011年，各级粮食行政管理部门认真落实全国粮食局长会议关于深化体制改革，促进企业发展，壮大产业实力的有关精神，继续完善粮食价格形成机制，强化规划引领，加强对改革工作的指导，粮食流通体制改革取得新进展。

（一）完善粮食价格形成机制有新进展

国家粮食局继续组织全国23个省（区、市）粮食部门，就8个主要粮油品种的产销和成本利润情况，粮食最低收购价、临时收储、直接补贴等强农惠农富农政策措施落实情况，以及存在的问题和完善政策措施的建议等，进行了广泛而深入的调研，共涉及种粮农户6000多户。23个省（区、市）及相关市、县级粮食部门按照《粮食产销和成本利润调研工作方案》的要求，将调查任务逐级分解到农户，并加强对农户填写调查手册的指导，认真填写调查软件统计表，并通过实地调研和召开座谈会等形式，征求种粮农户和有关部门的意见建议，力求数据准确、原因清楚、措施可行。

加强对粮食产销和成本收益变化情况的分析，综合考虑粮食种植成本、供求形势、价格走势、各品种比价关系，以及宏观经济形势、物价水平等因素，研究提出最低收购价格原则和水平、完善粮食价格形成机制和进一步完善粮食支持保护政策的措施建议，为稳步提高小麦、稻谷最低收购价水平和合理确定玉米、大豆、油菜籽临时收储价格提供了决策依据。2011年，白小麦、红小麦和混合麦最低收购价格分别为每50公斤95元、93元和93元，比上年分别提高5元、7元和7元；早籼稻、中晚籼稻和粳稻最低收购价格分别为每50公斤102元、107元和128元，比上年分别提高9元、10元和23元；油菜籽、大豆临时收储价格分别为每50公斤230元和200元，比上年分别提高35元和10元。粮食政策性收购价格的提高和价格形成机制的完善，不仅提高了种粮农民收入，而且对理顺各品种比价关系、减少对市场形成价格的影响、合理促进各粮食品种生产发挥了重要作用。

（二）发展现代粮食流通产业有新思路

2011年是“十二五”的开局之年，国家发展改革委、国家粮食局认真贯彻落实《国民经济和社会发展第十二个五年规划纲要》精神，紧密结合粮食行业特点和发展需要，联合制定并发布《粮食行业“十二五”发展规划纲要》，在深入分析粮食行业“十一五”时期取得的主要成就、当前面临的发展机遇、严峻挑战的基础上，提出了“十二五”时期粮食行业发展的指导思想、基本原则、主要目标，确定粮食行业的主要任务是：深化一项改革，即继续深化粮食流通体制改革。健全六大体系，即健全粮食宏观调控体系、粮食仓储物流体系、粮油加工体系、粮食市场体系、科技创新体系、粮食监管和标准质量检验检测体系。重点建设六大工程，即粮食仓储设施工程、粮库仓房维修改造工程、粮食现代物流工程、农户科学储粮专项工程、粮油加工业升级工程、粮食质量安全监测体系工程。同时明确了发展现代粮食流通产业的主要思路和保障措施。国家粮食局发布粮食市场体系建设与发展等四个专项规划，细化和落实促进现代粮食流通产业发展的措施。地方粮食部门认真贯彻落实规划纲要精神，认真研究编制行业发展规划，并加强政策和资金扶持，现代粮食流通产业实力得到提升。

(三)推进粮食企业改革和发展有新举措

2011年中央财政安排924.1亿元，帮助粮食主产省（区）消化1998年以前的政策性粮食财务挂账。在近三年逐步取消主产区粮食风险基金地方配套98亿元的基础上，从2011年起将全国粮食风险基金规模从302亿元增加到382亿元。对储备粮承储企业免征印花税、房产税、城镇土地使用税和财政补贴收入免征所得税，明确从2011年起将中央政策性粮食保管费用补贴标准统一提高到每年每斤0.05元，减轻企业负担，为粮食企业改革和发展营造良好环境。

不断加强国有企业扭亏增盈信息通报和重点企业经营情况定期分析，进一步完善重点国有企业联系制度，及时推广典型经验，国有粮食企业改革和发展迈出新步伐。截至2011年底，全国国有粮食企业通过改制重组调整到15472家，同比减少1077家，企业布局、结构和资产进一步优化，市场竞争力和影响力不断增强，经营管理水平进一步提高。初步统计，2011年全国纳入统计的国有粮食企业实现统算盈利63.6亿元，其中国有粮食购销企业统算盈利52.3亿元，26个省（区、市）实现了盈利。

(四)基层粮食流通体制改革有新成绩

粮食流通体制改革的难点和重点都在基层。为推动改革不断深化，国家粮食局大力加强对基层改革工作的指导。2011年，按照“改革有经验、发展有成绩、工作有成效”以及“做法和经验在本省（区、市）有代表性”的原则，重新确定了县级粮食流通体制改革联系点，并及时总结联系点主要做法和典型经验，以点带面推动改革，基层粮食流通体制改革取得新成效。一是加强机构，推进粮食行政管理职能转变。积极争取党委、政府和有关部门的支持，落实粮食流通行政执法、监督检查、统计调查等职责、机构和人员，配备必要的工作设施、设备，并争取将其工作经费纳入本级财政预算。二是加强调控，确保县域粮食安全。加快推进城乡一体化购销网络建设，初步形成专业粮油批发市场为主渠道，集贸市场、连锁超市和销售网点为补充，布局合理、方式灵活、渠道畅通、遍布城乡的粮油购销网络。积极落实地方粮食储备，健全应急预案，增强应急保障能力，保持县域粮食市场稳定。三是加强监管，维护粮食流通秩序。认真落实《粮食流通管理条例》有关规定，加大粮食流通监督检查和执法力度，积极推进依法行政、依法管粮，维护县域粮食流通正常秩序。四是发展产业，推进县域粮食经济发展。努力解决国有粮食企业历史遗留问题，健全现代企业制度，推进兼并重组和产权制度改革，指导基层企业做大做强。大力扶持龙头企业发展，通过积极发展订单、强化品牌宣传等方式，促进种粮农民增收、粮食企业增效。加快粮食仓储、物流设施和产业园区建设，推进粮食加工业发展和粮食科技创新，发展粮食产业集群，推进县域粮食经济发展。

二 现代粮食流通产业稳步发展

2011年，各级粮食部门认真贯彻落实《国民经济和社会发展第十二个五年规划纲要》精神，按照全国粮食局长会议“加快发展产业，壮大产业实力”要求，紧密结合粮食行业特点和发展需要，坚持规划引领、科学发展，积极编制发展规划，完善产业政策，加大扶持力度，积极推动现代粮食流通产业发展。国家发展改革委、国家粮食局联合发布《粮食行业“十二五”发展规划纲要》，国家粮食局编制并发布“十二五”时期粮食流通基础设施建设、粮食市场体系建设与发展、粮油加工业发展、粮食科技发展等四个专项规划。地方粮食部门认真落实国家相关规划，编制本地区粮食行业发展规划及有关专项规划并发布实施，以“现代粮食宏观调控体系、粮食市场体系、粮食产业化体系和粮食流通执法监督保障体系”为主要内容的现代粮食流通产业稳步发展，粮食流通的产业基础更加坚实。

(一)健全粮食宏观调控体系，粮食市场和价格基本稳定

一是市场调控机制更加完善。粮价下跌时，启动粮食最低收购价、临时收储等政策措施，并适当提高政策性粮食收购价格水平，保护种粮农民利益；粮价过高时，采取竞价销售、定向销售和邀标销售等方式，加大投放力度，保障居民口粮和企业用粮需要，稳定粮食市场价格。二是粮食市场应急机制更加完善。各地重视健全粮食应急预案，确定粮油应急加工定点企业和应急供应定点企业；加强军粮供应管理工作制度化建设、全天候军粮供应战备应急保障体系建设，军粮供应管理水平、服务水平和保障能力进一步提升，能够在各种状态下有效保障军需民食。三是粮食储备体系更加完善。继续加强中央储备粮行政管理，督促做好储备粮轮换工作；采取直接收购、自主轮换收购、商品粮就地划转和进口划转等多种方式补充中央储备和国家临时存储库存。调整储备粮品种结构，适当增加粳稻收储数量。各地按照国家部署，落实粮食行政首长负责制，进一步充实地方粮油储备数量，调整储备结构，增加成品粮油和小包装粮油储备，夯实调控粮食市场的物质基础。

(二)健全粮食市场体系，粮食交易更加规范

各地按照“布局合理、方式灵活、渠道畅通、功能完善、服务城乡”的原则，加快构建新

型粮食购销服务网络，继续推动粮食市场体系建设，粮食收购、零售、批发、期货市场稳步发展，粮食市场主体更加多元，交易更加活跃，粮食流通更加顺畅。大中型区域性、专业性粮食批发市场70家，其他各类粮食批发市场448家，年交易量超过11000万吨，促进了产销衔接，在保障当地居民口粮供应和应急保障中发挥了积极作用。国家粮食交易中心总数达到25个，在国家宏观调控中发挥了“稳定器”作用。继续完善全国统一粮食竞价交易系统，加强交易市场内部控制制度建设，规范政策性粮油结算资金的管理。粮油市场信息体系基本形成，大型批发市场电子商务交易信息系统快速发展，地方粮食信息网络继续保持良好发展势头。

（三）健全粮食产业化体系，粮食流通更加顺畅

一是粮食流通基础设施和物流体系建设得到加强。制定具体措施贯彻国务院物流业健康发展实施意见，与有关部门联合印发了“十二五”农户科学储粮专项规划和管理办法。2011年，国家安排中央补助投资24.78亿元，用于粮油仓储设施、粮食现代物流、农户科学储粮专项和实施最低收购价政策地区仓房的维修改造。各地积极筹措资金，加大投入力度，加快中心粮库、物流产业园区、信息化等设施建设，粮食流通基础设施建设成效显著。二是粮食加工业稳步发展。截至2011年底，粮油加工业主要产品产量同比增幅超过12%，产品销售收入同比增长18%，粮油加工业继续保持平稳较快发展势头。山东、江苏、河南、安徽和湖北等五省的粮油工业总产值超过了千亿元。稻谷、小麦、油脂加工龙头企业建设取得明显进展，促进了产业结构调整和升级。三是推进粮食科技创新成效显著。节能增效和产后减损为主要内容的“十二五”科技项目，以RFID技术为核心的信息技术在江苏试点成功并逐步全面推广，以生物科学为主的绿色环保储粮技术在粮食储藏和质量检测的应用范围扩大，国家发展改革委批准的5个粮食产后国家工程实验室建设全面启动，粮食流通社会化科技创新体系初步形成。四是“放心粮油”工程深入推进。制订《放心粮油示范企业经营服务规范》等行规行约，开展放心粮油示范企业创建和信用评价试点工作。继续推广放心粮油进农村进社区工程，各地共发展销售服务网点近20万个，其中农村网点6万多个。山东省放心粮油网点已达2.2万个，天津粮油集团每天生产放心馒头100万个，西安市放心馒头市场占有率达到60%以上，深受广大消费者的欢迎。

（四）健全粮食执法监督保障体系，粮食流通更加有序

一是认真做好《粮食法》的起草和报审工作，研究制定粮食行政管理部门深入推进依法行政的意见，发布实施粮食行业“六五”普法规划。推进两部条例的实施，加强督促检查和指导，粮食最低、最高库存制度得到较好落实。二是粮食监督检查工作深入推进。继续巩固和完善监督检查体系，加强对全社会粮食流通的监督检查，开展新中国成立以来首次全国食用植物油库存清查，摸清了库存家底，推动了各项标准制度的建立和完善，提高了油脂库存管理水平。继续

开展全国粮食库存年度例行检查，及时组织对最低收购价、国家临时收储等政策落实情况以及政策性粮食销售出库的监督检查，扎实做好粮食质量安全检验监测和库存粮油的质量安全抽查。三是粮食质量监管工作进一步加强。认真履行国务院食品安全委员会成员单位职责，建立粮食质量安全监管考核评价等制度，落实监管责任，组织对东北三省的食品安全督查。认真做好粮油标准制修订工作，完成标准制修订27项，发布实施标准62项。积极推进粮食质量监测体系建设，安排中央专项补助投资，加强检验监测能力建设。四是认真组织开展收购资格审核和中央储备粮代储资格审核，加强对资格企业的检查和指导，粮食收购市场秩序和代储行为进一步规范。

三 国有粮食企业改革和发展现状及对策

(一)国有粮食企业改革和发展取得的主要成绩

2011年，全国粮食部门深入贯彻落实科学发展观，紧密围绕粮食流通中心工作，积极应对国际金融危机和粮食市场形势变化的不利影响，指导国有粮食企业深化改革，加强管理，国有粮食企业改革和发展成效显著。

1.国有粮食企业妥善分流安置了一批富余职工和消化了部分粮食财务挂账

一是企业分流的富余职工得到了妥善安置，保护了职工的合法权益。截至2011年底，全国国有粮食企业职工总数59.6万人，比2010年底减少0.7万人，其中购销企业职工45.0万人，增加0.3万人。2011年安置富余职工1.8万人，其中粮食部门安置1.1万人，占全部安置富余职工的61.1%。四川、江西、河南3省安置富余职工在1000人以上。二是中央财政帮助粮食主产区一次性消化1998年6月1日以前的部分政策性粮食财务挂账，切实减轻了粮食主产区财政负担。三是各地采取破产、核呆、地方财政补助等方式，处理了一些国有粮食企业经营性粮食财务挂账。

2.国有粮食企业布局和结构相对优化

各地实行国有粮食企业战略性重组，加大企业产权制度改革力度。截至2011年底，全国国有粮食企业总数15472个，其中购销企业10938个，分别比2010年年底减少1077个、680个，减幅为6.5%、5.9%。现有国有粮食企业改制数10353个，占企业总数的66.9%。2011年企业改制数1252个，河北、江西、河南、湖北4省改制企业数在100个以上。

3.国有粮食企业经营管理机制得到有效转变

按照现代企业制度要求，各地国有粮食企业积极转变经营机制，改革改制后的国有粮食企业，初步建立了企业法人治理结构。同时，完善企业内部人事、劳动、分配机制。国有粮食企业积极转变经营模式，从“买原粮、卖原粮”单一经营朝多元化经营方向发展，城乡粮食连锁经营和放心粮油建设快速发展，经营活力明显增强。为加强对国有粮食企业经营管理工作的指导，国家粮食局于2011年11月份在浙江省召开了部分地区国有粮食企业经营管理工作座谈会，科学全面分析了国有粮食企业经营管理现状及存在的问题，对做好下一步工作做了认真安排。2011年，全国国有粮食企业累计收购粮食11443万吨，占全社会粮食收购总量的40.0%。由于当年市场粮价高于粮食最低收购价，粮食最低收购价预案没有启动，政策性粮食收购大幅减少。虽然国有粮食企业粮食收购总量相对往年有所减少，但仍继续发挥主力军作用。

4.粮食流通产业得到较快发展

各地国有粮食企业不断延长和完善粮食产业链，向粮食科研、生产、收购、加工、销售一体化发展，粮食产业化水平进一步提高，涌现了一批有竞争力、影响力的粮食产业化龙头企业。截至2011年底，全国国有粮食企业的粮食产业化龙头企业1012个，占国有粮食企业总数的6.5%；国有粮食购销企业的粮食产业化龙头企业747个，占国有粮食购销企业的6.8%。

5.国有粮食企业经济效益再创新高

针对2011年以来市场粮价高位运行、政策性粮食收购大幅减少、企业取得自主收购贷款困难的复杂形势，各地指导国有粮食企业拓宽融资渠道，加强资金管理，积极入市收购粮食，促进农民增产增收。国有粮食企业正确研判粮食市场行情，自主经营粮食量大幅增加，扩大附营业务，节省费用开支。近五年来，全国国有粮食企业统算盈利逐年增加。2011年利润66.7亿元（其中中央企业42.5亿元，地方企业24.2亿元），与2010年相比增加6.6亿元，增幅11.0%。全国25个省（区、市）盈利，北京、山东、河北、吉林、安徽、广东、江苏、上海8省（市）实现利润都在1亿元以上。

在现阶段，国有粮食企业受经济环境及历史遗留问题等因素影响，在改革和发展中还存在一些亟待解决的问题。第一，企业历史遗留问题没有彻底解决。经营性粮食财务挂账较多，企业负担较重；企业富余职工分流安置费用等存在较大资金缺口。第二，企业竞争力相对较弱。大企业大而不强，没有形成有效的粮食购销网络和完整的粮食产业链。基层企业小、散、多，资产质量普遍较差，风险承受力普遍较弱。第三，企业经营环境急需改善。主要是基层国有粮食购销企业自主经营粮食贷款难。

（二）下一阶段国有粮食企业改革和发展的政策措施

为落实国家“十二五”规划纲要关于加强粮食物流、储备和应急保障能力建设的要求，按照有利于国家粮食安全、粮食市场稳定、调动种粮农民积极性的原则，下一阶段要紧紧围绕做大做强做优国有粮食企业这个目标，进一步深化国有粮食企业改革，强化企业经营管理，优化改革发展环境，继续发挥国有粮食企业主渠道作用。

一是加大国有粮食企业兼并重组力度，加快建立现代企业制度。采取分类推进、分步实施的做法，对于企业改革进展较慢的地区，重点推进县级国有粮食购销企业兼并重组，促进资产、资源向优势企业集中，组建具有一定规模和较强竞争力的国有独资或控股粮食企业，作为国家掌握粮源、搞活购销、维护区域粮食安全的坚实载体。对于企业改革进展较快的地区，按照现代企业制度要求，进一步规范管理，真正建立起集团发展模式，切实增强改制企业市场竞争力。

二是加快培育壮大若干骨干国有粮食企业。以具备规模优势、资产优势和较大影响力的大中型粮食企业为依托，结合区域粮食调控的要求，发展若干个国有独资或控股的骨干粮食企业，在财政、税收、信贷等方面予以重点扶持。择优筛选一批粮食产业化龙头企业，争取相应的政策和资金扶持。

三是强化国有粮食企业经营管理。指导企业加快转变经济发展方式，灵活开展自主经营，发展粮油连锁经营等新型粮食流通经营业务，扩大经营范围，延伸产业链条，增加经济效益。同时，指导企业完善法人治理结构，加强企业内部管理，改革用工和激励制度，努力降低商品流通成本和相关费用，向科学管理要效益。

四是优化国有粮食企业改革发展环境。妥善处理企业历史遗留问题，协调落实财税优惠政策，积极争取对粮食仓储物流体系给予国家专项资金支持，推动现代粮食流通产业加快发展。

四 国有粮食企业经营水平有所提升

(一)国有粮食企业经营实现“五连盈”

2011年，为积极应对我国复杂的粮食购销形势，各级粮食财会部门坚持以科学发展观为指导，认真贯彻落实中央一系列强农惠农富农政策，争取和落实粮食财税政策和资金，指导企业加强经营管理,稳步推进企业改革，全国国有粮食经济运行情况继续保持经营改善、管理加强、效益提升的良好态势。自2007年统算盈利后，全国国有粮食企业实现“五连盈”，2011年实现统算盈利66.8亿元，同比增加6.8亿元，25个省（区、市）实现了统算盈利，北京、河北、吉林、上海、江苏、安徽、山东、广东等省（市）盈利额都在1亿元以上。

(二)国有粮食企业经营管理情况分析

一是各级粮食部门高度重视，积极争取落实粮油储备企业有关税收减免政策，增加粮食风险基金规模，不同程度提高企业政策性粮油储备费用补贴标准，改善了国有粮食企业经营发展环境。二是及时掌握和分析企业经营管理情况，指导企业严格执行国家粮食购销政策，保护种粮农民利益，保障城乡居民粮食供应。对未能启动最低收购价预案的地区和粮食品种，各级粮食部门积极协调落实粮食收购资金，指导企业拓宽融资渠道，调整经营结构，通过代收代储、合作经营等多种方式，抓住小麦、水稻、玉米等主要粮食品种价格高位运行的市场机会，灵活开展自主粮食购销，扩大经营量，在一定程度上弥补了政策性业务减少的不足。三是各地不断深化国有粮食企业产权制度改革，大力推进企业兼并重组，积极发展粮食产业化经营，涌现出了一批改革创新、效益稳增、日益强大的龙头企业，发挥了辐射带动作用。四是指导企业进一步加强内部管理，搞好节支增收。

尽管国有粮食企业实现“五连盈”，但继续保持企业良好发展态势还面临不少困难：一是主要粮食品种价格高位运行，政策性粮食收购量大幅下降，企业补贴收入减少；二是企业普遍“小、散、弱”，历史遗留问题尚未完全解决，企业自主收购贷款困难；三是受通胀压力影响，企业经营成本上升；四是企业经营模式单一，经营风险增大。

(三)进一步做好国有粮食企业经营管理工作的措施

各级粮食主管部门要以科学发展观为指导，遵照国务院有关文件精神，按照全国粮食局长会议的总体部署和2011年11月在杭州召开的部分地区国有粮食企业经营管理工作座谈会精神，进一步做好国有粮食企业经营管理工作。要调整优化资产结构，重点推进县级国有粮食购销企业兼并重组，做强做优基层粮食购销网络，提高县级企业经营管理水平；要以已具备规模优势、资产优势和较大影响力的大中型粮食企业为依托，加快培育壮大若干骨干国有粮食企业；认真贯彻落实国务院有关文件精神，指导和督促国有粮食企业积极入市收购，搞好粮食购销，夯实企业经营基础，促进粮农增产增收；继续争取地方政府的支持，妥善解决国有粮食企业经营性挂账等历史遗留问题；大力争取政策和资金支持，改善企业经营发展条件；指导企业进一步加强内部管理，规范会计核算，降低成本，挖潜增效，提高企业经营管理水平。

第五部分

粮食宏观调控

一 2011年粮食最低收购价政策执行情况

鉴于种粮成本提高等多种因素，为调动农民种粮积极性，保护农民利益，促进粮食增产和农民增收，2011年国家在粮食主产区继续实行小麦、稻谷最低收购价政策，并适当提高了最低收购价水平。在总结近几年经验的基础上，国家发展改革委、国家粮食局会同有关部门研究制定并不断完善2011年小麦、早籼稻和中晚稻最低收购价执行预案，进一步完善预案启动机制，适当提高委托收储企业资格要求，细化中储粮公司及委托收储企业的责任，强化地方政府督促协调和部门监督检查的责任。由于市场价格较高，小麦、早籼稻和中晚稻预案均未启动。

二 2011年国家临时收储政策要点及调控效果

2011年，国家继续对油菜籽、大豆、玉米实行临时收储政策，并相应提高临储价格。油菜籽、大豆临储价格分别提高到每公斤4.6元和4.0元，分别比2010年提高了0.70元和0.20元，玉米临储价格为每公斤1.96～2.0元。国家粮食局会同国家有关部门及时下发文件，分别对油菜籽、大豆、玉米临时收储工作作出具体部署。冬、春播油菜籽临时收储工作于2011年6月24日和11月7日先后启动，执行范围为内蒙古、江苏、浙江、安徽、江西、河南、湖北、湖南、重庆、四川、贵州、云南、西藏、陕西、甘肃、青海和新疆等17省（区、市）。大豆临时收储工作于2011年11月23日启动，在内蒙古、辽宁、吉林、黑龙江等4省（区）敞开收购临储大豆。玉米临时收储工作于2011年12月14日启动，在内蒙古、辽宁、吉林、黑龙江等4省（区）敞开收购临储玉米，并要求各指定库点积极向农民提供“代烘干”服务，引导农民出售符合安全水分的粮食，增加售粮收入。

为维护新疆地区粮食市场和社会稳定，国家连续第3年在新疆实施了小麦临时收储政策，由中储粮总公司组织收购。

国家临时收储政策的实施，对于稳定粮油市场价格、保护农民利益发挥了积极作用，同时也使国家掌握了更多的调控粮源，为保供稳价打下了良好的物质基础。

三 2011年临时存储粮油购销调运情况

(一)收购情况

一是国家有关部门分两批共下达油菜籽临时存储收购计划400万吨，截至2012年2月底收购期结束(其中青海省延长到2012年4月底)，中储粮总公司直属企业及委托企业收购临储油菜籽330万吨。二是截至2012年4月底，东北三省和内蒙古自治区共收购临时存储大豆362万吨、玉米122万吨。三是下达新疆维吾尔自治区2011年产小麦国家临时收储计划150万吨，截至2011年底共收购临储小麦22万吨。

(二)销售情况

2011年国务院提出了“继续加强和改善宏观调控，保持物价总水平基本稳定，把短期调控政策和长期发展政策结合起来”的总体工作目标。一年来，国家有关部门在地方各级粮食行政管理部门、有关粮食批发市场的积极配合下，通过多种方式销售政策性粮食，确保粮食市场供应和价格基本稳定，有效地保证了居民口粮消费和企业用粮的需要。

一是开创性开展粮油定向销售。针对复杂多变的粮食市场形势，国家有关部门加大工作力度，创新工作机制，采取多种办法完善销售方式，进一步增强调控的针对性和有效性。2010年12月起，对政策性粮油品种实行定价定向销售，定点加工后投放市场，先后6次安排对大型面粉加工企业、大型油脂加工企业定向销售，累计定向销售小麦905.54万吨、大豆246万吨、食用油61万吨。2011年6月起，按国家政策性籼稻与地方储备籼稻1：2的比例，对重点骨干大米加工企业实行邀标销售，要求企业均衡有序加工投放市场，并承诺保持大米销售价格稳定，销售国家政策性籼稻31万吨,浙江、安徽、福建、江西、湖北、广东、广西、四川等8省（区）销售地方储备籼稻66万吨。

二是定期组织政策性粮食竞价销售。根据市场需求和调控需要，国家有关部门适时调整销售节奏和力度，进一步完善交易细则，加强对竞买企业的资格审核；地方各级粮食行政管理部门加强对政策性粮食销售的监督检查，及时对违规违法行为进行严肃处理；各地批发市场认真做好资格审核、交割结算和商务处理等相关工作，保证了竞价销售工作的顺利进行。2011年全年累计成交政策性粮食（含中央储备）2720万吨、食用油91万吨，有效地满足了企业用粮需要。

三是加大储备粮油投入市场力度。根据市场供求形势和价格走势情况，国家有关部门加大中央储备粮投放市场力度，适时追加下达2011年度中央储备玉米轮换计划370万吨，一些省份与国家协同运作，及时向市场投放地方储备粮油，保障了居民口粮和企业用粮需要。

四是强化重点时段保供稳价工作。在国际

市场波动以及国庆、元旦、春节等重要时段，国家粮食局会同有关部门及时下发通知，要求各地高度重视，精心组织，加强市场监测，搞好货源调度，适时投放储备，保证市场供应。要求36个大中城市及价格易波动地区的地方成品粮油储备，原则上提高到确保当地15天的市场供应量，并抓紧落实到位，保证能够随时投放市场，发挥应急保障作用。

(三)调运情况

2011年，为加强粮食市场调控，优化库存布局，发挥储备粮“柜台前移”的作用，有效保障市场供应和价格稳定，国家有关部门向华北、西北等小麦主要消费区和南方主销区安排下达小麦跨省移库计划280万吨，向西南、西北旱灾地区调运粮食100万吨。到2011年底，两批跨省移库计划共完成260万吨。

四 粮食市场体系建设

(一)2011年粮食市场体系建设和发展情况

2011年是“十二五”开局之年，也是粮食市场体系建设与发展面临的难得机遇期。国家粮食局组织编制《全国粮食市场体系建设与发展“十二五”规划》（以下简称“十二五”规划），积极推进全国统一粮食竞价交易平台建设，加强对粮食收购、零售和批发市场建设指导与扶持，分别赴北京、陕西、辽宁、江苏、安徽、浙江6省（市）开展调研，推进了全国粮食市场体系发展和建设。地方粮食部门进一步加大对粮食市场建设工作力度，引导和支持粮食市场发展，粮食市场体系建设取得明显成效。

1.粮食收购市场

2011年，国家进一步健全粮食收购市场准入制度，依法开展粮食收购资格核查，切实加强粮食收购市场监管，规范粮食收购活动，维护了正常的粮食收购市场秩序。截至2011年底，全国31个省（区、市）具有粮食收购资格的粮食经营者达到8.6万个。其中国有及国有控股企业1.64万个，其他经济组织等多元市场主体6.96万个，分别占总数的19%、81%。2011年，我国粮食产量实现八连增，国有粮食企业继续发挥主渠道作用，收购粮食量达到11443万吨，同比减少963万吨；收购托市粮食377万吨，油料330万吨，在为国家提供了粮食宏观调控物质基础的同时，有力地促进了种粮农民增产增收。其他多元市场主体积极入市收购，方便了农民售粮，活跃了收购市场，搞活了粮食流通。

2.粮食零售市场

2011年，各地粮食部门继续支持和引导多渠道经营粮食零售业务，市场经营规模基本保持稳定发展态势，市场经营管理水平不断提高，超市和粮油连锁店等零售网点遍布城乡，在保障城市粮油供应方面发挥了积极作用。放心粮油进农村进社区工程进展顺利，“放心粮油店”在粮油市场的占有率不断提高，目前各地共发展销售服务网点近20万个，其中农村网点6万多个。

3.粮食批发市场

2011年，各级粮食行政管理部门重点加强了对粮食批发市场建设的指导和扶持，粮食批发业务和市场信息服务水平不断提高，市场发展与建设取得了积极进展。

一是根据“十二五”粮食行业总规划，国家粮食局组织编制《粮食市场体系建设与发展“十二五”规划》。在多次组织各地粮食部门、国家粮食局重点联系粮食批发市场进行修改完善并征求相关部委意见的基础上，已于2012年初发布实施。各地粮食部门也积极开展制定粮食批发市场“十二五”规划，目前全国有12个省（区、市）已经编制粮食市场体系建设专项规划。

二是加强对全国重点联系粮食批发市场建设工作进行指导，赴北京、陕西、辽宁、江苏、安徽、浙江6省（市）开展调研，提出促进市场发展完善的措施建议。

三是继续完善全国统一粮食竞价交易系统建设。选择部分重点联系市场组建国家粮食交易中心。2011年批复重庆、沈阳、杭州3家市场为国家粮食交易中心，国家粮食交易中心的数量达到25个，共交易国家政策性粮食2740.32万吨，为实施粮食宏观调控、保证粮食市场供应、稳定粮食市场价格发挥了重要作用。

四是各类粮食批发市场发展建设取得了积极进展。到2011年底，我国共有大中型区域性、专业性粮食批发市场70家，各类粮食批发市场448家，其中，国有及国有控股248家，民营168家，集体32家；商流市场92家，成品粮市场356家。据不完全统计，2011年全国各类批发市场年交易量超过11000万吨，促进了产销衔接，在保障当地城镇居民口粮供应和应急保障中发挥积极作用。如杭州粮食交易中心市场成交粮油64.2万吨、成交金额27.5亿元，交易量占当地口粮的50%以上；大连粮食批发市场交易量达27.2万吨，交易额16.6亿元，占据全市口粮市场销量的60%，并辐射山东半岛；大庆粮食批发市场实现粮油交易量52万吨，承担了当地90%的市民口粮和行业用粮供应任务。大中城市粮食零售市场对粮油质量安全和质量监管工作的重视程度进一步提高，贵阳谷丰粮油食品批发市场配合质检、工商、计量等部门开展专项整治活动，很好地维护了市场粮食质量安全；北京盛华宏林市场投入资金改造检测室，引进高级技术人员，严格质量检查制度，提升了质量安全检测能力和水平；苏州市粮食批发市场实施质量监管八项机制，即准入机制、查验机制、检测机制、退市机制、巡查机制、信用机制、追溯机制、维权机制，有效确保了市场经营粮食质量安全，提升了市场品牌形象。

五是粮食批发市场积极开展多元化经营，向批发业务两头延伸，扩大市场利润来源。河北市场全年累计销售商品粮9万多吨，实现销售收入1.96亿元，同比增加368.8%。四川、河南物流等市场还积极向粮油零售终端发展，着力打造市场零售品牌，向产业化纵深发展。四川市场继续加强“川粮”米、面、油品牌企业经营，全年米面油加工企业共经营、加工粮油70万吨，产品的市场覆盖率大大扩展。2011年河南物流市场注册了"誉禾"、"龙润香"和"绿香尔"三个大米商标，确定了东北宝清、建三江、鹤岗、五常等生产基地，开展大米品牌的自主经营，实现了成品粮经营的突破。

4.粮食期货市场

2011年，我国粮食期货市场交易量和成交额较2010年有所减少。从成交量看，2011年全国粮食期货成交量和成交金额为35718.21万手和195515.12亿元，同比分别减少了46.31%和28.07%，其中普通小麦交易大幅走高，成交量、成交金额分别比上年增加335.68%和344.43%；强筋小麦期货成交也比较活跃，成交量、成交金额分别比上年增长36.27%和49.39%；其余品种则出现不同幅度下跌，其中早籼稻交易下跌幅度较大，成交量、成交金额分别比上年减少77.93%和77.01%。从价格走势看，各粮食品种价格同比均有较大幅度上升。主要粮食品种走势：小麦价格在成本推动及国家最低收购价政策等支撑下，呈现前高后低行情，整体上仍然小幅波动上涨；玉米全年始终保持高位震荡的态势，尽管新季玉米上市后，市场价格有所回落，但仍然处于高位区间，现货与期货价格由背离逐渐转为同步；早籼稻上年减产明显，2011年补库需求较为旺盛的影响，市场价格高开高走，较上年大幅上涨，10月后逐步止涨于高位趋稳；大豆整体呈现前高后低态势，前8个月期货价格高位宽幅波动，9月欧债危机急剧升温后，大豆在国际外围商品市场暴跌的影响下承压下跌，经历了一波剧烈的调整行情后于低位趋稳。

表5-1 2011年度粮油期货合约交易情况表

单位：成交量：万手，成交额：亿元

品种名称	2011年成交量	2010年成交量	同比增减	2011年成交额	2010年成交额	同比增减
强筋小麦	1581.95	1160.93	36.27%	4474.86	2995.34	49.39%
普通小麦	30.58	7.02	335.68%	67.82	15.26	344.43%
豆一	5047.91	7478.72	−32.50%	22730.58	30852.02	−26.32%
豆二	2.13	2.94	−27.51%	10.18	12.36	−17.64%
玉米	5369.95	7199.91	−25.42%	12609.00	15366.83	−17.95%
豆粕	10034.07	25116.38	−60.05%	32535.82	77303.25	−57.91%
豆油	11602.51	18281.25	−36.53%	115551.46	155530.42	−25.70%
菜籽油	864.02	1904.13	−54.62%	4498.14	8557.39	−47.44%
早籼稻	1185.09	5370.49	−77.93%	3037.26	12662.75	−76.01%
总计	35718.21	66521.77	−46.31%	195515.12	271810.37	−28.07%

注：数字资料来源于郑州商品交易所和大连商品交易所，成交量、成交金额均按双边计算。

(二)2012年粮食市场体系建设工作思路

2012年是实施"十二五"规划的关键之年。国家粮食局以实施《全国粮食市场体系建设与发展"十二五"规划》为契机，全面推进现代粮食市场体系建设。

一是认真组织实施《全国粮食市场体系建设与发展"十二五"规划》，做好宣传、解读和组织实施工作。指导和督促各地根据国家总体规划和本地市场规划，结合转变经济发展方式要求和当地粮食资源条件，坚持“政府推动、依市建场、调整重组、完善提高”的原则，研究制定具体的贯彻落实措施，加快健全以粮食收购市场和零售市场为基础、批发市场为骨干、国家粮食交易中心为龙头、期货市场为先导，商流与物流、传统交易与电子商务、现货与期货有机结合，布局合理、功能完善、制度健全、运行规范、统一开放、竞争有序的现代粮食市场体系。

二是依法加强对粮食批发市场的监管。认真修改《粮食批发市场管理办法》，并尽快提交国家发展改革委审核，争取按计划出台。

三是完善全国统一粮食竞价交易平台。重点做好西南地区国家粮食交易中心的组建工作。对以国家粮食交易中心为基础的全国粮食竞价交易系统的建设情况进行总结和调查研究，提出进一步完善和发展的工作思路，充分发挥其在配置粮食市场资源和国家粮食宏观调控中的重要作用。

四是继续完善粮食批发市场重点联系制度。加强对重点联系粮食批发市场建设的指导，促进重点联系单位发展迈上新台阶，发挥在全国粮食批发市场中典型示范作用。适时组织召开国家粮食局重点联系粮食批发市场会议，进一步了解粮食批发市场发展状况，重点研究粮食批发市场发展模式、加强场际间合作以及在粮食宏观调控中更好地发挥作用等问题，提出推进重点联系市场进一步发展的措施意见和工作思路。

五 粮食储备和应急体系建设与管理

(一)认真做好中央储备粮油管理工作

为确保中央储备粮质量良好、储存安全、常储常新，更好地满足市场调控的需要，指导和督促落实好2011年度中央储备粮油轮换计划，并及时安排下达2012年度轮换计划。根据市场供求形势和价格走势，追加下达2011年度中央储备玉米轮换计划，并要求在2011年11月底前全部轮出投放市场，以增加市场供给，满足接新前玉米市场需求，取得了良好的调控效果。

(二)中央储备库存得到及时充实

2010年底和2011年通过直接收购、自主轮换收购、进口转储备等方式补充中央储备（国家临时存储）玉米、大豆和食用油库存。同时，通过收购、就地划转商品粮等方式，适时补充中央储备粳稻库存。抓住2011年粳稻丰收的有利时机，落实中央储备稻谷补库和增储计划，并适当增加了中央储备中晚籼稻库存规模。实施以上措施，不仅进一步夯实了国家宏观调控的物质基础，适当增加了玉米、稻谷的中央储备比例，而且保护了种粮农民利益，缓解了部分主产区农民卖粮难问题。

(三)地方政府调控的物质基础显著增强

各地进一步充实地方粮油储备，特别是成品粮油和小包装粮油储备,东南沿海等主销区还增储部分粳稻，以优化储备结构。2011年末全国地方粮食储备库存同比增长7%，其中成品粮库存增长16%；地方储备食用油库存同比增长14%，其中成品油库存增长15%，地方政府调控市场的能力进一步增强。

(四)粮食应急加工供应网络更加完善

各地不断加强粮食应急体系建设，积极组织开展粮食应急演练，建立健全应急粮油加工和供应网点体系，粮油应急加工定点企业和应急供应定点企业已分别增至5799家和16038家，为满足粮食应急工作需要奠定了坚实的基础。

(五)粮食市场监测预警机制更加健全

进一步完善粮油市场信息监测点布局，目前已覆盖全国31个省（区、市）。加强了对重点地区和重要品种的跟踪监测，建立了市场异动即时反馈机制，动态反映粮食市场价格行情。适时调整价格监测频率，秋粮收购期间，在主产区实行了日监测报告制度。各地加强了对信息直报点的督促和业务指导，信息报送数量和质量都有所提高。其中，黑龙江、浙江、福建、陕西、广东、北京、西藏、青海、新疆和海南等地信息报送更为及时、准确。

六 粮食产销合作现状与展望

一是继续大力支持举办各类粮食产销衔接会、贸易洽谈会。如黑龙江金秋粮食交易合作洽谈会、福建七省市粮食产销协作洽谈会、中国粮油精品展示交易会等，粮油产品交易总量达2300万吨，促进了产区粮食有稳定的销路，销区粮源有可靠的保障。二是进一步深化产销合作。2011年，产销区积极探索新的合作模式，在建立地方储备粮异地储备，建立产区粮农组织，建立粮食收储加工基地，实行资产运作建立大型粮食企业集团等方面进行了有益的拓展，提高了合作层次，扩大了合作规模。例如：浙江省温州市农民企业家在黑龙江省肇东市建立了生产基地；北京市在黑龙江建三江建立了收购、加工基地；上海市与黑龙江省密切合作，在虎林市成立了合资公司，既打开了虎林大米在上海的市场，又使上海有了稳定的粮源基地，成为产销区深层次合作的重大成果。

2012年要继续坚持“政府推动，部门协调，市场机制，企业运作”的原则，坚定不移地推进粮食产销合作深入发展。继续鼓励产区与销区建立多形式、深层次、长期稳定的粮食产销合作关系，探索建立生产与消费有效衔接、灵活多样的产销模式，减少流通环节，降低流通成本。采取有效方式，努力扩大合作规模和范围，提升合作水平，丰富合作内容。要积极抓好产销合作基地建设，建立生产、收购、加工、储存及销售基地，推动产销区的资产合作，整合资源，以点带面，不断巩固和发展粮食产销合作成果，促进粮食有序顺畅流通。

第六部分

粮食依法行政

一 粮食行业依法行政积极推进

2011年，国家粮食局认真贯彻落实全国依法行政工作会议精神和《国务院关于加强法治政府建设的意见》（以下简称《意见》），紧紧围绕2011年全国粮食局长会议确定的“稳市场保安全、强产业惠民生”的工作目标，结合粮食收购、市场调控、储备管理、市场监管、体制改革、产业发展、法制建设等重点工作，深入开展依法行政，扎实推进依法管粮，有效维护了粮食流通市场秩序。

（一）认真贯彻落实《国务院关于加强法治政府建设的意见》精神，深入推进粮食行政管理部门依法行政

根据全国依法行政工作会议精神和《国务院关于加强法治政府建设的意见》，结合粮食工作实际，研究制定了《国家粮食局关于粮食行政管理部门深入推进依法行政的意见》，对当前和今后一个时期全国粮食行政管理部门依法行政工作进行了安排部署，要求各级粮食行政管理部门建立由主要负责人牵头的依法行政领导协调机制，加强对本部门推进依法行政的统一领导，充分发挥法制机构在推进依法行政方面的组织协调和督促指导作用，将依法行政任务与粮食流通工作一起部署、一起落实、一起考核，进一步加大《全面推进依法行政实施纲要》实施力度，不断增强推进依法行政、弘扬社会主义法治精神的自觉性和主动性，进一步提高依法行政、依法管粮的执行力和公信力，推动粮食流通工作又好又快发展，切实保障国家粮食安全。《意见》还重点对提高依法行政的意识和能力、加强和改进制度建设、实行依法科学民主决策、严格规范公正文明执法、推进政务公开、强化行政监督和问责、加强组织领导和督促检查等方面明确了相应的制度措施，确保依法行政工作深入开展。

（二）继续做好《粮食法》研究起草工作，起草工作取得阶段性成果

2011年，《粮食法》再次列入国务院年度立法工作计划。国家发展改革委、国家粮食局等国务院有关部门积极做好《粮食法》起草论证、修改完善、报送等相关工作，形成了《粮食法（送审稿）》（以下简称送审稿）。送审稿把保障国家粮食安全作为立法宗旨。为保障国家粮食安全，送审稿设立了市场配置粮食资源、粮食生产保障、粮食流通保障、粮食质量安全保障、粮食调控与储备、粮食产业支持与发展、粮食安全责任、监督检查与责任追究等八项主要制度。

（三）认真开展行政审批制度改革工作，强化行政审批制约监督

认真贯彻落实党中央国务院关于行政审批制度改革工作的决策精神，按照《行政许可法》的相关规定和国务院行政审批制度改革工作领导小组的工作部署，深入推进行政审批制度改革，全面清理行政审批项目，严格规范行政审批行为，

强化行政审批制约监督。

一是加强组织领导。成立国家粮食局行政审批制度改革工作领导小组，配备骨干力量专门承担此项工作，确保责任落实到人。多次召开专题会议，学习领会党中央、国务院关于行政审批制度改革的决策精神，部署行政审批制度改革工作。

二是完善工作机制。建立分工负责、相互配合的工作机制，各负其责，层层把关，确保行政审批制度改革工作的顺利开展。对涉及多个部门的行政审批项目，组织座谈讨论，并征求相关部门的意见，对意见存在分歧的，加强沟通协调，达成共识。

三是坚持粮食行政审批为国家粮食安全服务。行政审批是粮食行政管理部门工作的重要组成部分，关系到粮食行政管理部门依法行政。在行政审批项目审核清理过程中，不是简单地减少行政审批项目，而是充分发挥行政审批制度改革在推进粮食行政管理部门依法行政、提高粮食行政管理水平、确保国家粮食安全等方面的重要作用，将工作主要集中到加强和改善宏观调控、强化市场监管、提供公共服务等主要职能上来，努力做到行政审批项目精简，但工作职能不削弱。

四是加强行政审批廉政建设。建立健全行政审批监督制约机制，强化对行政审批全过程的监控。加大监管力度，对行政审批项目和行政审批规范性文件的清理情况、违反《行政许可法》的行为纠正和处理情况以及《行政许可法》实施后的监管情况进行监督检查。强化内控管理，对一项审批，采取不同环节由不同人员负责的方式，相互监督，防止一个人说了算。建立行政审批内部监督机制，密切配合，相互监督，形成监督合力。注重过程管理，加强事中检查和事后稽查，努力避免了重审批、轻管理的情况发生。在局政府网站设立局长信箱，主动接受社会监督。

(四)继续做好粮食法制宣传教育工作，积极推动“六五”普法工作贯彻落实

一是研究制定粮食行业“六五”普法规划及年度普法依法治理要点。根据《中共中央、国务院转发〈中央宣传部、司法部关于在公民中开展法制宣传教育的第六个五年规划（2011～2015年）〉的通知》要求和全国人民代表大会常务委员会《关于进一步加强法制宣传教育的决议》精神，围绕粮食流通中心工作，研究制定《全国粮食行业法制宣传教育第六个五年规划（2011～2015年）》，对粮食行业“六五”普法工作的主要任务和重点工作进行安排部署，要求各地粮食行政管理部门坚持法制宣传教育与粮食流通中心工作相结合，深入开展法制宣传教育，重点宣传粮食相关法律，提高粮食行业广大干部职工的法律意识和法律素质，提高粮食行政管理部门依法行政的能力，提高粮食行业法治化管理水平，推动粮食行业形成自觉学法守法用法的良好环境。根据全国普法办的要求，结合2011年粮食流通重点工作，研究制定了2011年粮食行业普法依法治理工作要点，确保普法工作有计划、有步骤推进。

二是做好“五五”普法表彰工作。根据全国普法办的要求，对在2006～2010年粮食法制宣传教育工作中做出突出贡献的先进集体和先进个人

进行表彰，并择优向全国普法办推荐。

三是做好《条例》学习宣传工作。2011年是《粮食流通管理条例》（以下简称《条例》）颁布七周年，围绕粮食流通中心工作，将《条例》宣传主题确定为“维护市场秩序，放心消费粮食”。通过召开贯彻《条例》经验交流会、开展网上访谈、组织现场宣讲、开展送《条例》进企业等活动，面向粮食行政管理机关及工作人员，重点宣传《条例》及各地粮食管理的制度办法，明确粮食行政管理部门的职责，着力提升各级粮食行政管理部门依法行政的能力和水平；面向全社会粮食经营者、生产者、消费者，重点宣传粮食流通相关法律、政策、制度，树立粮食经营者服务和服从于国家粮食宏观调控的意识，提高粮食生产者依法维权意识，引导消费者科学合理消费粮食。

（五）认真做好粮食行政许可工作，深入推进粮食监督检查和质量监管工作

粮食行政许可制度进一步完善。认真组织开展粮食收购资格审核和中央储备粮代储资格审核，加强对资格企业的检查和指导，规范收购市场秩序和代储行为。目前全国具有粮食收购资格的经营者达到8.6万家，其中国有及国有控股企业1.64万家，其他经济组织等多元主体6.96万家。共有1841户企业取得中央储备粮代储资格，其中粮食类企业1665户，取得资格仓容9009万吨；油脂类企业176户，取得资格罐容268万吨。

深入推进粮食监督检查和质量监管工作。经国务院批准，2011年开展了新中国成立以来首次全国食用植物油库存清查。这次清查摸清了库存家底，推动了各项标准制度的建立和完善，提高了油脂库存管理水平。继续开展全国粮食库存年度例行检查，及时组织对最低收购价、国家临时收储等政策落实情况以及政策性粮食销售出库的监督检查。继续巩固和完善监督检查体系，加强对全社会粮食流通的监督检查，维护了正常的粮食流通秩序。认真履行国务院食品安全委员会成员单位职责，建立粮食质量安全监管考核评价等制度，落实监管责任。认真做好粮油标准制修订工作。积极推进粮食质量监测体系建设。

（六）全面落实《国家粮食局关于粮食行政管理部门深入推进依法行政的意见》，继续深入推进依法管粮

粮食依法行政工作取得成绩的同时，还存在一些问题：一是粮食立法仍滞后于现代粮食流通产业发展和保障国家粮食安全的新需要。二是粮食法制建设还难以完全适应粮食流通工作面临的新形势。三是粮食行政管理部门依法行政工作还难以完全满足人民群众法治意识日益提高的新期待。

下一步将认真贯彻《国务院关于加强法治政府建设的意见》，紧紧围绕粮食流通中心工作，全面落实《国家粮食局关于粮食行政管理部门深入推进依法行政的意见》确定的各项任务要求，继续做好依法行政工作，努力实现依法管粮。

一是积极推进粮食立法。继续配合有关方面做好《粮食法》研究起草工作，推动法律草案报审工作。认真开展调查研究，结合《粮食法》草案起草工作进程，适时启动《粮食流通管理条例》、《中央储备粮管理条例》的修订工作。

二是深入推进粮食行政管理部门依法行政。全面落实《国家粮食局关于粮食行政管理部门深

入推进依法行政的意见》，提高粮食行政管理部门依法行政的执行力和公信力。按照统一部署，继续做好行政审批项目清理工作，完善行政审批服务方式，加强对行政审批权力的监督和制约。按照全国粮食行业“六五”普法规划要求，结合粮食流通重点工作，继续做好粮食行业普法依法治理工作。

三是继续做好行政许可工作。按照相关法律法规，建立健全相关配套制度，继续做好粮食收购资格和中央储备粮代储资格审核工作，规范资格企业行为。

四是加强粮食监督检查和标准质量工作。强化粮食库存监管，继续做好粮油库存检查工作。强化政策性粮食购销检查工作，确保国家宏观调控政策落实到位。强化对全社会粮食流通的检查，确保粮食市场平稳运行。进一步落实粮食经营者的质量安全主体责任和各级粮食行政管理部门的质量安全监管责任。制定和完善粮食质量安全事故应急、追溯等制度。加大粮油标准体系建设力度，全面推进粮食质量检验监测能力建设。

二　粮食收购资格审核情况分析

2011年，各级粮食行政管理部门根据《粮食流通管理条例》的规定和国家粮食收购有关政策，抓紧修改完善粮食收购市场准入制度，认真做好粮食收购资格审核工作，严格粮食收购资格核查，粮食收购资格审核工作取得了新的成效。

(一)修改完善粮食收购市场准入制度，规范粮食收购市场秩序

2011年7月，国家发展改革委、国家粮食局、国家工商总局联合发布了《关于加强粮食收购资格审核　规范粮食收购市场秩序的通知》，要求各地按照有利于保护粮食生产者积极性，有利于维护正常的粮食流通秩序，有利于规范多元市场主体收购行为的原则，抓紧完善粮食收购资格审核办法；依法严格审核粮食收购资格申请，加强对已经取得粮食收购资格经营者的指导、服务和监管，确保粮食收购者落实好国家粮食收购质价政策，保障收购的粮食储存安全；加强对粮食收购资格审核工作的指导；加强对粮食收购活动的监督检查，依法查处粮食收购活动中违法违规行为。

各地粮食行政管理部门根据文件精神，结合本地实际情况研究提出贯彻落实的具体意见，对粮食收购资格准入条件进行了修改完善。

一是对粮食收购活动实行全面许可制度。吉林、黑龙江、安徽、广东、甘肃等地取消了年收购量低于50吨的个体工商户从事粮食收购活动无须取得粮食收购资格的规定，规定从事粮食收购活动应当取得粮食收购资格。

二是对从事粮食收购活动的经营者的资金筹

措能力和仓储条件进行了调整。吉林、黑龙江等规定粮食经营者需要具有50万元以上的注册资金；安徽规定企业法人和其他经济组织100万元以上，个体工商户5万元以上。辽宁规定场地面积达1000平方米（含）以上，仓容能力达300吨（含）以上。

三是对粮食质量检验能力提出了明确要求。吉林规定从事粮食收购活动应具有收购相应粮食品种所需的检化验仪器；具有经省级（含）以上专业培训并取得相应的从业资格的粮食保管、检验、统计人员。

（二）粮食收购市场主体数量基本稳定，各类市场主体积极入市收购

面对2011年国际粮价高涨、国内农产品价格剧烈波动和管理通胀预期的压力，各级粮食行政管理部门按照中央关于把稳定物价总水平作为宏观调控首要任务的要求，认真抓好粮食收购，有效保护了种粮农民利益。截至2011年底，全国具有粮食收购资格的经营者数量达到86043家，比2010年减少1448家。其中国有及国有控股粮食企业16480家，占全部总数的19%；其他多元市场主体69563家，占全部总数的81%。粮食主产区、主销区和产销平衡区具有粮食收购资格的经营者数量分别为68938万家、3311万家、13780万家，分别占全国收购资格总数的80%、4%、16%。另外具有粮食收购资格的中央企业有14家。2011年全国各类粮食经营企业收购粮食28243万吨，同比增加268万吨，其中国有粮食企业收购11443万吨，同比减少963万吨，有效地保护了种粮农民利益和生产积极性，有力地促进了粮食生产“八连增”。

三　粮食流通监督检查工作取得新进展

2011年，粮食部门认真贯彻落实党中央、国务院的决策部署，坚持以科学发展观为指导，围绕中心、服务大局，积极开展粮食监督检查和行政执法工作，在全国食用植物油库存检查、粮食库存例行检查，维护粮食流通秩序，规范粮食购销活动，以及完善监督检查体系和创建全国粮食流通监督检查示范单位等方面取得了明显成效，为保障国家粮食安全，保证粮油市场和价格基本稳定，促进经济社会平稳较快发展作出了积极贡献。

（一）首次全国食用植物油库存检查工作取得了圆满成功，油脂库存检查开始步入规范化、制度化轨道

根据国务院关于《国家发展改革委关于开展全国食用植物油库存检查工作的请示》的批复精神，在2010年油脂库存检查试点工作的基础上，国家粮食局会同国家发展改革委、财政部、中国农业发展银行联合组织了首次全国油脂库存检查。由于没有现成的

经验可循，在组织食用植物油库存检查过程中，各级粮食部门高度重视，扎实准备，精心组织，有序推进，创造性地开展工作。在地方各级政府有关部门共同努力和中储粮总公司的密切配合下，以2011年5月末为检查时点，对中央储备油、地方储备油、国家临时存储油等政策性油脂库存，以及政策性油脂承储企业的商品油库存，进行了全面清查，对非政策性油脂企业的商品油库存进行了摸底调查。检查工作坚持边查边改、以查促改，对发现的问题及时进行了纠正。为保证检查工作质量，提高清查结果的透明度和公信力，各地共邀请630位人大代表和政协委员进行监督指导。清查结果显示，全国各类油脂库存数量真实，质量总体良好，储存比较安全。通过检查，摸清了油脂库存家底，提升了全行业依法管油的意识，达到了让政府心中有数、群众感到放心、推动油脂库存管理上水平的目的。

（二）依法依规开展粮食库存检查，进一步巩固了粮食库存监管长效机制

2011年，国家粮食局会同有关部门继续组织了全国粮食库存例行检查，初步形成了粮油监管双管并重的格局。2月，国家粮食局会同有关部门下发通知，要求各地结合春季粮油储存安全检查，认真开展2011年全国粮食库存年度例行检查工作，特别是要加强对政策性粮食库存大、销售出库数量多的地区和企业的检查。在各地组织企业自查和复查的基础上，5月中旬，组织对浙江、安徽、江西、山东、湖南、广东6省粮食库存检查工作进行了督查。全国粮食库存管理情况总体较好，对检查中发现的问题，各地及时进行了整改。在例行检查中，各地结合粮食库存实际，突出了对政策性粮食库存量大、销售出库数量多的地区和企业的复查和抽查，确保政策性粮食库存管得好，在国家需要时调得动、用得上。许多省结合本地实际，充实检查内容，提高检查要求，有针对性地开展专项检查，收到良好效果。在检查工作的推动促进下，行业内“依法管粮”的意识日益增强，库存管理制度日趋完善，企业粮食经营管理的规范化水平不断提高，监管工作得到有效加强，各类违规行为得到有效抑制。

（三）不断加大政策性粮食销售出库检查力度，有力促进了粮食保供稳价调控目标的实现

2011年，受国内外多种因素影响，粮食涨价预期较强。为认真落实国务院关于保障粮食市场供应、稳定市场价格的决策部署，国家粮食局高度重视，督促地方各级粮食部门将政策性粮食销售出库检查摆在更加突出的位置，确保出库顺畅。一年来，积极指导和督促各地粮食行政管理部门加强对承储国家政策性粮食企业履行出库义务情况的检查，严肃查处阻挠、拖延粮食出库等违规行为。为严肃政策性粮食出库纪律，4月，各地按照国家粮食局下发的紧急通知要求，结合正在进行的粮食库存清查工作，对政策性粮食承储库执行粮食购销政策情况进行了全面检查。通过加强检查，有力地促进了政策性粮食销售出

库。据统计，2011年，国家有关部门通过批发市场竞价销售政策性粮食累计成交2830万吨，开具出库单2601万吨，实际出库粮食2541万吨，占开具出库单数量的97.7%。政策性粮食销售出库总体顺畅。

（四）广泛开展全社会粮食流通监督检查，有效规范了粮食经营行为和市场秩序

在夏粮、早籼稻和秋粮收购期间，国家粮食局及时安排部署检查工作，并派出工作组，赴粮食主产省检查指导收购工作。各地根据市场形势，一手抓收购，一手抓检查，重点围绕粮食收购资格、收购活动和临储政策落实情况等开展检查，维护秩序。为督促粮食经营者履行相关义务，指导各地按照《统计法》和《粮食流通管理条例》规定，加大对粮食经营台账建立和保管情况、统计报表报送的及时性、统计数据的真实性等检查力度，开展对粮食经营者履行最低最高库存限量制度情况的检查。根据国务院食品安全委员会的统一部署，国家粮食局会同有关部门，对吉林、黑龙江、辽宁三省食品安全工作进行了检查，督促地方政府进一步加强保障食品安全的工作措施和力度。通过检查，摸清了粮食质量和原粮卫生状况，进一步提高了粮食企业的质量安全意识，促进了各地质量安全工作措施的制定和落实。各地结合当地实际，积极开展军粮、救灾粮、退耕还林补助粮等政策落实情况的专项检查。

（五）加强监督检查体系和执法能力建设，为履行职能创造了良好条件

针对各地监督检查机构队伍和工作发展不平衡的情况，为鼓励先进，推动监督检查工作整体发展，2011年初向各地通报了2010年全国粮食监督检查体系建设和执法工作开展情况，并抄送各省（区、市）人民政府，督促各地进一步加强体系建设。经过全国各级粮食部门上下共同努力，截至2011年底，全国市、县两级粮食部门设立的监督检查机构分别达到301个和1811个，同比分别增加了5个和47个，占市、县两级粮食部门总数的86%和74%；粮食执法队1539个，同比增加127个。在政府机构改革对粮食监督检查体系形成巨大压力的情况下，实现了机构总数稳中有增。为进一步规范监督检查行政执法工作。2011年初，修订了《粮食流通监督检查统计表》，突出了政策性粮食购销监督检查等内容。为落实《国务院关于加强法治政府建设的意见》精神，进一步提高粮食执法能力和水平， 2011年11月举办了全国粮食流通监督检查行政执法培训班，不断提高执法人员能力素质，提升监督检查工作上水平。在开展培训前，在各地的支持下，国家粮食局从近年来各级粮食部门查处的数万起案件中筛选出22件典型执法案例，精心编撰，汇编成册，印送2万余册，供各地工作参考。

（六）深入开展“全国粮食流通监督检查示范单位”创建活动，开创了监督检查工作新局面

按照国务院关于推进行政执法重心下移的要求，为进一步加强市、县级粮食部门监督检查体

系和执法能力建设，2011年，经各地推荐和国家粮食局综合评审，确定了首批49个全国粮食流通监督检查示范单位。一年来，首批示范单位结合本地实际，积极创新监管方式方法，监督检查行政执法工作成效显著，较好地发挥了示范带头作用。许多省（区、市）还相继召开现场会，总结交流示范单位的先进经验，扩大示范单位影响，带动粮食流通监督检查工作整体水平的提高，收到了良好的效果。各地普遍反映，通过示范单位创建活动，推动了机构、队伍建设，提高了工作水平，提升了监督检查工作在地方政府和老百姓心中的地位。

四 粮食流通统计制度作用及成效分析

2011年，各级粮食行政管理部门高度重视粮食统计工作，牢固树立科学统计、依法统计的理念，严格执行《国家粮食流通统计制度》，切实履行统计职能，不断完善统计体系，大力夯实统计基础，全面开展统计调查，积极强化市场监测，科学研判供需形势，着力提高数据质量，努力提升服务水平，为国家和地方政府宏观决策提供了可靠依据。

（一）切实提高统计执行能力，逐步扩大统计覆盖范围

2011年，各级粮食行政管理部门突出依法统计的理念，加大统计相关法律法规的宣传力度，明确涉粮企业报送统计数据的义务，并组织开展对涉粮企业统计工作的监督和巡查。对申请参加政策性粮食竞买的企业是否报送统计报表等情况进行严格审核，提高企业依法按时报送统计报表的责任意识。进一步扩大统计覆盖面，努力增强统计数据的全面性和可靠性。

（二）基本掌握全社会粮食流通状况

各级粮食行政管理部门按照粮食流通统计制度的要求，认真做好粮食流通统计工作，了解和掌握全社会粮食流通状况：一是通过粮食统计旬（月）报、价格监测周报、季节性粮油收购进度等常规统计工作，及时反映全国粮食收购、销售、库存、价格等变化情况。二是建立收购旺季大型企业收购进度直报制度，及时掌握收购旺季大型企业的购、销、存等信息。三是认真组织开展全社会粮食、食用植物油供需平衡调查工作，全面掌握粮油生产、流通、消费、库存和省间流向等基本情况，为分析判断我国粮油供求形势和发展趋势提供了可靠依据。四是重点加强对国家临时存储粮食的收购数量、价格、跨省移库等情况的统计和分析，特别强化对政策性粮食定向销售的统计，准确掌控政策性粮食出库、加工和投放市场等信息。五是进一步完善粮油市场信息监测点布局，在西藏自治区增加监测点，建立覆盖全国31个省（区、市）的市场监测体系，动态反映粮食市场价格行情。

(三)基本掌握粮油加工业发展情况

基本掌握粮油加工企业数量、生产规模、区域分布，企业从业人员、专业技术人员数量，主要粮油产品的产量、库存量，主要原料年消耗量，粮油加工业经营效益等情况，为科学制定粮油加工业发展规划、加快粮油加工业的结构调整和优化升级、正确指导粮油加工业健康发展提供了基础资料和决策依据。

(四)基本摸清粮食仓储设施和建设投资等情况

通过粮食企业仓储设施和粮食流通基础设施建设投资情况统计，基本摸清了全国粮食仓容规模、仓型、区域分布、使用状况，专用码头泊位数量、铁路专用线、散粮中转设施，仓库其他配套设施等情况，初步掌握粮食流通基础设施建设项目、投资规模、区域分布、资金来源，项目完成进度等基本情况，为加强粮食基础设施建设、优化储粮布局，推进粮食现代物流发展发挥了积极作用。

(五)基本掌握粮食行业机构和从业人员情况

对粮食行业机构和从业人员的基本状况进行统计，基本掌握了粮食行业机构设置、从业人员总数、年龄结构、学历构成、专业技术人员数量等基本情况，为加强粮食行业管理、组织从业人员的培训教育和职业技能鉴定、整体提升粮食行业水平提供了基础信息。

五 中央储备粮代储资格认定情况分析

2010年，国家粮食局对《中央储备粮代储资格认定办法实施细则》（以下简称《细则》）进行了修改完善，量化了有关审核指标，规范了申报及审核流程，强化了资格变更管理，增加了延续申请的有关规定。2011年是新《细则》实施的第一年，为了做好新旧《细则》的衔接，国家粮食局流通与科技发展司编写了《〈中央储备粮代储资格认定办法实施细则〉解读》，4月下旬在陕西西安召开了新《细则》宣贯会议。新的《细则》实施在认定审核标准方面更加明确具体，要求更加清晰，程序更加严谨，进一步提高了代储资格企业的质量。

按新《细则》规定，2011年开展了两批中央储备粮代储资格认定工作，共有506户企业提出中央储备粮代储资格申请，其中：粮食类企业433户，申请仓容1828.1万吨，通过审核企业210户，取得资格仓容877.9万吨；油脂类企业73户，申请罐容136.6万吨，通过审核企业20户，取得资格罐容35.1万吨。共有201户企业提出了延续申请，其中粮食类企业195户，申请仓容

692.5万吨，通过审核企业125户，延续资格仓容469.8万吨；油脂类企业6户，申请罐容4.5万吨，通过审核企业3户，延续资格罐容3.1万吨。

另外，有166户企业提出了资格变更申请，其中143户通过审核，准予变更。

截至2011年底，全国共有1665户企业取得了粮食类代储资格，取得资格仓容9009万吨。从地区分布情况看，主产区有1327户，占80%，仓容6781万吨，占76%；主销区有139户，占8%，仓容1121.7万吨，占12%；其他地区有199户，占12%，仓容1106.7万吨，占12%。共有176户企业取得了油脂类代储资格，取得资格罐容267.7万吨。从地区分布情况看，主产区有123户，占69.9%，罐容179.3万吨，占67%；主销区有21户，占11.9%，罐容59.5万吨，占22.2%；其他地区32户，占18.2%，罐容28.9万吨，占10.8%。

第七部分

粮食质量与标准

一 粮油标准化工作

2011年，粮油标准化工作取得新进展。完成制修订和发布了89项国家和行业标准；配合有关部门，开展粮油食品安全国家标准制修订工作；进一步加强标准基础研究、宣贯培训和后评估工作。我国承担的国际标准化组织谷物与豆类分委员会秘书处工作稳步推进，由我国牵头承担修订的2项国际标准已被ISO发布实施，实现了我国涉农领域主导制修订国际标准的零的突破。

(一)全力做好标准制修订工作

2011年，国家粮食局集中力量做好重点、难点标准的制修订工作，组织审定国家标准和行业标准21项，报批国家标准6项。国家标准委发布实施44项粮油国家标准,其中首次制定发布的有37项，包括7项粮油储藏标准和17项粮油机械标准。国家粮食局制定发布了18项粮食行业标准。这些标准的发布实施，进一步完善了我国粮油标准体系。

表7-1 2011年发布的粮油国家标准和行业标准统计表

序号	标准名称	标准号	实施日期
1	粮油检验 小麦粉加工精度检验	GB/T 5504-2011	2011-11-1
2	粮油检验 粉类粮食含砂量测定	GB/T 5508-2011	2011-11-1
3	粮油检验 粮食、油料脂肪酸值测定	GB/T 5510-2011	2011-12-1
4	粮油检验 粮食运动粘度测定 毛细管粘度计法	GB/T 5516-2011	2011-11-1
5	粮油检验 籽粒发芽试验	GB/T 5520-2011	2011-11-1
6	粮油名词术语 制粉工业	GB/T 8872-2011	2011-11-1
7	粮油检验 小麦沉淀指数测定 SDS法	GB/T 15685-2011	2011-11-1
8	粮油加工环境要求	GB/T 26433-2010	2011-6-1
9	粮油机械 重力谷糙分离机	GB/T 26590-2011	2011-9-1
10	粮油机械 糙米精选机	GB/T 26591-2011	2011-9-1
11	粮油检验 大豆异黄酮含量测定 高效液相色谱法	GB/T 26625-2011	2011-11-1
12	动植物油脂 水分含量测定 卡尔费休法(无吡啶)	GB/T 26626-2011	2011-11-1
13	粮油检验 小麦谷蛋白溶胀指数测定 第1部分：常量法	GB/T 26627.1-2011	2011-11-1
14	粮油检验 储粮真菌标准图谱 第1部分：曲霉属	GB/T 26628.1-2011	2011-11-1
15	粮食收获质量调查和品质测报技术规范	GB/T 26629-2011	2011-11-1
16	大米加工企业良好操作规范	GB/T 26630-2011	2011-11-1
17	粮油名词术语 理化特性和质量	GB/T 26631-2011	2011-11-1
18	粮油名词术语 粮油仓储设备与设施	GB/T 26632-2011	2011-11-1
19	工业用高粱	GB/T 26633-2011	2011-11-1
20	动植物油脂 脱色能力指数(DOBI)的测定	GB/T 26634-2011	2011-11-1

续表

序号	标准名称	标准号	实施日期
21	动植物油脂 生育酚及生育三烯酚含量测定 高效液相色谱法	GB/T 26635-2011	2011-11-1
22	动植物油脂 聚合甘油三酯的测定 高效空间排阻色谱法(HPSEC)	GB/T 26636-2011	2011-11-1
23	粮油储藏 平房仓隔热技术规范	GB/T 26879-2011	2011-12-1
24	粮油储藏 就仓干燥技术规范	GB/T 26880-2011	2011-12-1
25	粮油储藏 通风自动控制系统基本要求	GB/T 26881-2011	2011-12-1
26	粮油储藏 粮情测控系统 第1部分：通则	GB/T 26882.1-2011	2011-12-1
27	粮油储藏 粮情测控系统 第2部分：分机	GB/T 26882.2-2011	2011-12-1
28	粮油储藏 粮情测控系统 第3部分：软件	GB/T 26882.3-2011	2011-12-1
29	粮油储藏 粮情测控系统 第4部分：信息交换接口协议	GB/T 26882.4-2011	2011-12-1
30	粮油机械 单螺旋榨油机	GB/T 26883-2011	2011-12-1
31	粮油机械 浸出器	GB/T 26884-2011	2011-12-1
32	粮油机械 螺旋清仓机	GB/T 26885-2011	2011-12-1
33	粮油机械 压力曲筛	GB/T 26886-2011	2011-12-1
34	粮油机械 蒸脱机	GB/T 26887-2011	2011-12-1
35	粮油机械 磁选器	GB/T 26888-2011	2011-12-1
36	粮油机械 淀粉气流干燥机	GB/T 26889-2011	2011-12-1
37	粮油机械 磨辊磨光拉丝机	GB/T 26890-2011	2011-12-1
38	粮油机械 双螺旋榨油机	GB/T 26891-2011	2011-12-1
39	粮油机械 玉米破糁脱胚机	GB/T 26892-2011	2011-12-1
40	粮油机械 圆筒初清筛	GB/T 26893-2011	2011-12-1
41	粮油机械 振动清理筛	GB/T 26894-2011	2011-12-1
42	粮油机械 重力分级去石机	GB/T 26895-2011	2011-12-1
43	粮油机械 砻碾组合米机	GB/T 26896-2011	2011-12-1
44	粮油机械 铁辊碾米机	GB/T 26897-2011	2011-12-1
45	北方小麦粉加工精度标准样品 特制一等	LS/T 15112：1-2011	2011-2-1
46	北方小麦粉加工精度标准样品 特制二等	LS/T 15112：2-2011	2011-2-1
47	北方小麦粉加工精度标准样品 标准粉	LS/T 15112：3-2011	2011-2-1
48	南方小麦粉加工精度标准样品 特制一等	LS/T 15111：1-2011	2011-2-1
49	南方小麦粉加工精度标准样品 特制二等	LS/T 15111：2-2011	2011-2-1
50	南方小麦粉加工精度标准样品 标准粉	LS/T 15111：3-2011	2011-2-1
51	粳米加工精度标准样品 一级	LS/T 15123：1-2011	2011-2-1
52	粳米加工精度标准样品 二级	LS/T 15123：2-2011	2011-2-1
53	粳米加工精度标准样品 三级	LS/T 15123：3-2011	2011-2-1
54	粳米加工精度标准样品 四级	LS/T 15123：4-2011	2011-2-1
55	晚籼米加工精度标准样品 一级	LS/T 15122：1-2011	2011-2-1
56	晚籼米加工精度标准样品 二级	LS/T 15122：2-2011	2011-2-1
57	晚籼米加工精度标准样品 三级	LS/T 15122：3-2011	2011-2-1
58	晚籼米加工精度标准样品 四级	LS/T 15122：4-2011	2011-2-1
59	早籼米加工精度标准样品 一级	LS/T 15121：1-2011	2011-2-1
60	早籼米加工精度标准样品 二级	LS/T 15121：2-2011	2011-2-1

续表

序号	标准名称	标准号	实施日期
61	早籼米加工精度标准样品 三级	LS/T 15121：3－2011	2011-2-1
62	早籼米加工精度标准样品 四级	LS/T 15121：4－2011	2011-2-1

国家粮食局高度重视食品安全国家标准制修订工作，根据食品安全形势的需要，一方面组织专家梳理了粮食质量安全标准工作重点，对现有粮油标准提出需要废止、修订、整合的初步意见，结合当前粮食质量安全现状，提出了粮食质量安全标准体系框架和急需制定的粮食质量安全标准。另一方面抓好具体食品安全国家标准的制定工作。积极配合有关部门做好粮食卫生标准、油脂卫生标准、粮食污染物限量标准、农药限量标准、食品添加剂限量标准等一系列涉及粮食的食品安全国家标准制定；组织专家对550项食品安全标准提出了意见和建议，为完善粮食质量安全标准打下了基础；组织起草了粮食行业第一个《食品安全国家标准 食用大豆粕》标准的制定工作；启动了《食品安全国家标准 食用植物调和油》国家标准的制定工作；选派有关专家参与了“地沟油”检测方法专题研究，为解决 “地沟油”检验技术问题提供了有益思路。

(二)积极开展标准基础研究

2011年，国家粮食局组织全行业科研院所和检验机构，协作开展粮食安全储存水分标准、中筋小麦品质评价、油脂真实性检验、粮油卫生快速检验方法等粮油标准化基础研究工作，取得了大量基础性成果，为下一步重点、难点和热点标准的制修订打下良好基础。完成了粮食行业第一个实物国家标准样品——小麦粉粉质特性标准样品的制定工作，并通过国家标准物质委员会的评审；经过两年的研究，摸清了实验室制粉对小麦储存品质标准样品的影响，成功将小麦储存品质品尝评分参考样品由原来的小麦粉改为小麦，延长了标准样品的使用期限，促进了标准更好的实施。组织召开了第三届中国粮油标准质量年会，会议围绕粮食安全检测技术，粮食质量与品质检测技术，油脂检测技术三个专题内容进行了学术交流。来自大专院校、科研院所、质检机构、粮油加工企业、仪器设备生产企业的300余位代表参加了此次学术交流活动。专家学者就真菌毒素、重金属等污染物的检验技术及快速检验技术，粮食加工与储藏技术，食用植物油成分检验技术等方面作了报告和专题学术交流，取得了良好效果。

(三)加强标准宣贯培训和后评估工作

针对粮食检验执行标准存在的问题，组织开展了全行业的真菌毒素、重金属检验标准培训。开展粮油检验方法标准的后评估工作，重点对真菌毒素检验试剂盒、谷物脂肪酸滴定仪、粮食物理检验工作台、实验磨粉机、分样器、粉色麸星仪、电动深层扦样器和油脂扦样器等常用粮油检验仪器设备的标准适用性进行验证，并根据结果进一步完善了有关标准内容，提高了标准的一致性和准确性。

(四)积极推进国际标准化工作

作为国际标准化组织谷物与豆类分技术委员会秘书处具体承担单位，国家粮食局认真做好分委员会的管理、组织和协调工作，稳步推动谷物与豆类国际标准化各项工作向前进展；作为谷物与豆类分委员会的P成员国对口单位，代表国家认真履行P成员国义务，积极推进我国所承担的国际标准制修订项目按期完成，组织国内专家参与国际标准制修订文本的修改和投票；引进国外专家来华交流，组织我国从事粮食管理和技术人员赴国外进行粮食质量安全法律法规及标准制修订培训。

1.认真做好分委员会标准项目管理工作

2011年，秘书处按照ISO技术工作导则要求，稳步推进国际标准的制修订工作。正式发布了《ISO7970：2011小麦—规格》(ISO7970:2011 Wheat—Specification)、《ISO7301:2011大米—规格》(ISO7301:2011 Rice—Specification)和《ISO6646:2011稻谷潜在出米率测定方法》(ISO6646:2011 Rice—Determination of the potential milling yield from paddy and from husked rice)等 3项国际标准；《ISO/FDIS11747米饭硬度测定》、《ISO/CD5527谷物—词汇》、《ISO/CD TR29263谷物及产品—扦样研究》、《ISO/DIS5526谷物，豆类和其他食用粮食—术语》、《ISO/DIS5530-1小麦粉—面团物理特性 第1部分:流变学特性的测定—粉质仪法》、《ISO/DIS5530-2小麦粉—面团物理特性 第2部分：流变学特性测定—拉伸仪法》、《ISO/FDIS 11746大米生物特性的测定》等7项标准正处于不同的制修订阶段；《ISO/NWIP 17718谷物及制品—全麦粉及小麦粉—搅拌和温度升高作用对流变学特性影响的测定》(ISO/NWIP 17718 Cereals and cereal products — Wheat whole meal and flour *(T. aestivum)* — Determination of rheological behaviour as a function of mixing and temperature increase)、《ISO/NWIP17715小麦粉破损淀粉的测定—安培法》(ISO/NWIP17715 Wheat flour—Method for the measurement of damage of starch using an amperometric method)等2项新标准项目提案已经通过ISO中央秘书处的注册；《ISO6639：1986 隐蔽昆虫的测定——般原则》(ISO6639：1986 Cereals and pulses — Determination of hidden insect infestation — Part 1：General principles)、《ISO 2164:1975 豆类氢氰糖苷酸的测定》(ISO 2164:1975 Pulses — Determination of glycosidic hydrocyanic acid)、《ISO 6322-1:1996 谷物与豆类的储存—谷物储存的一般建议》(ISO 6322-1:1996 Storage of cereals and pulses — Part 1：General recommendations for the keeping of cereals) 等10项标准已经完成复审工作。

2011年11月，秘书处在意大利组织召开了ISO/TC34/SC4第35次年会。中国、阿根廷、加拿大等7个国家和国际标准化组织中央秘书处、联合国粮农组织和世界卫生组织国际食品法典委员会、国际水稻研究所等3个国际组织的22位专家参加了大会。会议圆满地完成了14项议程，形成了24项会议决议。中央秘书处为肯定和鼓励分委员会秘书处所做的工作，特派项目经理专程参加了此次会议，并为完成标准制修订任务的项目负责人颁发了证书。

2011年，分技术委员会上级主管技术委员会ISO/TC34获得了ISO中央秘书处的劳伦斯奖，这是对ISO/TC34所有秘书处高效率工作的肯定。

2. 履行P成员国的国际义务，做好参与国际标准化工作

在各成员国的配合下，我国作为项目承担国牵头修订的《稻谷潜在出米率测定》和《小麦—规格》两项国际标准制修订项目，经过四年努力工作，如期高质量地完成了修订任务，由国际标准化组织（ISO）于2011年7月和11月先后正式发布实施。这标志着我国完全具有承担国际农产品标准制修订的能力，实现了我国在农产品领域主导国际标准制修订工作零的突破，也为我国粮食标准战线今后参与国际标准制修订工作锻炼了队伍，积累了经验，拓宽了视野，增强了信心。

自2007年争取到承担项目到2011年标准正式发布实施，项目工作组做了大量细致、严谨的工作，先后组织了7次国内外国际标准研讨会，邀请了国家质检总局、农业部等有关行政管理部门，中粮集团、中国储备粮管理总公司等大型粮食企业，中国水稻研究所等科研机构以及我国小麦和稻谷主产省粮食局的8家粮油质检机构的代表与国内专家组成员共 50 多位专家先后参加了会议。经专家会议反复研讨论证，确定标准修订方案和修订内容。项目组将国内专家工作组讨论形成的意见及时向国际专家通报，并听取他们的意见建议；按照国际标准制修订的要求，组织了由4个国家的16家实验室参加的国际验证试验，在数据支撑的基础上，确定标准需要修订的主要技术指标。严谨的试验验证和由此获得的科学数据，为此次的标准修订提供了强有力的技术支撑；根据国际标准采用协商一致的原则，加强协调沟通，保证标准修订工作顺利进行，在本次修订国际标准的提案、工作草案、委员会草案、国际标准草案等各个阶段，专家组对每个阶段征求各成员国的意见都逐条认真分析研究其合理性，凡是合理的意见，都接受采纳；对不尽合理的意见，坚持以验证试验数据及研究结果有理有据地给予解释说明，通过反复的书信往来以及国际会议讨论与各成员国协商并达成一致。

两项国际标准的发布，对粮食国际公平贸易和合理验质论价将起到十分重要的作用，同时，对粮食生产、加工、储藏、运输、进出口贸易也将产生十分积极的影响。2011年11月在意大利举行的第35次大会上，ISO中央秘书处的项目经理到会为我国的两位项目负责人颁发了证书。对于国家粮食局代表国家出色完成国际标准的制修订任务，国标委向国家粮食局发来了感谢信。

组织国内专家完成了13项国际标准的各阶段投票工作，对复审的10项标准提出了意见和建议，按期完成了复审投票工作。

为配合当前我国食品安全的中心任务，2011年5月，组织了“欧盟、美国粮食质量安全监管法规及标准”专题报告会，邀请了法国和美国专家详细介绍了欧盟和美国粮食质量安全监管方面的经验，就大家共同关心的粮食中真菌毒素问题与我国的80多名专家进行了交流，

在此基础上，对“法国粮食链中真菌毒素跨行业管理指南”材料组织进行了翻译和发放，为行业提供了有针对性地参考资料；2011年10月，组织了来自全国11个省（区）的19位粮食质量管理和检验技术人员赴法国进行为期21天的“粮食质量安全法律法规及标准知修订”培训，进一步加强了我国粮食标准制修订专家队伍的锻炼和培养。

二 收获粮食质量和品质状况

为及时掌握新收获粮食的质量状况，指导粮食收购，国家粮食局组织开展了主要粮食品种收获质量调查和品质测报工作。在粮食产量较大的省份，新粮收获后第一时间采集农户样品进行集中会检。采样会检的品种，除保持往年的小麦、稻谷、玉米和大豆外，2011年新增加了油菜籽。采样范围涵盖19省235市的865个县（区），共采集检验样品7886份，会检获得检验数据7.8万个。将会检结果及时向各地粮食行政管理部门作了通报，为指导当地粮食收购发挥了重要作用。针对部分省份出现的玉米真菌毒素超标现象，组织有关省份进行了专项检验，检验结果及时向国家食品安全主管部门进行了通报。

14省（区、市）的粮食行政管理部门组织开展了本区域粮食收获质量调查工作，共计采集检验样品1.6万份，扦样范围累计涉及142市755个县（区），获得检验数据19.3万个；12省（区、市）的粮食行政管理部门组织开展了品质测报工作，共采集检验样品5804份，扦样范围累计涉及130市560个县（区），获得检验数据9.4万个。各级粮食行政管理部门通过多种形式和渠道及时发布质量品质信息，指导当地粮食收购和种植结构的调整，取得良好社会效益。

(一)主要粮食品种收获质量

早籼稻。2011年，安徽、江西、湖北、湖南、广东、广西6个早稻主产省（区）会检样品554份，样品覆盖60个市的183个县。会检结果表明，江西、湖南、广西、湖北整体质量正常，安徽中等以上比例较低，广东整体质量为近年来最低。

6省（区）全部样品检测结果为：出糙率平均值77.5%，一等至五等的比例分别为23%、42%、24%、8%、2%，等外品为1%，中等（三等）以上的占89%，较上年提高2个百分点。整精米率有所提高，平均值61.8%，较正常年景提高约3个百分点；整精米率大于50%和44%的比例分别为89%和96%，均提高了约5个百分点。不完善粒有所增加，平均值6.1%，为近年来最高。未发现真菌毒素超标样品。

浙江省调查结果显示：全省中等以上比例为97%，整精米率平均值为56.2%。整体质量较上年明显提高。

中晚籼稻。安徽、江西、河南、湖北、湖南、广东、广西、四川8个中晚籼稻主产省（区）会检样品1576份，样品覆盖93个市的341个县。会检结果显示，整体质量河南、湖北为近年来较高水平，广东较上年略有提高，安徽正常水平，广西、四川为近年来较低水平，江西、湖南为近年来最低。

8省（区）全部样品检测结果为：千粒重平均值26.9g，出糙率平均值77.8%，一等至五等的比例分别为28%、47%、16%、5%、2%，等外品占2%，中等以上的（出糙率在75%以上）占91%，为近年来最低。整精米率有所提高，平均值61.9%，其中大于等于50%（一等）和44%（三等）的比例分别为96%和91%，此三项均为近年来最高。不完善粒平均值4.5%，为正常水平。谷外糙米平均值0.3%，超标比例（大于2.0%）约占1%。

浙江、福建、重庆3省（市）调查结果显示：浙江中等以上的比例为99%，与上年持平，整精米率平均为58.8%，较上年有所下降。福建中等以上的比例为96%，较上年有所提高，整精米率平均为57.0%，与上年持平。重庆中等以上的比例为91%，比上年有所下降；整精米率平均为53.8%，较上年有所提高。

粳稻。辽宁、吉林、黑龙江、江苏、安徽5个粳稻主产省会检样品864份，样品覆盖47个市的130个县和农垦总局所属25个农场。会检结果显示，5省粳稻总体质量为近年来最好水平，中等以上超过95%，一等品比例超过55%，平均整精米率接近70%，不完善粒较低。其中，辽宁等级比例为近年来最好，一等品比例较正常年景提高超过10个百分点。黑龙江、江苏整体质量为近年来较好水平，但黑龙江谷外糙米不达标现象仍较严重。吉林整体等级比例情况较好，但整精米率水平明显下降，部分地区不符合等内品要求的（小于49%）比例较大。安徽整体质量正常，较上年明显提高。

5省全部样品检测结果为：千粒重平均值25.8g；出糙率平均值81.2%；一等至五等的比例分别为56%、30%、10%、3%、1%，中等以上占96%。整精米率平均值69.9%，大于等于61%（一等）的比例为89%，大于等于55%（三等）的比例为96%。不完善粒平均值3.4%，为近年来较好水平，主要为未熟粒。平均谷外糙米1.2%，超标比例18%。

浙江、宁夏两省（区）调查结果显示：中等以上的比例分别为99%、98%，平均整精米率分别为68.1%、63.7%。浙江省整体质量较上年有所提高；宁夏一等品比例较上年明显提高，整精米率为近年来最高。

小麦。河北、山西、江苏、安徽、山东、河南、湖北、四川、陕西9个小麦主产省会检样品1954份，样品覆盖92个市的421个县。会检结果表明，陕西小麦整体质量为近年来最好，山西也处于较好水平。河南、河北、山东、江苏属于正常年景。安徽为近年来较低水平，湖北也较正常年景有所下降，四川为近年来最低。

9省全部样品检测结果为：容重平均值780 g/L，一等至五等的比例分别为37%、35%、21%、5%、2%，中等（三等）以上的占93%。千粒重平均值42.2g，较上年下降0.7g。硬度指数平均值63，白软麦比例为3%，白硬麦比例为77%。不完善粒平均值3.1%，符合中等要求（≤8%）的比例为98%，生芽粒和生霉粒较少，未发现真菌毒素超标样品。

玉米。河北、山西、内蒙古、辽宁、吉林、黑龙江、山东、河南、陕西9个玉米主产省（区）会检样品2342份，样品覆盖100个市的471个县。会检结果显示，辽宁、吉林质量与上两年基本持平；山西、内蒙古、黑龙江质量正常；河北、山东、河南、陕西质量为近年来最低，不完善粒和生霉粒增加，平均容重和一等品比例下降。部分地区存在不同程度的呕吐毒素和玉米赤霉烯酮超标现象。

9省（区）全部样品检测结果为：容重平均值715g/L，较上年下降13 g/L；一等至五等的比例分别为45%、39%、13%、2%、1%，中等以上的占97%，其中一等品比例较上年下降20个百分点；百粒重平均值32.0g；不完善粒平均值4.4%，较上年增加1.2个百分点，主要为生霉粒和破碎粒，最大为56.8%，符合中等要求（≤8.0%）的比例为85%，较上年下降近10个百分点。

大豆。黑龙江、吉林和内蒙古3省（区）会检样品258份，涉及18个市的65个主产县（区）。会检结果显示，3省（区）大豆等级比例较上年明显提高，符合国标中等（三等，完整粒率≥85%）以上比例为72%，较上年提高10个百分点，其中内蒙古、吉林2省（区）中等以上比例较上年提高超过20个百分点。由于大豆种植期间气候异常，病虫害较多，虫蚀粒和病斑粒等损伤粒率仍然较高。

3省全部样品检测结果为：完整粒率平均值为87.5%，较上年提高1.5个百分点；一等至五等的比例分别为8%、29%、35%、18%、5%，等外品为5%，中等以上的占72%，较上年提高10个百分点；损伤粒率平均值为7.7%，较上年有所减少，其中符合等内品要求的（不大于8.0%）比例为60%，较上年提高5个百分点，虫蚀粒平均值3.8%，病斑粒平均值为3.6%。

(二)优质（优良）和专用粮食品种品质状况

早籼稻。湖北、广东两省主要种植的优质（优良）中晚籼稻品种，全项目符合国家优质籼稻标准的比例：湖北省为3.9%，较上年降低1.8个百分点；广东为2.4%，较上年降低2.1个百分点。垩白度和不完善粒偏高影响了广东的达标率。

中晚籼稻。浙江、福建、江西、湖北、广东、重庆6省（市）主要种植的优质（优良）中晚籼稻品种，全项目符合国家优质籼稻标准的比例，浙江为28.5%，较上年大幅提高，主要是因为直链淀粉适中、垩白度较低；福建为7.0%，垩白度、垩白粒率较高影响了其达标率；湖北为11.8%，较上年提高1.4个百分点，垩白粒率、垩白度虽比上年有所降低，但仍是限制达标率的主要因素；广东为36.1%，较上年略有降低，垩白度、直链淀粉含量较高是制约达标的主要因素。

粳稻。辽宁、吉林、黑龙江、江苏、浙江、宁夏6(区)主要种植的优质（优良）粳稻品种，全项目符合国家优质粳稻标准的比例，浙江为24.0%，较上年提高11.2个百分点；辽宁为32.9%，与上年持平；吉林、宁夏、江苏分别为30.5%、20.0%、2.4%，均较上年明显下降。制约达标的主要因素，浙江为垩白度较高，吉林为整精米率较低、不完善粒偏高，江苏为直链淀粉、垩白度过高。

小麦。河北、山西、江苏、安徽、河南、山东、湖北、四川、陕西9省小麦会检样品降落数值平均值为324s。籽粒湿面筋含量平均值为30.4%，达标率（符合国家标准优质强筋小麦湿面筋含量要求）为23%；粗蛋白含量平均值为13.9%，达标率（符合国家标准优质强筋小麦粗蛋白含量要求）为49%。各省主要种植的优质（优良）小麦品种，全项符合国家优质小麦标准的比例，江苏为10.1%，较上年提高5个百分点，稳定时间达标率较上年有所提高；河南为10.3%，较上年增加4.4个百分点；湖北为5.4%；陕西为8.3%，较上年提高1.2个百分点。

玉米。河北、山西、山东、河南、陕西5省样品淀粉含量平均值为73.0%，符合淀粉发酵工业用玉米国家标准（GB/T 8613-1999）中等（二等，≥72%）以上要求的比例为80%，较上年有所下降；粗蛋白质含量平均值为10.4%，与上年基本持平；粗脂肪含量平均值为4.7%，与上年持平。

大豆。内蒙古、吉林、黑龙江3个大豆主产省（区）会检样品粗脂肪、粗蛋白平均含量分别为18.5%（干基，下同）和38.6%，均较上年下降1个百分点，符合高油大豆三等标准（粗脂肪含量≥20%）和高蛋白大豆三等标准（粗蛋白含量≥40%）的比例分别为5%和18%，均为近年来最低。

三 粮食质量安全监管体系建设

2011年，国家粮食局按照党中央、国务院及国务院食品安全委员会的决策精神，大力加强粮食质量监管工作。地方各级粮食行政管理部门对粮食质量安全的重视程度普遍提高，工作力度明显加大，工作作风更加扎实，措施方法不断强化，积极开展粮食质量安全监测和库存粮油质量安全检查，着力推进粮食质量检验监测体系和粮油标准体系建设，妥善处置应对突发性粮食质量安全事件，粮食质量监管水平得到不断提升，人民群众用粮安全得到有效保障。

（一）加强组织领导，建立健全粮食质量安全监管体制机制

各地粮食行政管理部门全面加强对粮食质量安全监管工作的组织领导，全国28个省级粮食行政管理部门按照“一把手”负总责，分管领导具体负责的原则，成立了省级粮食质量安全监管协调领导小组，明确了监管职责和工作机构，进一步推进了粮食质量监管责任制的落实，初步形成了上下对应、一级抓一级、层层抓落实的粮食质量安全监管协调机制，为粮食质量监管工作的顺利开展奠定了良好的组织保障。

（二）积极探索实践，推动粮食质量监管制度建设

2011年，许多地方结合本地的实际情况，制定出台了一批地方法规和制度性文件，为依法开展粮食质量监管、规范粮食经营活动、维护粮食流通正常秩序提供了规章、制度保障。北京市推进实施了储备粮质量保证责任制；天津市出台了军粮质量管理办法，建立军粮质量监管员制度；山西省进一步规范加强了收获粮食质量安全检测和粮食出入库检验；江苏省细化了对粮食承储企业的检验能力要求；浙江省推进“星级粮库”评定，严格储备粮质量管理，并把“切实加强库存粮油质量管理和检查工作”列为2011年各市粮食行政管理部门工作目标考核内容；山东省对进一步强化粮食质量安全监管提出了具体要求；湖北省修订出台了地方储备粮油质量监督管理办法，对地方储备粮各环节的质量管理及职责义务进行了详细规定；重庆市修订了《重庆市市级储备粮油管理办法》；贵州省出台了《贵州省粮食安全保障条例》；陕西省建立了省级储备粮油和军粮供应质量管理制度；青海省对政府平价粮及玉树粮油供应质量安全监管工作进行了规范和细化。

（三）抓重点抓基础，全力推进粮食质量检验监测体系建设

2011年，各级粮食行政管理部门按照“机构成网络、监测全覆盖、监管无盲区”的目标要求，上下互动、多措并举，粮食质量安全检验监测体系建设取得重大进展。

一是全面加强体系建设。各地粮食部门统筹规划区域内检验机构布局，着力构建以省级中心为龙头，以市级检验站为骨干，以县级检验站为基础的粮食检验监测体系，重点推进了薄弱地区和不平衡地区的体系建设工作。截至2011年底，全国粮食检验机构共有731个，其中省级32个，地市级269个，县级430个。共有65个粮食检验机构转为财政全额拨款单位，17个机构由自收自支转为财政差额拨款单位。检验机构在职人员5439名，其中省级677名，市级2152名，县级2610名；中级职称及以上的2331名，占总人数的43%；大专及以上学历3751名，占总人数的70%。各级检验机构全年检测样品近30万份，为确保国家粮食质量安全、维护粮食流通秩序起到了重要作用。在此基础上，国家粮食局重点推进了监测薄弱地区的国家粮食质量监测机构建设，当年有72个检验机构通过考核纳入了国家粮食质量监测体系。

二是大力加强粮食检验能力建设。按照国务院关于加强食品安全监测能力建设的要求，各级粮食行政管理部门积极争取财政资金，加强监测

机构的仪器设备投入和基础设施建设。截至2011年底，全国粮食检验机构办公场所和实验室总面积达30万平方米，现有2000元以上检验仪器设备近2万台套，仪器设备总原值达6亿元。粮食检验监测机构布局更加合理，检验检测技术资源配置得到进一步优化。各级监测机构充分发挥粮食质量安全技术服务和前哨作用，积极开展检验监测、社会公共服务和基础研究等工作，成为加强粮食质量安全监管的重要基础性技术力量。

三是进一步提升检验队伍技术水平。以加强粮食卫生检验技术为重点，组织31个国家粮食质量监测中心和有关机构技术骨干共计120人，开展了粮食中真菌毒素、重金属和食用植物油全项目检验技术培训；并组织国家粮食质量监测中心进行了酸值、过氧化值和黄曲霉毒B1等3个重点项目的检验技术比对考核。15个单位取得优秀成绩，13个单位取得良好成绩。各单位认真查找不足，及时纠正存在的问题，举一反三，积极整改。各省（区、市）加强对辖区内各级粮食检验机构的技术管理和培训考核，据统计，全年共培训质检人员近8000人次。

（四）加强日常监督和专项检查相结合，全力保障粮食质量安全

一是强化日常监管，维护粮食流通秩序。各地粮食质量监管工作经过多年的探索和实践，已逐步形成制度化、程序化、规范化运行机制。各地以严把粮食质量安全关为核心，重点围绕粮食入库、销售出库质量安全检验和储藏保管等内容，采取定期、不定期等方式强化日常监管。据统计，2011年各级粮食行政管理部门共组织开展粮食质量检查近1.2万次，出动人员4.3万人次，检查粮食经营企业3.8万户次。共查处粮食质量案件1670起，处罚212例，收到了预期的惩戒和教育警示效果。

二是突出重点，组织开展库存粮食质量专项抽查。在31个省（区、市）827个粮食存储企业共抽检样品3192份，代表数量568万吨，对库存粮食的质量、储存品质和卫生状况进行了抽查检验，获得检验数据5.27万个，抽查结果为：质量达标率95.9%，宜存率99.5%。对于检查发现的质量安全问题，及时采取处置措施，有效防止了污染粮食流入口粮市场。

三是拓宽思路，首次开展全国性库存食用植物油质量安全抽查。结合食用植物油库存检查，全国按照不低于库存量30%的比例，对政策性植物油的质量安全情况进行专项检查，在31个省（区、市）的484个库点扦取样品1383份，组织检验机构进行严格规范检测，质量合格率超过98%，摸清了库存政策性食用植物油质量家底，为宏观决策提供了科学依据。

四是加强源头指导和把关，组织开展收获粮食质量安全监测。在31个省（区、市）采集和检验新收获粮食和油料样品1.3万份，对小麦、稻谷、玉米、大豆和油菜籽的常规质量和真菌毒素、重金属等污染情况进行了全面监测，获得检验数据近10万个。在完成国家级监测任务的基础上，辽宁、浙江、湖北、湖南、广东、广西等省（区）积极争取地方财政支持，开展省级粮食质量安全监测，及时发现了质量安全隐患，为合理指导粮食收购发挥了重要作用。河北、辽宁、江苏、浙江、河南、湖北、广东、陕西、宁夏等

地还创新工作方式，采取各种有效途径及时向农户、经营者和消费者发布粮食宜种品种信息，积累了许多好的经验和做法。一些地区在深入农户采样的同时，主动提供技术帮助，并对粮食种植、生产和收获期间的农药施用、环境污染、气候条件以及是否霉变、病虫害等情况进行调查，对于服务“三农”、促进种植结构调整、帮助农民增产增收等方面发挥了积极作用。

五是督促粮食经营者落实质量安全主体责任。地方各级粮食部门对本行政区域内粮食收购、储存环节各类粮食经营者的数量和经营状况进行了摸底调查，初步建立了粮食质量安全监管档案。将粮食经营者执行国家粮食收购政策、粮食质量与卫生标准及安全储存技术规范，执行粮食收购入库和销售出库检验制度等列为日常监督检查的重要内容，加强检查督促，逐步消除监管盲区和空白，不断强化粮食经营者第一责任人意识，切实落实主体责任。

第八部分

粮食行业发展

一 粮食流通基础设施和物流体系建设

2011年，各地积极筹措资金，加强粮食流通基础设施建设，取得了显著成效。据统计，全年全国粮食流通基础设施建设项目完成投资209亿元，新建仓容2078万吨，其中成品粮应急储备仓24万吨。新建油罐136万吨；维修改造仓容1860万吨。新建粮食专用码头泊位39个，能力1731万吨；新建铁路专用线36公里，罩棚76万平方米，地坪423万平方米。新增散粮接收能力2万吨/小时，发放能力1.9万吨/小时。新增烘干能力4719吨/小时；新增机械设备1.9万台套。新建办公、业务用房69万平方米。

(一)规划先行，充分发挥规划引领作用

国家粮食局与国家发展改革委联合印发了《“十二五”农户科学储粮专项建设规划》、《粮食行业“十二五”发展规划纲要》，在此基础上，国家粮食局还专门印发《“十二五”粮食流通基础设施建设专项规划》。各省（区、市）粮食行政管理部门根据本地实际情况，编制和印发了粮食流通基础设施建设规划，明确了“十二五”期间粮食流通基础设施建设工作的目标及任务，为规范项目建设布局，落实投资规模，拓宽投资渠道，为“十二五”粮食流通基础设施建设工作的顺利开展创造良好条件。国家粮食局于2011年10月下旬召开了全国粮食流通基础设施建设工作会议，全面总结了“十一五”时期粮食流通基础设施建设工作取得的成绩、存在的问题和面临的挑战，研究部署落实“十二五”规划、做好“十二五”粮食流通基础设施建设工作。

(二)完善项目管理，建设效果更加明显

在总结前期工作的基础上，国家发展改革委、国家粮食局、财政部联合下发了《农户科学储粮专项管理办法》（国粮展〔2011〕184号），为进一步规范各地农户科学储粮专项建设管理工作，特别是更好地落实地方财政资金，确保装具质量和资金使用安全，保证“十二五”期间专项顺利实施和建设效果创造了条件。专项建设得到了各地政府和农民的普遍认可和欢迎，越来越多农民积极要求使用专项建设的粮仓，一些地方政府将专项作为一项民心工程或政府为民办实事来做，明确写入政府文件或相关规划。为加强粮食检验监测能力建设项目管理，规范项目建设行为，保证项目建设顺利进行，国家粮食局印发了《粮食检验监测能力项目建设管理暂行办法》。各地粮食行政管理部门也制定了相关项目建设管理的具体实施细则和规章制度，有力地保障了项目建设效果。

(三)继续加强政府投资扶持，积极引导企业投资

为做好“十二五”开局之年粮食流通基础设施建设工作，2011年国家共安排中央补助投资

25.8亿元用于粮油仓储设施、粮食现代物流设施建设、仓房维修改造、农户科学储粮专项和粮食质量安全检验监测能力建设项目，各类项目建设中央补助投资已逐渐呈现稳定性和连续性。

一是粮油仓储设施、粮食现代物流设施建设、仓房维修改造、农户科学储粮专项继续得到中央投资支持。国家安排中央投资补助4亿元，加上地方配套和农户自筹资金，总投资约13.3亿元，在河北、山西、内蒙古、辽宁、吉林、浙江、安徽、江西、山东、河南、湖北、湖南、广东、广西、重庆、四川、贵州、云南、陕西、甘肃、青海、宁夏、新疆等23个省（区、市）为141.8万农户建设标准化小型粮仓。安排中央预算内投资10亿元，用于补助189个粮油仓储设施项目，建设粮食储备仓容660万吨，储备油罐60万吨。安排中央补助投资6.78亿元，用于重点支持六大跨省流通通道和西部地区重要物流节点的100个粮食现代物流项目的建设工作，建设中转仓容约400万吨及相应的接发设施。为解决我国粮食连续八年丰收后主产区收储烘干能力不足的矛盾，配合最低价收购政策的执行，中央财政安排了4亿元补助资金，用于河北、内蒙古、辽宁、吉林、黑龙江、江苏、安徽、江西、山东、河南、湖北、湖南、广西、四川、新疆15个启动最低收购价和临时收储政策省（区）的粮食收储库点的仓房维修改造。

二是开始启动中央补助投资粮食质量安全检验监测能力建设项目。为提升粮食质量安全检验监测能力水平，2011年国家发展改革委安排1亿元中央补助投资，用于粮食质量安全检验监测能力建设。为31个省（区、市）78个国家粮食局授权挂牌的检验机构（包括31个省级监测中心和47个市级监测站）配制检验仪器设备。中央投资补助比例也得到提高，除新疆、西藏和青海藏区采取中央全额投资外，其他省（区）中央补助投资与地方财政资金比例按1：1落实。

三是地方各级政府也加大投资扶持力度，2011年地方财政共投入投资约34亿元。在中央和地方政府投资的带动下，以企业为主的粮食流通基础设施建设多渠道投资机制得到完善，年度完成投资中，企业使用自有资金和退城进郊置换资金等约占总投资的55%，银行贷款约占15%。

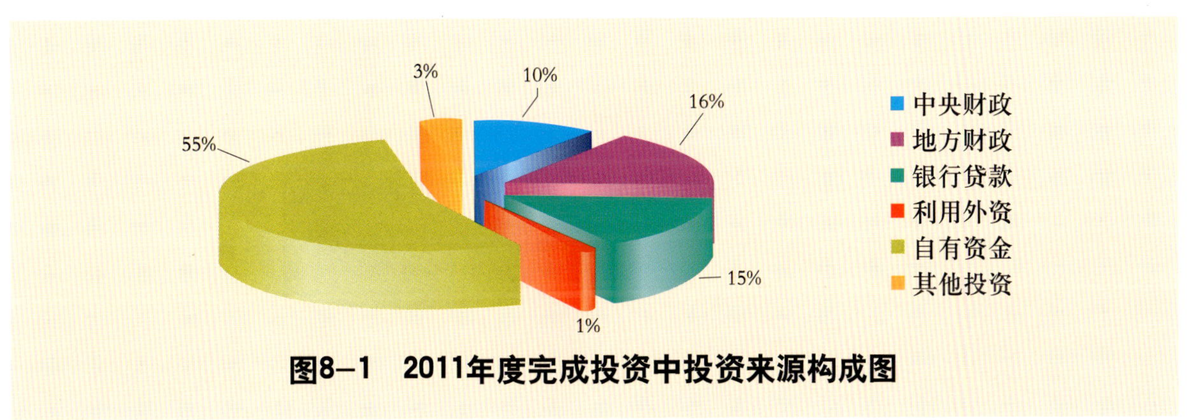

图8—1　2011年度完成投资中投资来源构成图

(四)认真研究落实相关政策，积极协调推进粮食流通发展

一是积极推进散粮运输。为推进粮食现代物流体系建设，加快推进散粮火车入关运营，打通“北粮南运”主通道，国家粮食局配合国家发展改革委积极开展试点线路调研，研究“北粮南运”铁路散粮运输线路试点方案。为贯彻落实《国务院办公厅关于促进物流业健康发展政策措施的意见》（国办发〔2011〕38号），国家粮食局研究制定了《关于贯彻〈国务院办公厅关于促进物流业健康发展政策措施的意见〉的实施意见》（国粮办展〔2011〕134号），加强对粮食现代物流发展的组织和指导，加快推进粮食现代物流发展。并对长江粮食物流通道进行了专题研讨。

二是加快推进大中城市成品粮应急储备体系建设。积极开展成品粮应急储备库建设试点准备工作，对各地“十二五”期间规划建设的成品粮应急储备库项目情况进行了调查分析，研究制定了《成品粮应急储备库建设设计要点》。各地加强项目储备，积极做好试点建设的相关准备工作。

三是认真组织开展粮食系统对口援藏工作。贯彻落实中央关于对口支援西藏工作座谈会精神，国家粮食局积极协调相关省、自治区和直辖市粮食行政管理部门及有关中央企业，开展粮食系统对口支持西藏粮食流通工作跨越式发展工作。

四是积极推进区域和行业协调发展。为贯彻落实《国务院关于支持河南省加快建设中原经济区的指导意见》精神，充分发挥河南省在保障国家粮食安全中的重要作用，加快发展现代粮食流通产业，促进河南振兴、中部崛起和中原经济区建设，国家粮食局和河南省人民政府签署了《支持中原经济区建设加快现代粮食流通产业发展战略合作协议》。同时，国家粮食局与国家开发银行进行多次磋商，积极推进开发银行对粮食行业项目建设和产业发展的信贷支持。

二 粮油仓储行业管理进一步加强

2011年，全国粮油仓储企业规范化管理活动深入开展，活动覆盖面进一步拓宽。甘肃省将规范化管理活动延伸到基层企业，要求2011年底市级以上企业规范化管理达标，2012年底全省所有企业规范化管理达标。活动内容更加丰富，如浙江省出台了“四星级粮库”评定办法，全省评出12户四星级粮库。各地区各单位贯彻《粮油仓储管理办法》的力度进一步加大。《粮油仓储管理办法》在规范粮油仓储企业行为、维护粮油仓储市场正常秩序方面发挥了越来越大的作用。初步统计，有17个省先后出台了《粮油仓储单位备案管理办法》和《熏蒸作业方案备案管理办法》，并开展了备案工作。为进一步推进粮油仓储企业管理水平，强化政策性粮油的监管能力，国家粮

食局启动了《粮油仓储信息化建设指南》以及《粮油仓储信息化示范单位管理办法》的起草工作，统筹规划粮油仓储行业信息化建设工作，加强顶层设计，推动全国粮油仓储信息化建设。另外，粮油仓储标准建设工作取得进展，《粮油储藏技术规范》升国标已经形成报批稿。

三 粮食行业规划编制

(一)联合编制发布《粮食行业“十二五”发展规划纲要》具有重大意义

“十二五”时期是全面建设小康社会的关键时期，是加快现代粮食流通产业发展的重要战略机遇期，也是全面推进国家粮食安全工作、构建完善的国家粮食安全保障体系的攻坚时期。新形势下粮食行业面临着难得的发展机遇。居民生活水平不断提高和消费结构升级加快，为粮食流通产业发展创造了巨大的需求空间；国家强农惠农富农政策不断加强，为保障国家粮食安全奠定了坚实基础；国家调整经济结构和转变经济发展方式的力度进一步加大，为粮食流通产业结构调整、优化升级提供了重要契机；科技创新推动传统粮食仓储、物流和加工的技术升级，为粮食流通产业发展提供了有力支撑；国家交通运输网络的快速发展和现代物流体系的建立，为降低粮食流通成本、提高粮食流通效率创造了有利条件；经济体制改革深入推进和粮食流通体制机制不断完善，为发展现代粮食流通产业提供了制度保障。同时也面临严峻挑战。受资源环境约束、种粮成本增加、粮食生产比较效益较低以及人口增长、工业化、城镇化等影响，保障粮食供求平衡的难度加大，粮食供求的区域布局和品种结构不平衡，国内粮食市场受国际粮食市场波动影响日益加剧，粮食流通基础设施还有很多薄弱环节，粮食流通监管有待加强，粮食流通管理体制机制还不适应保障国家粮食安全的新要求。

根据国务院关于“十二五”规划编制工作总体安排、国家发展改革委《关于做好“十二五”规划前期工作的通知》（发改电〔2009〕257号）的精神，以及《国务院关于印发国家粮食安全中长期规划纲要（2008～2020）的通知》（国发〔2008〕24号）、《国民经济和社会发展“十二五”规划纲要》“加强粮食物流、储备和应急保障能力建设”的要求，抓住重要战略机遇，妥善应对严峻挑战，明确“十二五”时期粮食行业发展战略和工作重点，增强粮食安全保障能力，推动粮食行业科学发展，国家发展改革委和国家粮食局联合制定并发布了《粮食行业“十二五”发展规划纲要》（国粮展〔2011〕224号）。这是“十二五”时期粮食行业发展的重要指导性文件。《规划纲要》的发布实施，对于稳定市场，提升产业，推动粮食行业科学发展，促进农民增产增收，保障国家粮食安全等都具有重要意义。

（二）《规划纲要》的特点

一是突出主题主线要求大力推进结构调整。《规划纲要》从粮食流通实际出发，围绕增强粮食安全保障能力，抓住科学发展的主题，突出加快转变经济发展方式的主线，强化了对健全粮食宏观调控体系的要求，强调了粮食仓储物流、加工和市场体系的重要作用，重视粮食行业科技创新体系和粮食质量安全体系的建设，内容涵盖了粮食调控、仓储物流、加工、市场体系、企业改革、科技、监督检查、质量标准等各个重要方面。二是《规划纲要》由国家发展改革委和国家粮食局首次联合制定。根据国务院关于“十二五”规划编制工作总体安排和国家粮食局职责，2009年10月起国家粮食局会同国家发展改革委开始编制，经过两年多专题研究、调研、起草、修改、专家评审论证和广泛征求地方、有关部门、企业等单位意见，报国家发展改革委审定同意后正式印发。三是按照“1+4”的模式编制了行业和专项规划。在编制《规划纲要》的同时，还编制发布了《粮食流通基础设施“十二五”建设规划》、《粮油加工业“十二五”发展规划》、《粮食市场体系“十二五”建设规划》、《粮食科技“十二五”发展规划》等四个专项规划，形成以规划纲要为统领，各专项规划为支撑的行业规划体系，使《规划纲要》各项目标和任务具体、细化，措施更具可操作性，确保落实。

（三）《规划纲要》的目标、指导思想和主要任务

《规划纲要》提出的总体目标是：供给稳定、储备充足、调控有力、运转高效的粮食安全保障体系进一步完善；粮食宏观调控能力、仓储物流能力和科技支撑能力明显提高；推进法制建设，全面实现依法管粮；基本形成布局合理、结构优化、竞争有序、监管有力、质量安全的现代粮食流通格局。同时，为便于检查和考核，《规划纲要》还提出了粮食安全基础进一步夯实、粮食流通基础设施明显改善、粮食市场体系进一步健全、粮油加工业健康发展、国有粮食企业改革进一步深化、粮食质量标准体系和检验监测体系更加健全、粮食流通法规体系进一步完善等七个方面的具体目标，如到2015年，新建粮食储备仓容2000万吨，全国种粮农户实现科学储粮的比例达到5%左右等。

为实现以上目标，《规划纲要》提出的指导思想是：高举中国特色社会主义伟大旗帜，以邓小平理论和“三个代表”重要思想为指导，深入贯彻落实科学发展观，适应国内外粮食流通形势新变化，不断满足城乡居民对粮食需求的新期待，以科学发展为主题，以加快转变经济发展方式为主线，推进产业结构调整，深化改革，创新体制机制，强化科技支撑，加强监督检查，加快发展现代粮食流通产业，提高粮食宏观调控能力，保持粮食供求基本平衡和价格基本稳定，保障国家粮食安全。

针对粮食行业发展存在的主要制约因素，《规划纲要》提出的主要任务是：深化一项改革，健全六大体系，重点建设六大工程。深化一

项改革，即继续深化粮食流通体制改革；健全六大体系，即健全粮食宏观调控体系，粮食仓储物流体系，粮油加工体系，粮食市场体系，粮食科技创新体系，粮食监管和标准质量检验监测体系；重点建设六大工程，即粮食仓储设施工程、粮库仓房维修改造工程、粮食现代物流工程、农户科学储粮专项工程、粮油加工业升级工程、粮食质量安全监测体系工程。

（四）保障规划实施的措施和政策支持

为保证《规划纲要》的目标和主要任务的完成，提出了以下几个方面的保障措施：一是完善政策支持。改善和健全粮食调控机制，引导市场粮价保持在合理水平；建立支持农户科学储粮的长效机制，积极发挥农业政策性银行对粮食收购的保障作用，落实和完善国有粮食购销企业、粮油加工企业和产业化龙头企业的有关税收政策。二是加大投入力度。中央和地方各级政府要加大对符合条件的重要粮食仓储、物流、应急保障等流通基础设施、市场体系建设、加工业升级改造、科技创新、技术引进、质量安全检验监测体系建设等的投入，积极引导多渠道社会资金投向粮食流通领域，并建立稳定的长效机制。三是深化改革创新。深化国有粮食购销企业的改革，加快产权制度改革步伐，建立现代企业制度，发挥国有粮食企业主渠道作用；制定和完善促进国有粮食购销企业改革和发展的政策措施；完善地方各级粮食行政管理体系，落实粮食行政管理部门依法管理全社会粮食流通的职责。四是强化科技支撑。强化粮食科技对现代粮食流通产业跨越发展的支撑作用，推进建立稳定的粮食行业科技创新资金支持机制；大力加强粮食人才队伍建设。五是强化粮食安全责任。建立健全中央和地方保障粮食安全分级责任制，在国家宏观调控下，全面落实粮食省长负责制。强化地方保障区域粮食市场供应和稳定价格的责任，加强粮食应急加工、供应体系和网络建设，提高应急保障能力。另外，还要进一步完善市场准入制度，强化爱粮节粮措施，加强规划实施的组织领导。各省级粮食行政管理部门要主动加强与省级发展改革等部门的沟通协调，密切配合，落实责任，结合本地实际，编制本地区粮食行业发展规划，确保本规划目标任务的顺利完成。《规划纲要》将为指导粮食行业结构调整和转型升级打下坚实的基础。

四 粮油加工业发展

2011年，国家继续实施保价稳供政策措施，大米、小麦粉、食用植物油和饲料加工企业粮源供应充足，粮油加工业继续保持平稳较快发展，产业结构调整取得初步成效，规模化、集约化水平不断提高，主产省加工产业园区建设提速，龙头企业产业化水平进一步提高，主食工业化进程加快，主食产量增长，花色增多。

(一)产业结构调整和保供稳价各项措施有效落实，粮油市场供给充足

国家大力推动粮油加工业产业结构调整，对副产物综合利用、节能降耗给予了税收优惠和支持。国家发展改革委9号令《产业结构调整指导目录》（2011年本）首次列入了粮油加工业鼓励类条目。国家继续通过技术改造专项资金扶持粮油加工业企业，分别在东北等老工业基地调整改造、中小企业和技术改造专项中安排中央补助资金4.1亿元，扶持粮油加工业项目318个，带动投资77.5亿元。《财政部 国家税务总局关于享受企业所得税优惠的农产品初加工有关范围的补充通知》（财税〔2011〕26号）明确对粮油加工企业综合利用副产物加工享受初加工产品税费征收政策。

为确保广大居民消费粮油产品的价格稳定，国家继续实施政策性存储粮食定价定向销售和竞价交易，适时动用储备粮油调剂市场。一是2010年12月起，先后6次安排对大型面粉加工企业、大型油脂加工企业定向销售，累计定向销售小麦、大豆和食用油1212万吨，定点加工后投放市场。二是通过竞价销售政策性粮食，完善交易细则，加强竞买加工企业资格审核，2011年累计成交政策性粮食（含中央储备）3892万吨、食用油151万吨。

为确保饲料工业用粮，引导玉米深加工产业健康有序发展，国家继续严格控制玉米深加工产能和用粮增长。《国家发展改革委关于2010年玉米深加工在建项目清理情况的通报和开展玉米深加工调整专项行动的通知》明确要求，“2011年全国玉米深加工玉米消耗总量需在2010年的基础上减少550万吨”。

继续加强粮油加工业产能监测工作，重点加强了外资粮油加工业统计工作，全面完成粮油加工业年报表和半年报统计，开展了2011年上半年玉米深加工和稻谷加工专项调查，摸清了基本情况，继续修订完善“粮油加工业统计制度”和指标体系。统计数据为国家有关部门宏观调控、落实玉米深加工产能控制措施和研究外资企业引导政策提供了数据支持。

表8-1 2011年国家出台的粮油加工政策

序号	文件名	产业类别	主要内容政策
1	《国务院办公厅关于建立外国投资者并购境内企业安全审查制度的通知》(国办发〔2011〕6号)	粮油加工业	外国投资者并购境内关系国家安全的重要农产品等企业建立安全审查制度，部级联合审查
2	《产业结构调整指导目录》（2011年本）(国家发展改革委第9号令)	粮油加工业	将“粮油加工业”列入《目录》，共11条，其中：鼓励类7条、限制类3条、淘汰类1条。将营养健康型大米（食品专用米、发芽糙米、留胚米等）及米制传统主食品工业化生产纳入鼓励类条目
3	《外商投资产业指导目录》（国家发展改革委第11号令）	粮油加工业	将大豆油、菜籽油等食用油脂加工，大米加工，面粉加工，玉米深加工，生物液体燃料生产列入限制类目录

续表

序号	文件名	产业类别	主要内容政策
4	《财政部 国家税务总局关于享受企业所得税优惠的农产品初加工有关范围的补充通知》（财税〔2011〕26号）	粮油加工业	明确将稻谷、小麦、食用油加工副产物利用纳入所得税优惠范围
5	《财政部 国家税务总局关于调整完善资源综合利用产品及劳务增值税政策的通知》（财税〔2011〕115号）	粮油加工业	对销售以餐厨垃圾、稻壳、花生壳、玉米芯、油茶壳、棉籽壳、自产货物实行增值税即征即退100%的政策
6	《国家粮食局关于下达小麦定向销售出库计划等有关问题的通知》（国粮调〔2011〕14号）	小麦粉加工业	国家安排最低收购价小麦定向销售和加工
7	《国家粮食局关于组织开展政策性籼稻销售工作等有关问题的通知》（国粮调〔2011〕9号）	稻谷加工业	安排政策性籼稻对重点骨干企业实行邀标销售
8	《关于切实做好2011年国家临时存储菜籽（油）收购工作的通知》（国粮调〔2011〕99号）	食用油加工	为保护农民利益，由中储粮总公司在主产区收购菜籽、委托加工后转入国家临时存储
9	《关于做好当前玉米市场调控有关工作的通知》（发改电〔2011〕17号）	玉米深加工	制定了严格控制玉米加工业产能和用粮增长的七项措施
10	《国家发展改革委关于2010年玉米深加工在建项目清理情况的通报和开展玉米深加工调整专项行动的通知》	玉米深加工	要求实现调控目标“2011年全国玉米深加工玉米消耗总量需在2010年的基础上减少550万吨”

(二)产业政策研究稳步推进，取得实效

国家粮食局首次开展的2011年上半年玉米深加工业专项调查，基本摸清了玉米深加工产能、产量和用粮量情况，为制定秋粮收购政策提供了决策数据依据。从专项调查结果来看：一是2011年上半年玉米深加工企业用粮继续保持较快增长；二是深加工玉米总量中用于食用的占七成左右；三是主要产品产量继续保持增长，其中工业酒精、淀粉糖、化工醇等产品产量大幅增长；四是产品出口继续保持较高增速，味精、淀粉糖、酶制剂出口量增幅较大；五是玉米深加工企业仍是粮油加工业中利润率最高的行业，经济效益相对较好，产品价格维持高位，食用酒精利润相对较高；六是深加工企业玉米库存明显下降。报告提出继续落实国家政策，严格控制玉米深加工产能的扩张和用粮增长，尽快取消玉米深加工产品的出口退税扶持政策，增加进口调节余缺，加快淘汰落后产能，加大淀粉产品和淀粉糖生产企业的环保核查力度等措施得到落实。国家发展改革委会同有关部门开展了“玉米深加工调整整顿行动计划”。

稻谷加工产业政策框架初步形成。上半年稻谷专项调查明晰了稻谷加工现状和存在问题。粳米产量占比45.8%，消费区域逐步扩大；过度加

工现象比较普遍，一级和二级大米（精度相当于原国标的特等米）产量占比由2009年的30%上升到90%，三级大米（相当于原标一米）占比由2009年的60%下降到7%左右；稻谷加工平均出米率为62.9%，呈明显下降趋势，大型企业的出米率低于中小型企业；单位加工产品能耗普遍较高，达55.6千瓦时，抛光工段单位电耗占大米生产单位电耗的35%以上；稻谷加工综合利用水平低，质量安全体系不完善。《稻谷加工产业政策研究报告》和《稻谷产业政策（征求意见稿）》提出了着力加快稻谷加工产业结构调整，转变经济发展方式，统筹稻谷资源利用，科学引导适度加工和健康消费,健全并严格行业准入，适度提高行业集中度，扶持做大做强龙头企业以及完善现代稻谷加工体系等政策措施。

(三)粮油加工业继续保持平稳较快发展

2011年粮油加工业工业总产值达到1.9万亿元，工业增加值2464.3亿元，利润总额494.5亿元，分别比上年增长了24.6%、23.5%和14.3%，继续保持平稳较快增幅。山东省粮油加工总产值2442亿元，继续列全国第一；继上年河南、安徽、湖北之后，又有河北、广东两个省产值超过千亿元，全国产值超千亿元的省达7个。

粮油加工业销售收入利润率2.6%，销售收入利润率比上年下降0.2个百分点。但因受通胀水平和国家宏观调控制约，产品价格提高幅度并没有原粮成本提高幅度大，销售收入利润率反而下降。按行业分，稻谷加工业、小麦加工业、食用植物油加工业、玉米加工业、粮食食品加工业、杂粮加工业、饲料加工业和粮机设备制造业企业分别实现销售收入利润率1.8%、2.1%、1.5%、5.5%、4.8%、4.8%、5.8%和7.5%。

表8-2 2011年度粮油加工业主要经济指标情况

项目类别	产品销售收入（亿元）	比上年增幅（%）	利润总额（亿元）	比上年增幅（%）	销售收入利润率（%）
粮油加工业	19222.0	25.8	494.5	14.3	2.6
一、稻谷加工业	3663.6	27.2	67.6	27.3	1.8
二、小麦加工业	2611.1	18.8	55.4	33.8	2.1
三、食用植物油加工业	5158.6	19.8	78.1	−25.3	1.5
四、玉米加工业	2191.5	27.0	121.5	21.4	5.5
五、粮食食品加工业	1216.3	34.5	58.1	7.6	4.8
六、杂粮及薯类加工业	227.2	10.8	13.1	20.2	4.8
七、饲料加工业	3993.8	35.7	91.1	30.7	5.8
八、粮机设备制造业	129.9	37.6	9.7	16.9	7.5

（四）产业结构调整取得初步成效，规模化、集约化水平不断提高

一是民营企业所占市场份额继续扩大，盈利能力大幅提高。除食用植物油行业外，民营企业不论是在数量、工业总产值、产品销售收入，还是利税和利润均保持了较为明显的优势，国有企业数量比重保持了一定的水平。民营企业数量比重比上年提高0.3个百分点，利润总额增幅24.5%，利润增幅高于全国平均水平10.2个百分点。

二是企业继续向集约化和规模化方向发展。粮油加工业总体产能集约化和规模水平有较大提高，相比上年，日处理原料400吨以上产能和产量的占比均有明显提高。稻谷加工、小麦加工、油料处理、油脂精炼和饲料加工企业产能占比分别提高了1.8、2.4、1.9、2.3和3.6个百分点，产量占比分别提高了1.8、4.7、0.7和2.2个百分点。

表8-3　日处理原料400吨以上企业产能产量占比变化

项目	日处理原料400吨以上产能占比（%）		比上年提高百分点	日处理原料400吨以上产量占比%		比上年提高百分点
	2011年	2010年		2011年	2010年	
一、稻谷加工业	20.2	18.4	1.8	29.6	27.8	1.8
二、小麦加工业	49.6	47.2	2.4	61.1	56.4	4.7
三、食用植物油加工业	—	—	—	80.6	79.9	0.7
（一）油料处理	74.9	73.0	1.9			
（二）油脂精炼	59.2	56.9	2.3			
四、玉米加工业	86.1	86.2	-0.1	88.4	87.9	0.5
五、饲料加工业	63.9	60.3	3.6	65.7	63.5	2.2

三是中央企业产品销售收入保持较高增速。国有及国有控股粮油加工业企业数量比重比上年下降了0.6个百分点，工业总产值占比比上年下降0.2个百分点。中粮集团有限公司、中国储备粮管理总公司粮油加工业销售收入都保持了较快增速，分别为46.7%、56.0%。中粮集团和中储粮大米产量比上年都有较大幅度提高，中储粮在食用油领域的份额也不断扩大。中粮集团有限公司继续保持在粮油加工业务中的领先地位，实现工业总产值769.5亿元，与益海嘉里集团的差距有所缩小；中国储备粮管理总公司粮油加工业业务逐年上升，达到129.2亿元，年处理稻谷达到335万吨，稻谷处理能力位居全国第一；中国中纺集团公司大豆加工能力482.5万吨，食用油产量73.2万吨，继续稳定增长。

表8-4　2011年三大央企销售收入与上年比增长情况

序号	集团公司名称	产品销售收入（亿元）		
		2011年	2010年	同比增幅%
1	中粮集团有限公司	769.5	524.1	46.7

续表

序号	集团公司名称	产品销售收入（亿元）		
		2011年	2010年	同比增幅%
2	中国储备粮管理总公司	129.2	82.8	56.0
3	中国中纺集团公司	135.0	138.8	−2.7

(五)主食工业化进程加快，主食产量和产业化水平逐步提高

2011年，粮食食品工业总产值增幅29.6%，高于粮油加工业平均增速5个百分点，粮食食品在粮油加工业总产值的比重有所提高，占比5.6%，比上年提高了0.9个百分点。以主食产业的两个代表食品为例，挂面和速冻米面制品均保持了较快增速，同比分别增长了25%和89.9%。主食产业的代表企业三全、思念、克明面业产品销售收入增速均超过30%。尤其是河南省政府高度重视，编制了主食产业化规划和指导意见，起到了良好的推动作用。河北省军粮特供和大众厨房工程发展迅速，以军民融合式后勤应急保障工程建设为载体的“军粮特供”特许加盟店发展到100多家，石家庄、保定、廊坊等市已经形成了加工、配送、供应一体化主食经营网络，主食产品在当地市场份额显著提高。

(六)主产省加工产业园区建设加快

2011年，粮油加工企业全年固定资产投资436.7亿元，比上年增加44.9亿元，增幅11.5%，投资增幅比上年回落了17.7个百分点。粮食主产区推进粮油加工产业园区建设投资力度大。山东、黑龙江、安徽、湖北、河南、广西等省继续推进粮食产业园区建设，鼓励企业发展优质粮油订单，建立基地，促进加工转化，取得了一定成效，逐步形成了一批大型粮油加工园区。如黑龙江省在全省推进了20个30万吨以上稻谷加工产业园区。安徽省规划建设粮食产业园区或产业集聚区99个，建设投资已达44.2亿元，比上年增加投资6亿元。山东省推进十大粮油产业园区，投资规模达349亿元，日照临港粮油产业园总投资26亿元，已有5个项目入驻，粮油仓储加工能力达到500万吨，成为集粮油储备、中转、加工、经营于一体的综合性粮油产业基地；莒南县花生产业园区完成投资20亿元。广西结合推进北部湾（广西）经济区建设，打造中国与东盟区域性粮农产品加工基地，形成一批较强集聚效应的临海粮油深加工园区和产业集群，防城港、钦州等沿海粮油加工产业园区初具规模；南宁、柳州、钦州、黎塘等地区域性园区建设也在推进。

五 粮油科技与创新发展

2011年，粮食行业深入贯彻落实科学发展观，粮食科研单位围绕粮食信息、生物、节能减

排、质量安全等关键技术相继开展了一系列创新研究，成功获批了5个粮食产后领域国家工程实验室，取得了大量具有先进性、实用性，能够服务粮食行业科技发展，提高粮食行业科技水平提升的科技成果，有力地促进了粮食行业的科技水平提升。

(一)发布“十二五”科技规划，指导行业发展

粮食科技“十二五”发展规划明确的主要任务包括优先发展的技术领域、重点工作、实施粮食科技工程，提出了以信息、生物、新材料技术等高新技术成果提升传统产业，以节能低碳技术、先进装备技术改造传统产业，在高新技术产业化应用方面取得一批突破性技术成果，粮食科技支撑流通产业发展的能力明显提高。加大科研成果产业化推广力度，将一批先进成熟技术在产业化应用上先行先试，实现一批企业技术创新的集成示范。培育若干新兴产业骨干企业的示范工程。 “十二五”期间，力争在储粮虫霉发生危害生态机理、绿色储藏、物理特性、品质特性及机理、规律等基础理论研究方面，形成一批具有独立知识产权的创新性成果。力争在“973”、“863”国家重大基础和应用专项计划中有所突破。

“十二五”粮食科技规划的颁布，对粮食行业科技水平的提升及实现《全国新增1000亿斤粮食生产能力规划（2009～2020年）》具有积极的促进作用。

(二)大力发展信息技术应用，促进数字粮库发展

为推动“十一五”支撑计划课题“粮食流通追踪技术设备与应用示范”和国家发展改革委信息化试点项目“基于RFID的区域粮食流通管理试点应用”的开展，按计划进度完成常州项目的建设任务，并且组织粮食系统有关单位进行现场调研和观摩，使江苏省全省粮库信息化技术应用出现良好的发展势头。2011年在深圳举行的中国国际高新技术成果交易会（简称高交会）期间组织了粮食物联网技术示范应用合作协议签约仪式。这是粮食行业应用物联网等高新技术提升粮食流通领域科技水平的具体体现，是提升粮食流通领域整体技术水平的重要途径，是保障国家粮食安全促进粮食行业信息化、智能化发展的重要活动。在高交会上举办的“感知粮食·粮食安全与信息化支撑”主题展览，受到众多观众和媒体的关注，成为展览会的热点和人气聚集展位。

组织开展“十一五”支撑计划“网络化多功能粮情监控集成技术和系统研究开发”课题和“粮食宏观调控信息保障关键技术研究与应用示范”项目的验收，粮库粮情在线检测技术、粮食收购快速检测和粮食清仓查库技术及装备（RFID、温湿度传感器、重量传感器）的研发取得明显进展。为国家北粮南运的物联网建设和成品粮应急体系的建设，奠定了技术基础。为持续推动粮食信息化发展，还凝炼提出了“数字化粮食物流关键技术研究与集成”项目建议，并推荐至科技部，建议作为“十二五”支撑计划项目立项。还凝炼、推荐“粮仓储粮特征检测设备物联网应用系统与示范”和“区域粮食物流信息服务技术研发与应用示范”

作为国家支撑计划预备项目。

(三)利用生物技术等手段，开展民生保障技术研发

督促落实国家发展改革委“绿色农用生物产品高技术产业化专项”的开展，使新型发酵前包被益生菌微胶囊制剂产业化项目、新型多效生物蛋白饲料原料高技术产业化项目、饲用高活性甘露寡糖高技术产业化项目、新型饲用β－甘露聚糖酶高技术产业化项目建设进度顺利。组织局科研院等单位起草了应用生物技术保障粮食储藏和质量安全的“粮食有害微生物及真菌毒素检测及控制”、“粮油食品质量安全检测技术研究”、“粮油中天然毒素和抗营养因子的检测控制技术研究”、“油脂新鲜度指标及地沟油鉴别技术研究”项目建议书，还结合行业标准的需要起草了“我国成品粮油储藏质量安全重要技术标准研究”和“粮油成分和质量安全标准物质开发与质量控制研究”项目建议书。一并上报科技部作为预备项目。粮食质量安全保障关键技术研究与示范项目通过综合咨询，将予启动。在替代化学药剂应用方面迈出实质步伐。

“基于RFID的区域粮食流通管理项目”和“山农12小麦良种繁育高技术产业化示范工程”已经建设完成，下一步将组织项目的验收工作。“油脂副产物生产生物柴油”项目已完成基建、设备的选型采购，工艺参数的试验，下一步将试车正式投产。

(四)改造传统产业，促进节能增效

“十二五”科技支撑计划项目“节能增效绿色储粮”中粮食保质节能烘干及湿热区域低温储粮技术装备的研究与开发课题已经立项。通过对玉米热风烘干节能集成技术、新型组合干燥技术、干燥过程模分析与系统、粮食干燥过程智能控制技术、热泵应用技术、水源提取技术、变频空气处理技术、低温储粮装备组态软件控制技术、地下储粮环境与地下储粮区域划分研究、对不同地域地下节能储粮仓型分析、优化及配套工艺的研究与开发、散粮在地下仓进出仓的自动化、机械化工艺研究和集成示范，实现传统的干燥和储藏系统的保质节能减损增效技术与装备提升，在短期内达到明显的保质节能减损效果，带动行业粮食干燥和储藏的技术进步。

“十二五”科技支撑计划项目“节能增效绿色储粮”中储粮粮情关键因子调控及害虫生物防治技术的研究与示范课题已经立项。建立小麦、稻谷、玉米储藏粮情关键因子调节控制技术研究示范及储粮生态体系模型，储粮害虫生物防护剂及真菌毒素降解酶制剂研发与示范。

(五)建立国家级平台，强化创新能力

完善粮食科技创新平台，适应科研体制改革的大形势。粮食储运、小麦和玉米深加工、粮食加工机械装备、稻谷及副产物深加工、粮食发酵工艺及技术 5 个粮食产后领域国家工程实验室获国家发展改革委批复立项，建设工作全面启动，创新平台的发展使新形势下的粮食科技新体系日渐成形。11月17日在深圳召开了粮食流通与加工国家工程实验室工作会议，明确了建设目标和工作要求，并就下一步形成5个实验室的协调机制做了部署。“粮食储运国家工程实验室”正在筹建工程实验室理事会等管理机构，完善相关的人员和机构。局科研院已

完成购置研发、实验及工程化验证设备合计6312万元，河南工业大学仪器土建及设备1713万元，南京财经大学实验室设备采购投入金额945万元。储运工程实验室总投资为14690万元，目前已完成前期投资8970万元，占总投资的比例61%。“小麦和玉米深加工国家工程实验室”的河南工业大学及共建单位拟于2011年10月成立理事会和技术委员会，形成工程实验室管理机构。目前，河南工业大学已完成新实验大楼建设，总投资1500万元，购置了一批实验设备，投入约3120万元；吉林农业大学提供了科研实验设施，并对实验设施进行改造，投入约1500万元；华南理工大学落实了实验设施，估算为1350万元。小麦和玉米深加工工程实验室总投资12606万元，目前已投入7890万元。

国家工程实验室将围绕重大工程建设和产业发展的迫切需求，加强关键技术供给，提升产业持续发展能力。开展产业结构优化升级的战略性前瞻性技术研发，以及研究产业技术标准、培养工程技术创新人才，为促进重大科技成果应用，给行业提供技术服务发挥积极的作用。

(六)继续开展形式多样的科普工作

为突出粮食科技惠及民生和科技支撑发展的指导思想，国家粮食局于5月14～20日成功举办了以“你了解大米吗”为主题的2011年粮食科技活动周。参加了科技部科技活动周全国主会场活动，在粮食科技活动周哈尔滨主会场进行了主题宣传，组织了29个省（区、市）粮食行政管理部门开展了多种形式的科技活动周宣传活动。派员参加了科技部科技列车沂蒙行活动。组织了科技周实验室开放日活动。开展了向临沂市沂水县四十里堡镇赠送了200套农户科学储粮仓，在沂水县举办了3场粮食科技周讲座。在北京举办了“大米加工与营养”的专题科普讲座活动。

(七)行业科技创新管理

1.农转项目

2011年国家粮食局共有6项农业科技成果转化项目获批准立项，分别为：北京东方孚德技术发展中心承担的“电子式吹泡仪转化”，主要在吸收国外技术的基础上转化国家科技成果——电子式吹泡示功仪；西安油脂科学研究设计院承担的“新型混合溶剂菜籽油浸出关键技术及设备的开发与转化”，主要是改进和完善新型混合溶剂菜籽油浸出菜籽粕的生产工艺；武汉粮食科学研究设计院承担的“基于安全的小麦清洁加工技术中试生产转化”主要推广小麦安全生产技术，“废弃油脂分相酯化制备生物柴油中试”主要生物菜油制备和分离的转化中试技术；无锡粮食科学研究设计院承担的“高效冷粕器的转化”主要将高效冷粕器进行批量转化；国家粮食局科学研究院承担的“酶改性菜籽油制备结构脂质技术中试”主要是结构化脂的中试示范，以上项目共获得国拨总经费400万元。

2.软科学项目立项

2011年共有2个国家软科学项目获批立项。分别是：“全球化背景下我国粮食安全对策研究”、“基于物联网的可追溯粮食供应链体系构建研究”。

3.院所专项立项

2011年国家粮食局组织了粮食行业原中央级科研院所开发专项资金任务的申报工作，其中有两项获得立项。

表8-5 2011年院所技术开发专项立项项目表

序号	项目名称	承担单位
1	农户远红外对流粮食干燥技术开发及装备研制	国家粮食局科学研究院
2	4000t/d大豆脱皮膨化系统关键技术与装备国产化	无锡粮食科学研究设计院

(八)加强成果管理

"十一五"国家支撑计划项目的19个课题中，有14个课题于2011年通过了验收，其中有45项进行了成果登记。

表8-6 "十一五"国家支撑计划项目通过验收的课题

序号	项目	课题名称	承担单位	国拨经费	总经费
1	绿色储粮	网络化多功能粮情监控集成技术和系统研究开发	河南工业大学	800	1810
2	绿色储粮	储粮高效绿色杀虫防霉技术研究开发	国家粮食局科学研究院	750	1650
3	绿色储粮	绿色储粮新技术优化集成示范	中国储备粮管理总公司	300	900
4	绿色储粮	成品粮储存保鲜技术和设备设施的研究开发	南京财经大学	300	715
5	绿色储粮	现代粮仓建设配套新技术材料研究开发	国贸工程设计院	200	600
6	绿色储粮	粮食干燥新技术装备和设施研究开发与示范	郑州粮食科学研究设计院	380	760
7	绿色储粮	粮食品质快速检测关键技术及仪器研究开发	北京东孚仪器技术有限公司	550	1410
8	宏观信息	粮食宏观调控应急信息技术与应用示范	长城计算机软件与系统有限公司	501	1151
9	宏观信息	粮食供应数量信息采集与价格预测技术	中构科学院遥感应用研究所	990	2390
10	宏观信息	粮食流通追踪技术设备与应用示范	航天信息股份有限公司	1198	3898
11	宏观信息	粮食收购信息采集及快速检测技术与设备	河南工业大学	889	2087
12	丰产工程	三大平原农户储粮减损技术集成与示范	成都粮食储藏科学研究所	795	1590
13	丰产工程	农村储粮防虫、防鼠关键技术研究与示范	河南工业大学	340	655
14	丰产工程	粮食干燥防霉技术和质量控制技术创新研究	郑州粮食科学研究设计院	430	820

2011年度国家粮食局科技成果统计工作涵盖粮食行业2所高校、8个科研院所（其中7个是转制院所）、9个企业，登记项目45项，涉及554人（次）成果完成人。这些成果主要来自于国家科技计划项目，并且主要集中于应用类成果。

表8-7　2011年度国家粮食局科技成果统计表

序号	成果名称	项目单位	负责人
1	三大平原农户储粮减损技术集成与示范	国家粮食储备局成都粮食储藏科学研究所	兰盛斌
2	玻璃纤维增强塑料储粮仓	国家粮食储备局成都粮食储藏科学研究所	兰盛斌
3	农村储粮专家咨询系统V1.0	国家粮食储备局成都粮食储藏科学研究所	兰盛斌
4	粮食流通追踪技术设备与应用示范	航天信息股份有限公司	刘旭儒
5	农户储粮专用角仓	河南工业大学	王若兰
6	钢网式农用储粮自然干燥仓	黑龙江中良仓储技术工程有限公司	柳芳久
7	多功能圆形钢网通风干燥储粮仓	辽宁省粮食科学研究所	周云
8	钢骨架矩形自然干燥储粮仓	辽宁省粮食科学研究所	赵学工
9	一种方便放料口	山东省粮油科学研究所	樊庆风
10	粮食品质快速检测关键技术及仪器研究开发	北京东孚久恒仪器技术有限公司	郝伟
11	便携式储粮生物危害快速检测仪	便携式储粮生物危害快速检测仪项目组	程树峰
12	电子式吹泡示功仪	北京东孚久恒仪器技术有限公司	郝伟
13	粮食制品物理特性分析仪	国家粮食储备局成都粮食储藏科学研究所	毛根武
14	农户储粮专用套叠仓	河南工业大学	王若兰
15	气密软体仓多功能气密出粮口	河南工业大学	田书普
16	农村储粮防虫、防鼠关键技术研究与示范	河南工业大学	王殿轩
17	农用家庭储粮通风杀虫粮囤	河南工业大学	王殿轩
18	农村储粮虫鼠防治技术规程	河南工业大学	王殿轩
19	粮食收购信息采集及快速检测技术与设备	河南工业大学	杨红卫
20	大米整精米率快速检测技术与设备研究	无锡锡粮机械制造有限公司	虞泓
21	LP-ZRS-2型粮食品质快速检测一体机	中国农业机械化科学研究院	毛文华
22	基于声学特性的小麦品质快速检测技术	河南工业大学	杨红卫
23	粮食干燥新技术装备研究开发与示范	国家粮食储备局郑州科学研究设计院	唐学军
24	生物质燃料分段悬浮燃烧工艺	江苏牧羊集团有限公司	刘启觉
25	生物质农用干燥机	江苏牧羊集团有限公司	刘启觉
26	利用真空快速调节颗粒物料着水的装置	国家粮食储备局郑州科学研究设计院	郭兴群
27	无动力粮食烘干机构	江苏牧羊集团有限公司	高峰
28	小型粮食保质烘干机	国家粮食储备局郑州科学研究设计院	李杰
29	秸秆燃烧炉	国家粮食储备局郑州科学研究设计院	李杰
30	粮食干燥防霉技术和质量控制关键技术创新研究	国家粮食储备局郑州科学研究设计院	李杰
31	粮食烘干装置	江苏牧羊集团有限公司	高峰
32	网带传动式真空连续干燥装置以及网带传动式干燥装置	国家粮食储备局郑州科学研究设计院	张志军

续表

序号	成果名称	项目单位	负责人
33	成品粮储存保鲜技术和设备设施的研究开发	成品粮储存保鲜技术和设备设施的研究开发项目组	鞠兴荣
34	SUN-LYCR01粮油出入库管理专用机及其信息处理软件系统	大连吉大赛恩科技有限公司	卜玉良
35	粮食宏观调控应急系统应用支撑平台	长城计算机软件与系统有限公司	易发
36	SUN-LJC2000WS3无线数字粮情测控系统	大连吉大赛恩科技有限公司	卜玉良
37	冲击式小麦硬度检测仪的研究	河南工业大学	李秀娟
38	网络化多功能粮情监控集成技术和系统研究开发	河南工业大学	张元
39	粮食供应数量信息采集与价格预测技术	中国科学院遥感应用研究所	吴炳方
40	安全绿色储粮关键技术研究开发与示范	国贸工程设计院	翟江临
41	绿色储粮新技术优化集成示范	中国储备粮管理总公司	卜春海
42	高效生物储粮防护剂—多杀菌素的研制开发	国家粮食局科学研究院	张晓琳
43	绿色储粮防护剂惰性粉杀虫剂的研究与开发	国家粮食局科学研究院	曹阳
44	绿色高效新型防霉剂的研究与开发	国家粮食局科学研究院	伍松陵
45	新型环保储粮熏蒸药剂应用技术研究开发	成都施特威科技发展公司	严晓平

2011年，粮食行业共有6项成果荣获2011年度国家科技进步二等奖。

表8-8 2011年度粮食行业国家科技奖获奖情况表

序号	获奖项目名称	获奖单位	完成人
1	大豆精深加工关键技术创新与应用	国家大豆工程技术研究中心，华南理工大学，河南工业大学，东北农业大学，哈高科大豆食品有限责任公司，黑龙江双河松嫩大豆生物工程有限公司，谷神生物科技集团有限公司	江连洲，赵谋明，陈复生，朱秀清，于殿宇，王　哲，唐传核，田少君，马传国，周川农
2	稻米深加工高效转化与副产物综合利用	中南林业科技大学，华南理工大学，万福生科（湖南）农业开发股份有限公司，华中农业大学，长沙理工大学，湖南润涛生物科技有限公司，湖南农业大学	林亲录，杨晓泉，赵思明，程云辉，谭益民，肖明清，黄立新，吴　跃，杨　涛，吴卫国
3	嗜热真菌耐热木聚糖酶的产业化关键技术及应用	中国农业大学，河南工业大学，山东龙力生物科技股份有限公司，北京工商大学，河南仰韶生化工程有限公司	李里特，江正强，程少博，闫巧娟，杨绍青，丁长河，李秀婷，肖　林，苏东民，孙利鹏
4	高效节能小麦加工新技术	河南工业大学，武汉工业学院，克明面业股份有限公司，河南东方食品机械设备有限公司，郑州智信实业有限公司，郑州金谷实业有限公司	卞　科，陆启玉，郭祯祥，温纪平，王晓曦，郑学玲，林江涛，陈克明，李庆龙，吴存荣

续表

序号	获奖项目名称	获奖单位	完成人
5	木薯非粮燃料乙醇成套技术及工程应用	天津大学，广西中粮生物质能源有限公司	岳国君，张敏华，吕惠生，柳树海，董秀芹，姜　勇，李永辉，李北，欧阳胜利，任连彬
6	农产品高值化挤压加工与装备关键技术研究及应用	山东理工大学，江南大学，江苏牧羊集团有限公司	金征宇，申德超，陈善峰，徐学明，范天铭，李宏军，谢正军，申勋宇，马成业，童群义

六　粮食行业人才队伍发展

(一)基本情况

1.粮食行业机构情况

截至2011年12月底，全国粮食行业机构总数为44916个，同比减少6.38%。其中：行政管理部门2826个，占总数6.29%，同比增加5.76%；事业单位2934个，占总数6.52%，同比增加3.60%；粮食经营企业39156个，占总数87.18%，同比减少7.81%（国有及国有控股企业15151个，同比减少1.42%；非国有企业24005个，同比减少11.44%）。

按层次划分，中央机构594个，同比减少7.04%；省、自治区、直辖市机构721个，同比增加10.41%；省辖市、自治州、行署机构4582个，同比减少3.74%；县（市、区）及以下机构39019个，同比减少6.94%。

2.粮食行业从业人员情况

截至2011年12月底，全国粮食行业从业人员为1016545人，同比增加2.66%。其中：行政管理部门47870人，占总人数4.71%，人数同比增加4.49%；事业单位37021人，占总人数3.64%，同比减少1.78%；粮食经营企业931654人，占总人数91.65%，同比增加2.76%（国有及国有控股企业464280人，同比减少1.13%；非国有企业467374人，同比增加6.48%）。

在总人数中，女职工296059人，占总人数29.12%；少数民族47830人，占总人数4.71%；中共党员248179人，占总人数24.41%。其中，在岗职工982557人（长期职工911192人，临时职工71365人），占总人数的96.66%，其他从业人员33988人，占总人数的3.34%。企业经营管理人员136292人，占总人数的13.41%；专业技术人员117958人，占总人数的11.60%，人数同比增加2.82%；技术工人167579人，占总人数的16.49%，人数同比增加11.13%。

从人员总数来看（按降序排列），安徽省达到10万以上从业人员规模。有5万～10万从业人员的省份：黑龙江、河南、山东、吉林、江西；有2万～5万从业人员的省份及中央企业：江苏、中粮集团有限公司、广东、山西、辽宁、湖北、内蒙古、四川、河北、湖南、上海、福建、甘肃、陕西、中国储备粮管理总公司；有5000～20000人的省份及中央企业：浙江、贵州、天津、宁夏、重庆、新疆、北京、广西、云南、中国华粮物流集团公司；5000人以下的省份及单位：新疆生产建设兵团、西藏、青海、海南。

从层次来看，中央65668人，占总人数6.46%；省、自治区、直辖市41260人，占总人数4.06%；省辖市、自治州、行署168315人，占总人数16.56%；县（市、区）及以下741302人，占总人数72.92%。

从学历结构来看，研究生6154人，占总人数0.61%；大学本科82251人，占总人数8.09%；大学专科178215人，占总人数17.53%；中专人170466，占总人数16.77%；高中321205人，占总人数31.60%；初中及以下258254人，占总人数25.41%。

从年龄结构来看，全行业35岁及以下308924人，占总人数30.39%；36～45岁386296人，占总人数38.00%；46～54岁256701人，占总人数25.25%；55岁及以上64624人，占总人数6.36%。

3.粮食系统职工情况

2011年全国粮食系统职工总人数640768人，同比减少4.92%。其中：在岗职工531487人（长期职工514794人，临时工16693人），同比减少2.15%；离开本单位仍保留劳动关系的职工109281人，同比减少16.46%。

女职工187492人，占总人数29.26%；少数民族27864人，占总人数4.35%；中共党员205900人，占总人数32.13%。

从系统人才结构来看，公务员39551人，同比增加2.26%；企事业管理人员102083人，同比增加0.92%；专业技术人员75246人，同比减少2.63%；工人297914人，同比减少2.55%（其中技术工人92690人，同比减少2.00%）。

表8-9 公务员结构

类 别	总数	省(部)级	司(局)级	县(处)级	乡(科)级	科员及以下
人 数	39551	1	304	4560	20041	14645
占公务员总数	—	0.0025%	0.77%	11.53%	50.67%	37.03%

表8-10 专业技术人员结构

类 别	总数	高级职称	中级职称	初级及以下
人 数	75246	2970	20520	51756
占专业技术人员总数	—	3.95%	27.27%	68.78%

表8-11 工人结构

技术等级	总数	高级技师	技师	高级工	中级工	初级工	学徒工	普通工
人 数	297914	687	6107	22191	32644	31061	2278	202946
占工人总数	—	0.23%	2.05%	7.45%	10.96%	10.43%	0.76%	68.12%

从层次来看，中央69525人；省、自治区、直辖市35243人；省辖市、自治州、行署108894人；县（市、区）及以下427106人。

从学历结构来看，研究生4497人，占总人数0.70%；大学本科55233人，占总人数8.62%；大学专科125917人，占总人数19.65%；中专111338人，占总人数17.38%；高中200562人，占总人数31.30%；初中及以下143221人，占总人数22.35%。

从年龄结构来看，35岁及以下145823人，占总人数22.76%；36～45岁240627人，占总人数37.55%；46～54岁196749人，占总人数30.71%；55岁及以上57569人，占总人数8.98%。

4.系统职工教育培训情况

2011年全国粮食系统积极开展教育培训，大力加强职业技能培训工作，系统组织职工参加学历教育、各类政治理论和业务培训共248736人次，参训率达38.82%，参训人次同比增加2.72%。

从培训时间来看，参加12天以内短期培训为225410人次，参加13天以上1个月以内培训为15687人次，参加1～3个月培训为5254人次，参加3个月以上培训为2385人次。职工参加培训以12天以内短期培训为主。

从培训内容来看，2011年从业人员参加职业技能鉴定培训的人次有所减少，其中参加粮油保管员、粮油质量检验员、粮油竞价交易员、制米工、制粉工、制油工等职业（工种）技能培训76160人次，相比2010年的79809人次减少4.57%。另外，公务员全年参加培训共36011人次，参训率为91.05%；企事业管理人员全年参与培训共56435人次，参训率为55.28%；专业技术人员全年参与培训共43282人次，参训率为57.52%。工人全年共参与培训108556人次，参训率为36.44%。

从培训机构来看，粮食系统职工参加党校、行政学院培训27377人次，参加粮食系统教育培训机构培训104085人次，参加高校科研机构培训4792人次，参加其他培训机构培训112482人次。

5.各级单位举办培训班情况

2011年全国各级粮食部门共举办培训班16694期，同比减少6.17%，培训367756人次，同比减少9.33%。

从培训机构层次来看，中央单位举办培训班4354期，同比减少30.43%，培训89942人次,同比减少38.28%；省、自治区、直辖市粮食行政管理部门及下属机构举办培训班1271期，同比减少5.08%，培训57284人次，同比减少0.83%；省辖市、自治州、行署粮食行政管理部门及下属机构举办培训班3392期，同比增加29.17%，培训64576人次，同比增加8.96%；县（市、区）粮食行政管理部门及下属机构举办培训班7677期，同比增加1.43%，培训155954人次，同比增加9.20%。

从培训班类型来看，政治理论培训班3283期，同比增加8.93%，培训73914人次，同比减少1.08%；各种类型的公务员培训班1816期，同比增加4.67%，培训27639人次，同比增加16.93%；企事业管理人员培训班2636期，同比减少0.08%，培训43772人次，同比减少21.09%；专业技术人员培训班2964期，同比减少21.04%，培训54004人次，同比减少24.11%；职业技能培训班4358期，同比减少1.65%，培训111344人次，同比减少6.30%。

（二）数据分析

2011年，全国粮食行业与上年相比，主要特点是：机构总数减少较多，但从业人数却有所增加；从业人员学历层次有所提高，但平均年龄有所增加；职工教育培训总体力度有所下降，但基层职工教育培训力度有所加强。

1.从全国粮食行业机构来看

自2008年至今，机构总数逐年递减，随着新一轮机构改革基本完成，行政管理部门、事业单位、国有及国有粮食控股企业机构总数基本稳定，整体构架未发生明显变化，但是非国有企业数减少较为明显，减幅达11.4%，因此造成行业机构总数的减少。其原因：一是在国家宏观政策指导下，部分粮食企业兼并、重组，更为有效地整合并优化产业结构，粮食企业做大做强的趋势逐渐显现；二是受全球及国内经济宏观走势的影响，一些企业转型或退出粮食经营；三是按照统计要求，剔除了部分不应纳入统计范围的企业，如非粮食行业转化用粮企业、部分长期无营业但仍保留营业执照的企业及超市等。

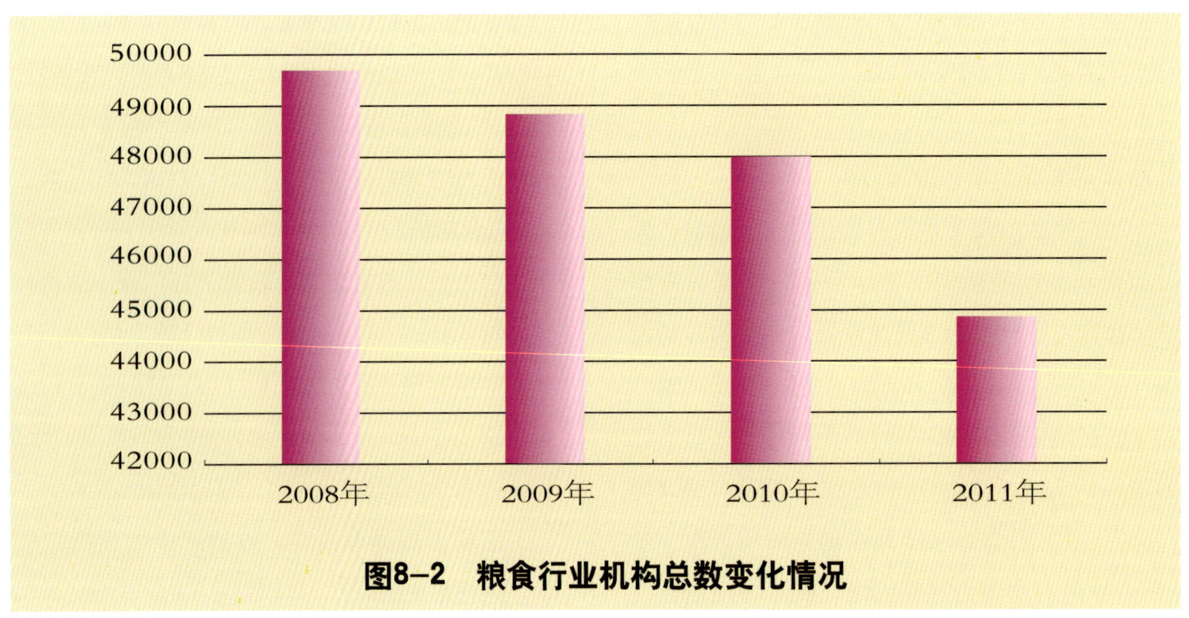

图8-2 粮食行业机构总数变化情况

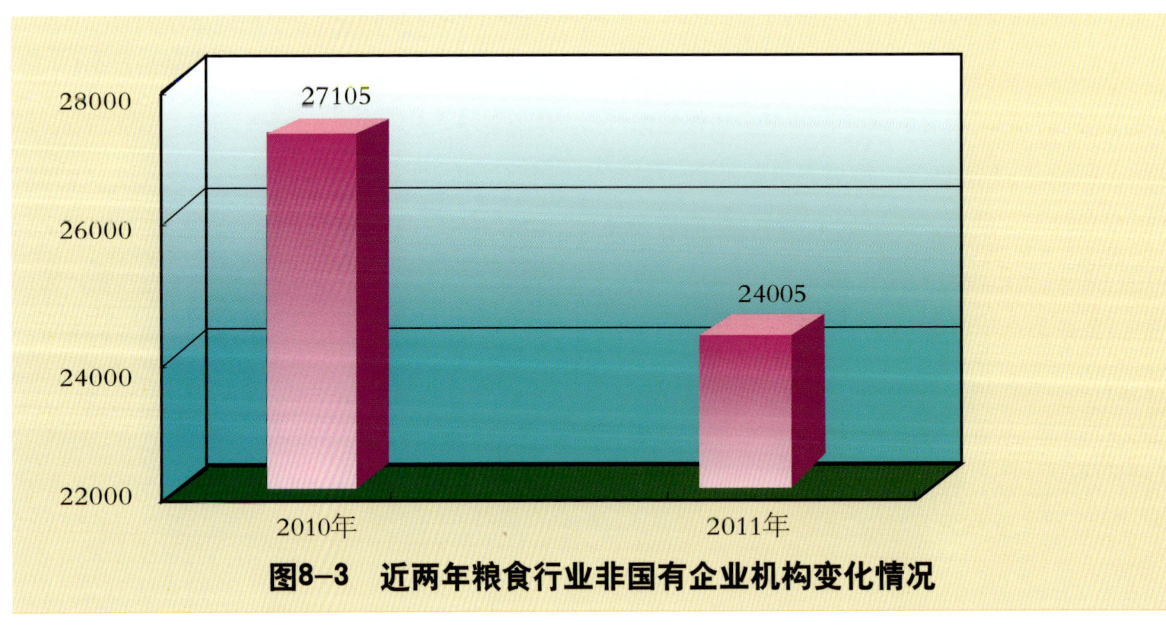

图8-3 近两年粮食行业非国有企业机构变化情况

行政、事业单位机构数稳中有升。其原因：一是部分事业单位转为参照公务员法管理的单位，因而纳入行政管理部门统计；二是近年来，随着粮食行政执法体系的不断完善，部分地区相继成立了专门的行政执法机构，例如陕西省85%以上的市、县均成立了粮食监督检查机构和粮食行政执法队；三是部分事业单位根据职能需要，增挂牌子。

2.从全国粮食行业从业人员队伍发展情况来看

一是从业人员总数增加。其原因：第一，2011年进一步扩大了统计覆盖面，因此非国有企业从业人员总数较上年有较大幅度增加；第二，行政管理部门加大了公开录用、选调及接收军转干部工作力度，增添了新生力量，充实了党政人才队伍。

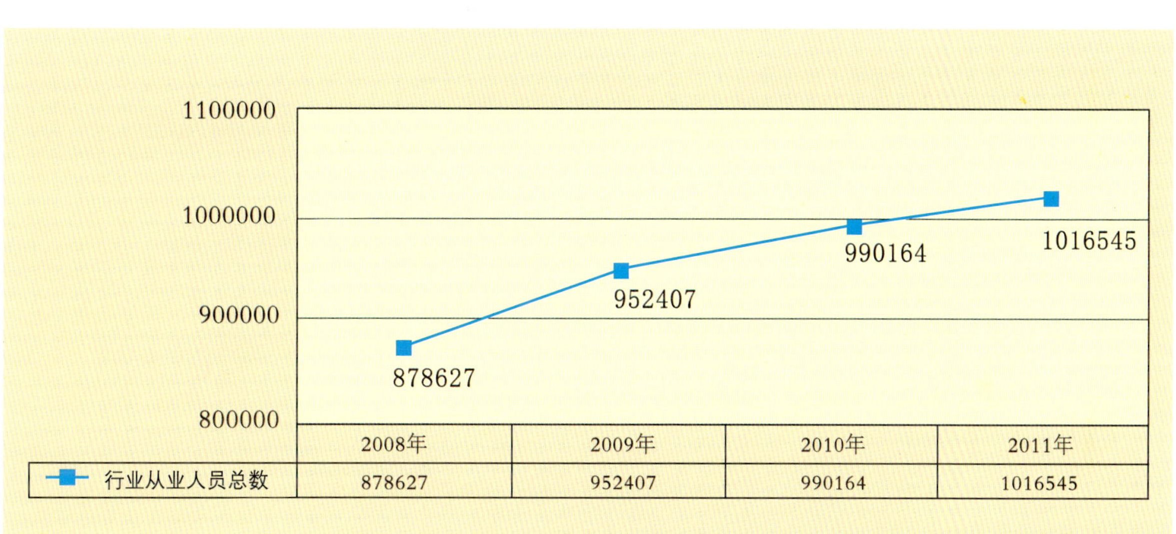

图8-4　粮食行业从业人员总数图

二是国有企业人员总数有所减少。其原因：第一，受到国有企业改革重组、兼并、整合等影响，部分国有企业人员被分流；第二，部分国有企业人员到年龄退休，自然递减。非国有企业人员总数增长迅速，其原因：第一，非国有企业统计力度加大，入统人员增加；第二，非国有企业经营人才引进势头迅猛。

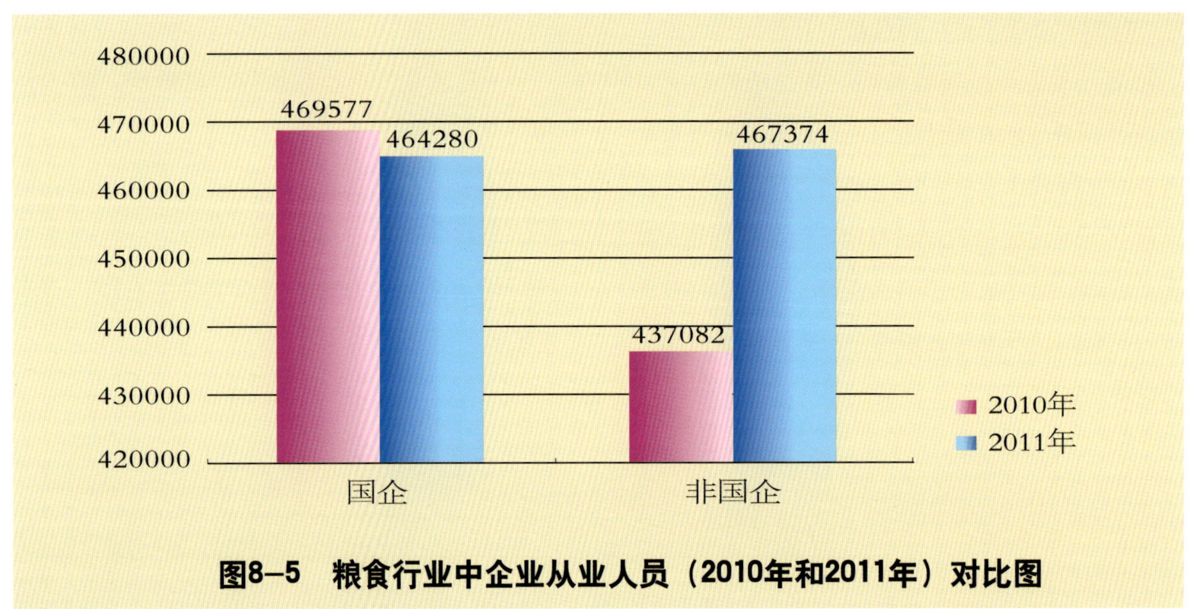

图8-5 粮食行业中企业从业人员（2010年和2011年）对比图

三是行业人才队伍建设显有成效，近三年来专业技术人才和技能人才队伍逐步壮大。从2009年至今，专业技术人才队伍从113719人增长到117958人，增长达3.73%；技能人才队伍从149000人增长到167579人，增长达12.47%。两支人才队伍不断壮大，人才引进和培养得到行业的广泛关注，行业人才发展规划得到初步落实。

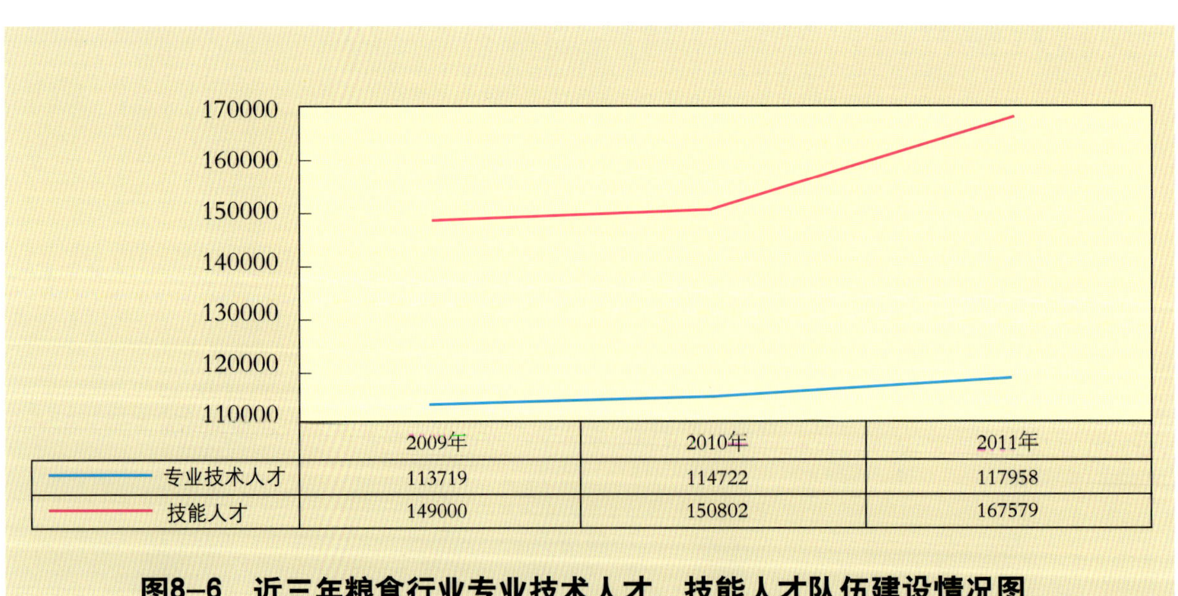

	2009年	2010年	2011年
专业技术人才	113719	114722	117958
技能人才	149000	150802	167579

图8-6 近三年粮食行业专业技术人才、技能人才队伍建设情况图

四是学历层次整体提升，呈现出高学历人员比重增加、低学历人员比重减少的趋势。其中，研究生占总人数比例0.61%，与去年相比增长0.09%；大学本科所占比例8.09%，增长0.6%；大学专科所占比例17.53%，增长0.23%；中专及以下所占比例73.77%，降低0.91%。

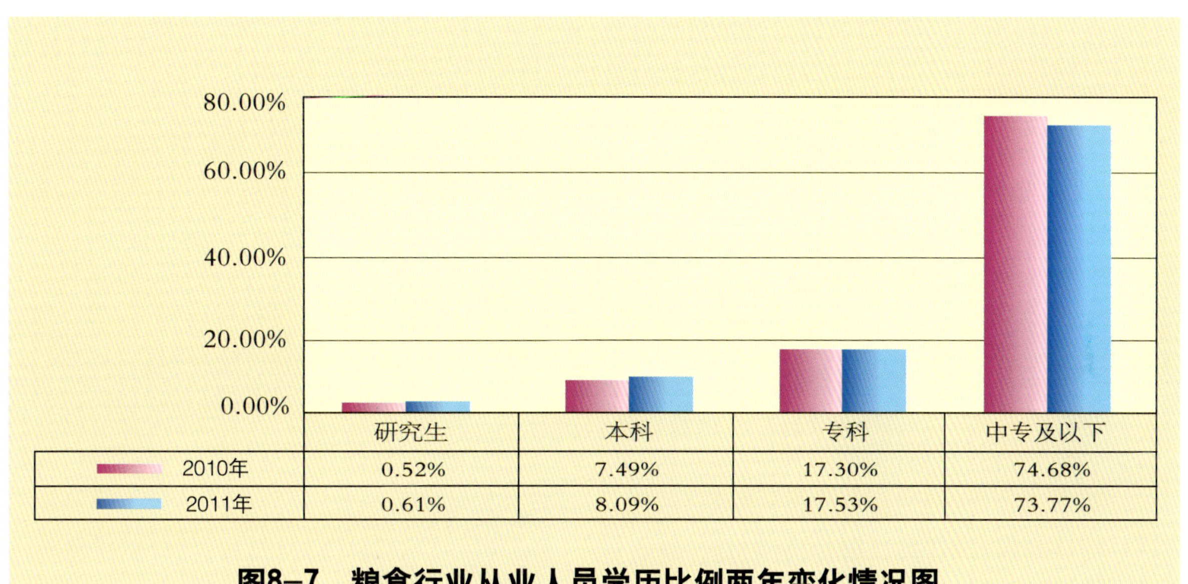

	研究生	本科	专科	中专及以下
2010年	0.52%	7.49%	17.30%	74.68%
2011年	0.61%	8.09%	17.53%	73.77%

图8–7 粮食行业从业人员学历比例两年变化情况图

五是行业从业人员年龄结构层次比较合理，但国有企业人员队伍老龄化严重。2011年，45岁以下人员占从业人员总数的68.39%，与去年同期相比，国有企业中45岁以下中青年从业人员数呈现负增长，35岁及以下人员减少5.96%，36～45岁人员减少4.01%，46～54岁人员增长5.34%，55岁及以上人员增长15.27%。粮食行业人员老龄化趋势显现，中青年梯队力量薄弱，在一定程度上说明在国有企业改革过程中，年轻人才流失现象没有得到有效抑制，国企改革中人员梯队建设问题不容忽视。

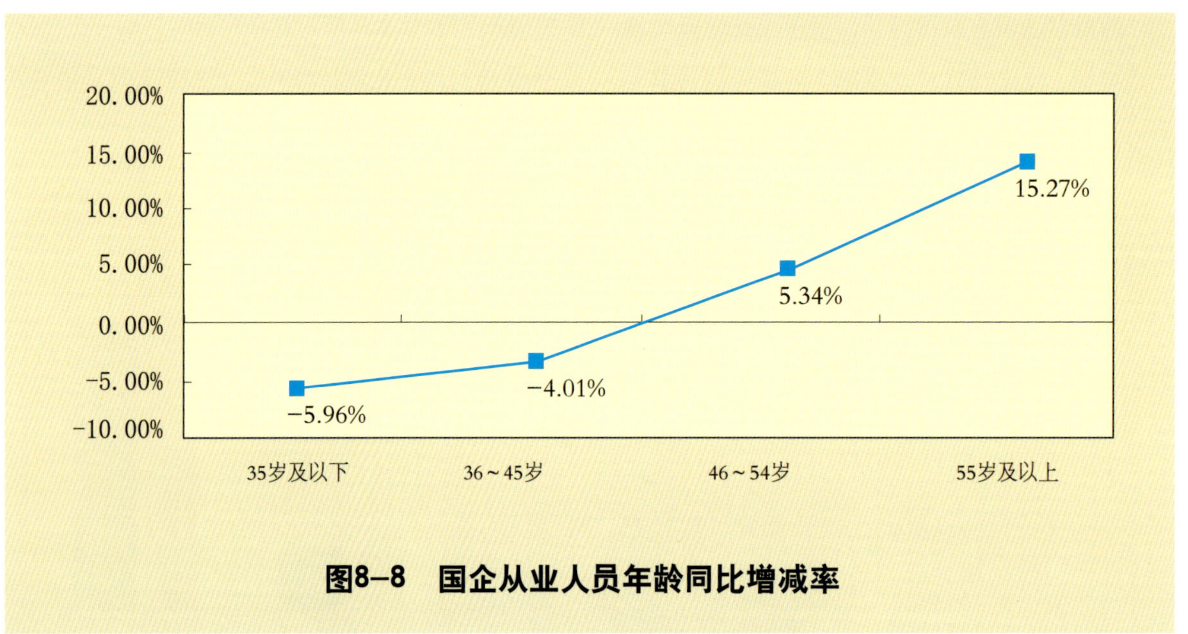

图8-8 国企从业人员年龄同比增减率

3.从粮食系统四类人才队伍建设情况来看

一是系统内四类人才队伍发展不均衡，党政人才队伍逐年递增。2007～2011年，党政人才队伍逐年小幅递增，企业经营管理人才队伍小幅波动，专业技术人才、技能人才队伍下降减幅明显。专业技术和技能人才从国有向非国有企业流动较为显著。

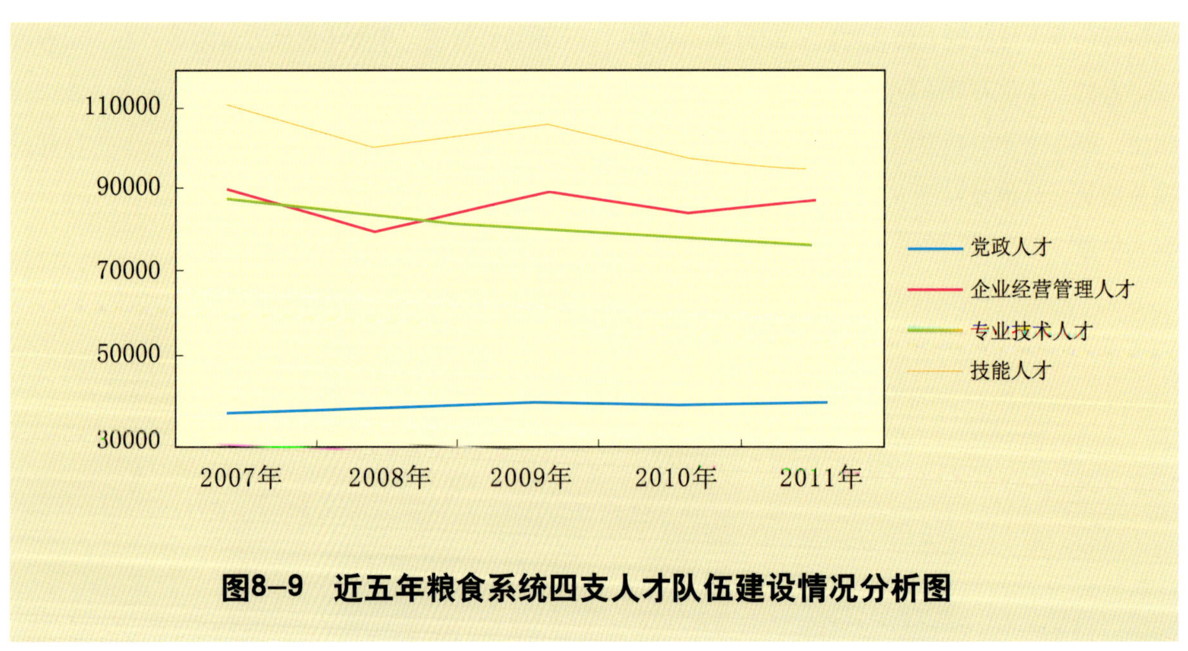

图8-9 近五年粮食系统四支人才队伍建设情况分析图

二是四支队伍学历结构整体提高，高学历人才分布不尽合理。根据2011年的资料，党政人才、企业管理人才、专业技术人才、技能人才中大学及以上学历人员分别占其人员总数的37.29%、19.97%、20.08%、3.03%。党政人才队伍高学历人才比例明显高于企业管理人才、专业技术人才和技能人才队伍，技能人才队伍中高学历人才比例仍然较低。

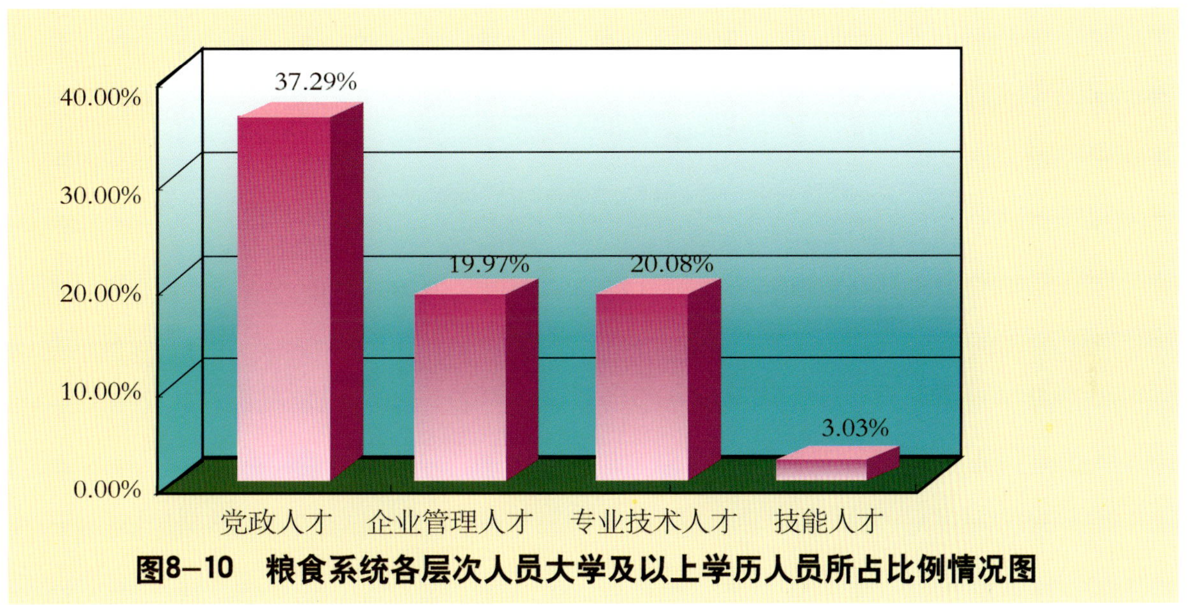

图8-10　粮食系统各层次人员大学及以上学历人员所占比例情况图

三是四支队伍年龄结构不尽合理，中青年人才流失尤为突出。其原因：第一，粮食行业发展现状与人才成长发展的预期不相匹配，导致人才流失，特别是中青年技能人才流失严重；第二，系统进人渠道不够畅通，年轻人员得不到及时补充。与此相对，46岁以上人员均呈现增长或小幅波动态势，人员老龄化势头加剧。

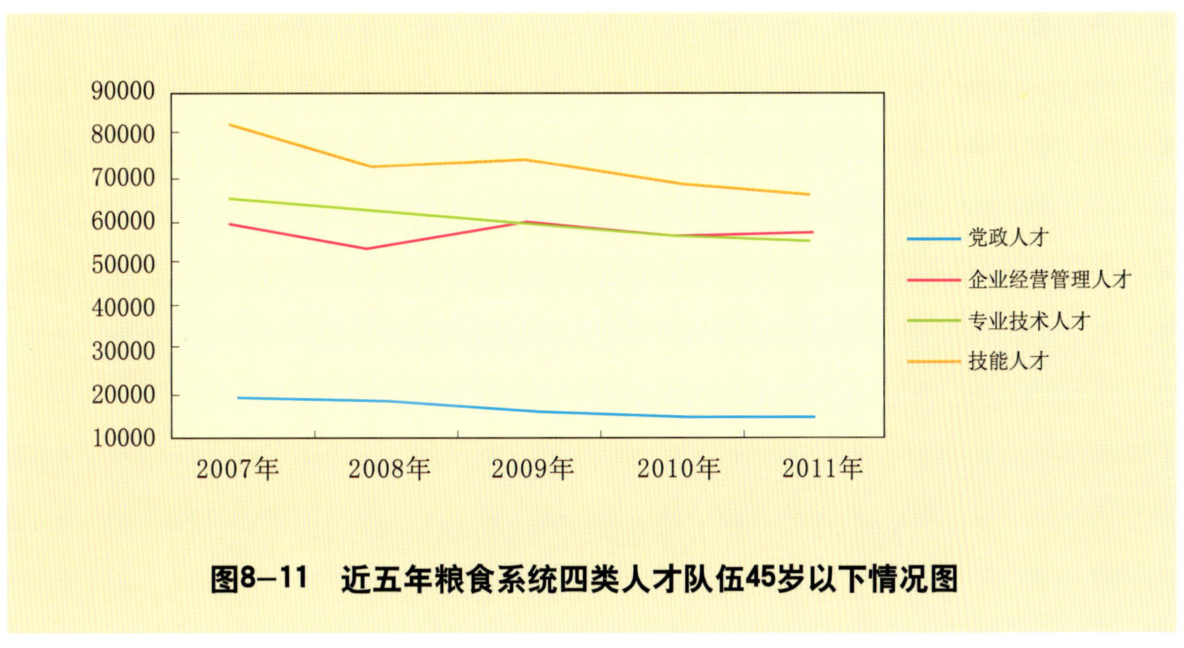

图8-11　近五年粮食系统四类人才队伍45岁以下情况图

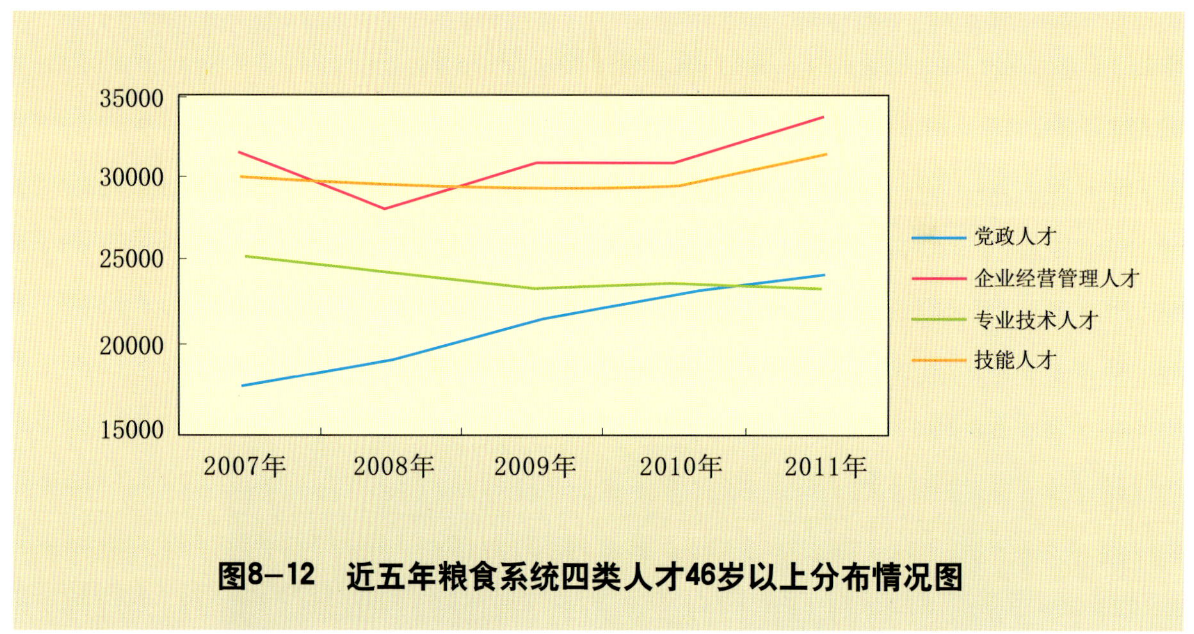

图8-12　近五年粮食系统四类人才46岁以上分布情况图

四是4支队伍参训人次有所上升，自主培训对象向基层倾斜。从粮食系统职工教育培训情况来看，参加培训总人次有所增加，培训力度进一步加大，但除党政人才参训比例大幅提高外，其他人才参训比例均有小幅下降。这说明行政部门在抓自身培训建设的基础上，今后应起到行业引导作用，更多地指导基层企业组织并参与各类人才培训。从系统举办培训班的培训层次来看，加强了对基层单位职工的培训力度。从培训类型来看，呈多元化培训态势，更加注重专业技术和职业技能培训，为基层培养岗位技术人员增强了人才储备。

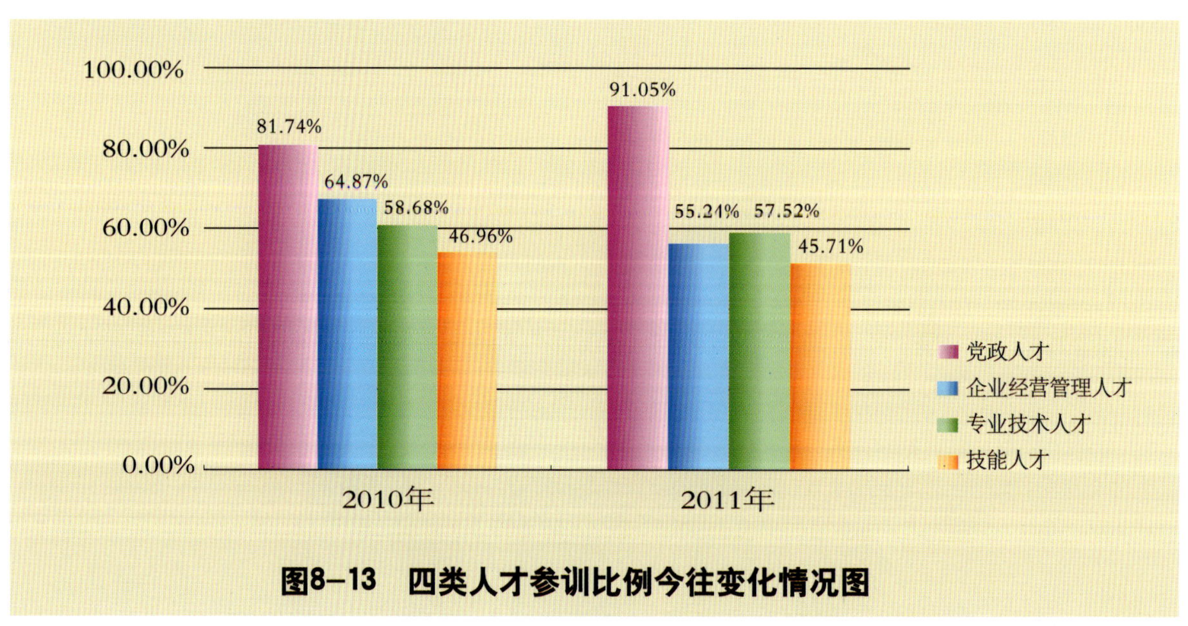

图8-13　四类人才参训比例今往变化情况图

(三)有关建议

从统计数据可以看出，2011年粮食行业人才队伍建设取得了一定的成绩，与2010年相比，行业人才学历水平有所提高，专业技术人才和技能人才数量增长明显，但高层次人才紧缺、总体学历水平偏低的结构性矛盾仍较为突出，行业人才参加教育培训数量有所下降。针对目前行业人才队伍现状，提出如下建议：

1.实施重大人才工程，加快高端人才培养

高端引领是人才队伍建设的战略重点。实践证明，高端人才对事业发展具有关键支撑作用，对于人才队伍建设具有引领带动作用。粮食行业人才队伍建设要按照《全国粮食行业中长期人才发展规划纲要（2011～2020年）》的战略部署，把抓好高端人才培养作为人才工作的重中之重，全面实施专业技术人才培养工作，加快高层次专业技术人才培养工作；尽快启动党政人才素质能力提升工作和高技能人才职业能力建设工作，全面增加高层次党政人才和技能人才。

2.抓好粮食行业人才教育培训，提升行业人才整体素质

鼓励各级粮食行政管理部门、企事业单位制定本地区本单位的年度人才教育培训计划，支持粮食行业干部职工参加学历学位教育，积极选派中青年干部职工参加党校学习和业务培训，倡导企业自主培训，通过在职培训与脱产学习、理论培训与实践锻炼相结合的方法加强职工教育培训，不断提高行业职工的政治理论水平和业务水平，提升行业人才整体素质。

3.实施开放人才政策，加大人才引进力度

从统计数据来看，粮食行业特别是国有企业中青年人才流失比较严重。建议实施更加开放的人才政策，鼓励和支持企事业单位从发展需求出发，以优惠条件挽留或吸引各方人才来粮食行业干事创业，特别是急需紧缺型高层次人才。进一步解放思想，积极拓宽引才渠道，本着“不求所有、但求所用”的原则，加大人才引进力度。引导企业“招商引资”与“招才引智”并举，在引进项目、技术、资金的同时，采取咨询、讲学、兼职、项目聘用、管理合作等方式灵活引进海内外智力为粮食行业所用。

七 国际交流与合作

2011年，国家粮食局围绕粮食行业中心任务，积极开展粮食领域的对外交流与合作，全年共接待国外来访团组近30个，来访外宾近300人次；举办国际研讨会3个；签订双边合作协议2个。

(一)热情接待国外来访的团组

由于2011年上半年世界粮食市场形势不确定，主要粮食生产国政府负责农业及粮食的高级官员和企业负责人，特别是世界四大粮商负责谷物贸易的高管纷纷来国家粮食局访问，希望了解

中国的粮油供求形势。国家粮食局的有关领导分别会见和接待了阿根廷外交部长和农牧渔业部长、匈牙利地方发展部国务秘书、巴基斯坦无任所大使、美国内布拉斯加州农业部长等政府高级代表团以及美国谷物协会总裁、美国大豆基金会主席、美国ADM公司副董事长和副总裁、美国邦吉公司全球谷物贸易总经理、美国嘉吉公司大中华区总裁、法国路易达孚集团亚洲首席执行官、加拿大小麦局总裁、法国粮食出口协会主席、日本佐竹常务副社长等率领的农粮企业高级代表团。国家粮食局的领导向来访外宾介绍了中国粮食生产、消费、贸易、储藏、质量检测以及深化粮食流通体制改革等情况，使他们对我国的粮食供需和市场情况有了正确的了解。国家粮食局有关司及直属单位的领导还会见了国外来访的其他团组，回答外宾们所关心的问题，并探讨了进一步加强在粮食流通领域合作与交流的方式和途径。2011年国家粮食局共接待国外来访团组近30个，来访外宾近300人次。通过接待国外来访团组，进一步加强了国家粮食局与国外粮食主管部门、协会和企业的交流与合作。

(二)促进粮食行业的对外交流与合作

2011年，国家粮食局继续将外事工作的重点放在促进粮食科技对外交流与合作方面，并取得了一些成效。多次与巴基斯坦政府代表沟通，商议如何启动和执行《国家粮食局与巴基斯坦伊斯兰共和国食品、农业和畜牧部合作谅解备忘录》，请巴方提供有关建设粮库的基础材料，商议拟派团赴巴基斯坦考察，帮助巴建设粮食储藏设施等。

6月下旬，协助国家粮食局粮食科研院与日本佐竹公司签订新的《科技合作框架协议》，该协议旨在进一步加强双方在科技研发、新技术交流和人员培训等方面的合作。局领导对粮食科研院与日本佐竹公司前期的合作给予了充分的肯定，并希望日本佐竹公司在前期合作所取得成果的基础上，通过这次续签合作协议，进一步向中方转让高新技术，双方共同开发新的适合中国国情的粮油加工设备和质量检验仪器，为进一步加深双方的粮油科技合作做出贡献。

为了进一步促进在粮食流通领域的国际交流与合作，11月底，国家粮食局外事司、流通与科技发展司和科学研究院组织部分外国粮食机构和跨国公司驻华代表参观了科学研究院的实验室。参加此次活动的21位代表来自加拿大小麦局北京办事处、丹麦福斯中国有限公司、法国粮食出口协会北京办事处、法国农业科学研究院北京代表处、意大利GBS粮食机械制造（北京）有限公司、日本国际协力机构中国事务所、新加坡益海嘉里投资有限公司、瑞典波通瑞华科学仪器（北京）有限公司、瑞士布勒（无锡）商业有限公司、英国谷物与饲料贸易协会北京代表处、美国谷物协会北京办事处、美国大豆协会北京办事处、美国小麦协会北京办事处、美国ADM公司北京代表处、美国嘉吉投资（中国）有限公司北京分公司等10个国家的15个外国粮食机构和跨国公司。国外机构和企业驻华代表们参观了国家粮食局科学研究院的粮油增值加工技术、粮油储藏技术等实验室和国家粮食局粮油质量检验测试中心。参观后，国家粮食局副局长吴子丹和有关单位的负责同志与代表们进行了交流，介绍了科研院的发展情况和科研成果，以及中国粮食行业对外科技交流与合作情况。代表们对国家粮食局组织此次参观活动表示感谢，他们对中国在粮油科技、粮食质量安全方面取得的发展和进步表示赞赏；将把这次参观的有关情况报告给总部，希望进一步加强与中国在粮油科技领域的交流与合作。

2011年10月，国家粮食局粮食科研院与日本佐竹公司在宁波共同主办了“中日粮食科技合作——稻谷适度加工与品质、营养、节能”研讨会。邀请了17位中日稻谷加工方面的专家学者进行专题报告和交流，来自国内外粮食管理部门、科研机构、大专院校和稻谷加工企业的120多位代表参加了研讨会。

国家粮食局外事司还协助中国粮油学会向有关部门和国务院报批“国际谷物科技协会第十四届谷物科技与面包大会”，该大会是第一次在亚洲和中国举办，会议内容将涵盖整个谷物和油脂油料科技领域，分设谷物储藏、谷物加工、食品质量与安全等七个专题和分会场，会议规模近600人，国外代表有260多人。协助局发展交流中心在宁波举办世界粮食日纪念活动。同时，国家粮食局还选派人员出国参加有关粮食的国际会议，介绍我国的粮食情况，阐明我们对世界粮食形势的看法和对有关问题的立场，扩大了我国在国际粮食领域的影响。

(三)积极借鉴国外粮食科学技术和管理经验

2011年，为提高我国粮食质量和标准化工作水平、解决粮食储藏先进技术、粮食综合加工利用有关技术、油脂技术开发等方面的问题，国家粮食局帮助局粮食科学研究院、标准质量中心和中粮集团科学研究院向国家外国专家局申请引进国外智力项目。经过积极与国家外专局沟通和多方努力，国家粮食局共获批引进国外技术、管理人才项目7项，合计聘请外国专家46人次，资助项目经费75万元。在实施引智工作过程中，项目单位严格执行国家外专局的有关规定，缜密策划，精心组织，实施好这些项目，取得了较好的成效。

1.国家粮食局科学研究院的“粮食真菌毒素检测与防控技术研究”项目

2011年6月至11月，国家粮食局科学研究院邀请了英国莱瑟黑德食品国际有限公司、奥地利维也纳科技大学、美国农业部国家农业应用研究中心和美国Lilly公司的4位专家来华，就粮食真菌毒素检测与防控技术研究项目给予技术指导。在华期间，外国专家们在科研院相关实验室对研究人员进行了具体的实验指导，并讲授了粮食真菌毒素检测与防控、多杀菌素的筛选与活性测试等方面的先进理论知识和试验操作方法；作了有关粮油微生物、真菌毒素、多杀菌素等方面的专题报告；参观了科研院小汤山中试基地；还就国外粮食真菌毒素检测研究现状、中国粮食真菌毒素科技现状及面临的问题、粮食真菌毒素的检测技术、真菌毒素产生的机制、储粮真菌危害的早期检测、生物防霉技术等与科研人员进行了交流与探讨。使科研院的科技人员对美国、英国、奥地利等国家的粮油微生物的研究现状、真菌毒素的检测技术、监测现状与措施等状况加深了解，对提升科研院真菌毒素检测方面的高技术应用水平，真菌毒素安全控制技术应用能力，以及顺利完成已承担的国家有关科研任务等有较大的帮助。

2.国家粮食局标准质量中心的“粮食质量安全法律法规及标准的制定及作用”项目

2011年5月底，国家粮食局标准质量中心在安徽合肥举办了“欧盟、美国粮食质量安全监管法规及标准专题报告会”，并邀请法国阿尔法里斯植物研究院和美国农业部谷物检验局的专家在会议上作了专题报告。两位外国专家分别就欧盟和美国粮食质量安全监管法规和标准、检验和监测以及污染粮食的处理等作了详细介绍，并就欧盟和美国粮食生产、收购、储存、运输、加工各环节质量和卫生安全控制关键点及主要检验项目和方法，粮食真菌毒素污染风险控制，收获粮食真菌毒素污染状况抽样调查办法和信息发布方式，污染粮食收购及处置办法等问题与参会的国内质检人员进行了交流和探讨。国内质检人员学习和借鉴了发达国家在粮食质量安全法规和标准方面的经验，对完善我国粮食质量安全标准及监管法规体系具有重要的参考作用。

3.中粮科学研究院的“粮油食品安全体系建设”项目

2011年4～7月，中粮科学研究院先后邀请了15位外国专家来华指导和进行学术交流活动。如邀请美国农业部西部研究中心和美国加州大学戴维斯分校的专家来华，就食品加工过程的安全技术及食品品质的检测技术进行交流，使中粮科研院了解了食用油掺伪鉴别技术、膳食纤维的生理作用、全球食品行业重大发展趋势等世界食品科学和食品安全领域的最新信息。与邀请的美国药典委员会的专家进行技术交流后，初步在食品添加剂的标准建立，膳食补充剂的标准物质建立以及食品中天然产物与合成产物检测方法开发方面达成了进一步合作意向。还与美国新泽西州立大学的专家们就食品安全控制新技术的应用、食品品质掺伪检测及控制技术、食品包装技术等进行了研讨。通过国外专家的引进与交流，使中粮科学研究院在开展粮油食品安全体系建设项目的同时，加快了粮油食品检测平台的建设，提高了承担政府科研课题的能力，同时促进了粮油食品安全海外人才的引进，加强了与海外具有影响度的食品企业及组织的联系。

4.中粮科学研究院（无锡院）的“小麦配麦生产高品质面条研究”项目

2011年6月和9月，中粮科学研究院（无锡院）先后聘请了国际著名谷物食品研究机构澳大利亚BRI的专家来华，对小麦配麦生产高品质面条研究项目进行技术指导和交流。在华期间，外国专家们举行了“关于蛋白质含量和质量对面条品质的影响”、“小麦淀粉对面条口感的影响”、“小麦品种对面条色泽的影响”等学术报告；培训了科研院的面条品尝小组，完成了科研院和BRI对不同小麦加工成55个面条样品的品尝评分。通过与国外专家交流，使无锡科研院的科技人员了解了国际上面条研究方面的最新信息；为生产高品质面条提供了新的思路；解决了面条生产中的一些技术问题，为中粮今后生产高品质面条打下了良好的基础。

5.中粮科学研究院的“纤维素乙醇中试工艺优化和产业化示范”项目

中粮科学研究院分别邀请了美国、奥地利和丹麦的5位专家来华，专门就“大规模原料收集体系建立与关键设备的开发”、“规模化纤维素乙醇原料预处理设备的开发”、“C5/C6共发酵菌株的引进与中试评价”及生物制油项目等进行了交流和指导。了解了美国威猛公司的玉米秸秆收集、打包、储藏等先进设备和技术，为中粮消除大规模秸秆收集和物流的后顾之忧提供了借鉴，保障了中粮示范装置的建设的进程。外国专家还为中粮示范装置的产业化预处理设备研发提出了合理化建议，中粮计划通过引进消化吸收的方式优化提升预处理技术与装备，与奥地利Andritdz公司形成合作，支持了中粮示范装置的建设。

6.成都粮食储藏科学研究所的“稻谷收获集约化干燥技术和设备研发与示范”项目

2011年4～9月，成都粮食储藏科学研究所分别邀请了澳大利亚新南威尔士大学、瑞典国家食品管理局、日本佐竹公司的4位粮食储藏及食品安全方面的专家，来华对稻谷收获集约化干燥技术和设备研发与示范项进行指导和交流。外国专家分别作了稻谷集约化干燥、粮仓干燥技术工艺流程和干燥设备、粮食危害早期预警技术和设备研究开发等专题报告，指导科技人员建立抑制水稻干燥的综合控制模型，帮助解决高大粮堆粮仓干燥的水分分层的问题。还与科研所专家就确保稻谷品质的烘干条件，尤其是烘干前后的技术注意事项进行了详细探讨，对高效干燥工艺的研究起到了借鉴作用。

通过这些引智项目的执行，项目单位与国外粮油科研机构建立起了良好的合作关系，及时了解和掌握国外最新的粮油科技成果与动态，有利于解决当前我国粮油产业和科研中面临的一些问题，提高我国粮油科技水平。

(四)认真组织好出国考察和培训

为了深化我国的粮食流通体制改革，借鉴国外在粮食管理、流通、储存、加工等方面的经验和技术，2011年国家粮食局有关领导分别率团赴德国、丹麦和哈萨克斯坦，俄罗斯和匈牙利考察粮食流通体制和粮食管理政策、粮食储藏、检测和加工等情况，并取得了较好的考察成果。

2011年国家外专局共批准国家粮食局出国培训项目4个，其中审批类培训3项，审核类培训1项，批准培训人数共计82人。培训内容涉及粮食宏观调控、粮食质量安全法规和标准、粮食信息安全管理、粮食职业教育等。如调控司组织的赴巴西“粮食宏观调控与流通统计培训”、办公室组织的赴俄罗斯“粮食电子政务和信息安全管理培训”、人事司组织的赴美国“粮食职业教育培训”、标准质量中心组织的赴法国“粮食质量安全法律法规及标准制修订培训”。通过赴国外培训，使地方粮食管理部门和企业的干部及技术人员了解了国外的先进技术和经验，开阔了眼界，增长了知识，为提高粮食管理与储粮技术水平起到了积极的促进作用。

国家粮食局还派出一些粮食管理和科技人员参加有关国际会议。如赴新加坡参加第三届世界谷物贸易研讨会、赴泰国参加亚洲稻米产业现代化研讨会、赴法国参加第6届国际农业工程学会科技研讨会、赴英国参加国际谷物理事会第33届理事会及世界粮食安全研讨会、赴美国参加第102届油脂化学家协会年会、赴法国参加ISO/TC34主席顾问团第五次会议、赴希腊参加欧盟食品安全科技合作项目总结工作会、赴法国参加G20农业部长会议第三次筹备会、赴法国参加G20农业部长会议第四次高官会、赴泰国参加东盟与中日韩大米紧急储备(APTERR)项目工作会议、赴中国香港参加AFMA第31届执委会会议、赴日本参加第七届国际生物催化与农业生物技术大会、赴新加坡参加2011年全球谷物市场论坛、赴越南参加2011年国际稻米会议、赴意大利参加ISO/TC34/SC4第35次会议和专题工作组会议等。参会人员不仅及时地了解国际粮食市场供求形势、粮油科技发展最新动向和趋势以及有关信息；还在会上介绍了我国的粮食生产、储藏、流通、质检、科技等情况，阐明了对世界粮食有关问题的看法和建议，扩大了我国在世界粮食领域的影响。

八 会展业发展

据不完全统计，2011年粮食行业主办、承办或者参与的展(博)览会、经销洽谈会及各类专业会议、论坛共37个，其中国际性会展活动5个，全国性会展活动18个，省际会展活动5个，省内会展活动9个。

(一)2011年粮食行业会展取得的主要成绩

1.行业会展总规模进一步扩大

2011年，行业内以产品展销展示为主要组织形式的展（博）览会总展出面积近10万平方米，参展企业总数近3000家；以购销经贸为主要组织形式的洽谈会共达成粮食购销协议2429.26万吨（含意向性合同），成交金额近590亿元；320余个粮油产业项目通过展览会、洽谈会吸引到了投资，达成了协议。

2011年，粮食科技宣传周以及中国粮食论坛、全国小麦和面粉产业年会等行业论坛、会议的影响力进一步提高，在推动产业发展转型、推广行业新型技术、推广科学粮油消费理念等方面发挥了重要作用。本年适值中国共产党成立90周年，国家粮食局及地方粮食主管部门以庆祝建党90周年为契机，组织了多次主题书画摄影展览，取得了良好宣传效果。

2.更加重视专业观众邀请、展会宣传推广等旨在提高会展活动质量的工作

组织者更加重视邀请粮油经销企业、粮油科技企业及研发机构参与会展活动，更加重视通过会展平台，为生产商、经销商及科研机构互相交流创造条件。中国国际粮油产品及设备技术展览会、全国粮油产销企业订货会暨全国粮油经销商联谊会等品牌会展已经先后建立了各自的专业观众信息数据库，参会专业观众逐年增多，企业参展收益随之得到了有效提升。

会展组织者更加重视活动的宣传推广工作，粮食科技周及第十一届中国国际粮油产品及设备技术展览会、哈尔滨金秋粮交会以及福建七省粮食产销协作洽谈会等业内品牌活动吸引了新华社、中央电视台以及省级电视台的关注和报道，对扩大活动影响，提高活动效果起到了良好的促进作用。

（二）2011年粮食行业会展发展存在的主要问题

1.会展活动总体数量偏多，规模偏小，品牌会展活动少

受缺乏统一规划、多头组织等因素的影响，再加上近几年“以会带展”现象比较普遍，2011年行业会展活动呈现出总体数量偏多，但高质量品牌会展偏少的现象。

会展活动组织过于频繁，造成企业疲于参展，负担较重，影响了企业参展的实际收益和参展积极性。会展活动主题雷同，模式相近，同质竞争现象比较严重，大量小规模会展分流了部分展商及观众资源，不利于品牌会展活动的进一步做大做强，全年展出面积达到10000平方米以上的只有第十一届中国国际粮油产品及设备技术展览会和第十届中国优质稻米博览交易会暨第三届中国（衢州）农博会粮交会等为数不多的几个，真正称得上品牌的会展活动很少。

2.会展专业化建设相对滞后，国际化转向任重道远

和国内外知名会展活动相比，目前行业会展活动在专业性服务方面还有很大差距。重招商轻服务的现象在一定范围内存在，特别是对展商的展后服务明显滞后，对企业参会参展后的合同履约、技术消化等问题缺乏后续跟踪服务；展会宣传方式相对滞后，宣传重点主要集中于会展开幕当天，与国内外不少会展活动借助网络手段，提出的“永不落幕”的办展（会）目标，尚存明显差距。

受行业发展特点以及招商渠道匮乏等因素制约，本年度行业会展国际化转向依然艰难，尽管中国国际粮油产品及设备技术展览会以及世界粮食日等会展活动已经吸引了像嘉吉、布勒、佐竹、GBS 等一大批国际知名企业的参与，但离20%的国外参展商和4%的国外观众等国际上普遍认可的国际展会标准仍有很大差距，行业会展国际化转向依然任重道远。

（三）不断创新，促进粮食行业会展又好又快发展

1.进一步加强行业会展资源整合工作力度

针对目前行业会展活动小、散、乱的现状，行业主管部门需尽快制定统一的发展规划和管理办法，加快会展资源整合工作力度，扶持品牌会展活动做大做强。国内外知名会展活动往往借助于一个品牌，汇集一大批与此相关相近的论坛、节庆及展览展示活动，一个品牌会展往往可以展示整个产业链条的整体面貌，集中产品、设备、技术、专家、媒体等多方面的资源，帮助展商实现一次参展，多种收益。这种以品牌为纽带、以企业为中心的办展、办会思路值得行业借鉴。

2.借助外力，实现行业会展活动又好又快地发展

在增强会展活动行业特色的同时，要进一步树立开放包容心态，积极吸纳包装、设计、

物联网以及食品、饲料等传统上不属于行业范畴的产品和技术参与行业会展活动，不断延伸会展服务链条，拓展会展服务领域。积极借助网络等新兴传播媒体，加强会展展前、展中、展后的全方位宣传，提高行业品牌会展活动的知名度和影响力。加强与农业、科技等部门的沟通和合作，积极借助农业、科技部门的会展平台，宣传行业发展成绩，推介本行业知名会展活动，实现互利双赢。

3. 努力增强会展活动服务行业中心任务的能力和水平

在粮食安全日益受到重视的今天，粮食行业会展活动要紧紧围绕“稳市场保供应、强产业惠民生”的中心任务，借助会展平台，搭建政府、行业、企业及生产者、消费者交流沟通平台，汇集行业发展资讯，引导产业发展趋向，凝聚行业发展共识，在实现行业会展活动又好又快发展的基础上，为促进整个行业的科学发展贡献力量。

九 爱粮节粮活动

2011年，各级粮食行政管理部门及广大粮油企事业单位认真贯彻落实《国务院办公厅关于进一步加强节约粮食反对浪费工作的通知》（国办发〔2010〕7号）精神，按照《国家粮食局关于进一步加强节约粮食反对浪费工作的实施意见》（国粮调〔2010〕41号）的相关要求，组织开展了“全国爱粮节粮宣传周主会场、分会场宣传”、“全国部分城镇及乡村粮油消费环节损失浪费情况调查”、“创建中小学爱粮节粮教育社会实践基地”、“全国部分省市中小学生‘节约粮食、反对浪费’征文活动”、“全国粮食行业节约粮食反对浪费工作经验交流会”等活动。一系列内容充实、形式新颖的宣传活动，进一步提高了社会各界的爱粮节粮意识。

和往年相比，2011年爱粮节粮宣传呈现出以下一些明显特点：

（一）集中宣传与常态宣传并重，宣传内容更加丰富，手段更加灵活，影响范围进一步扩大

在不断总结往年成功经验的基础上，继续以主会场、分会场形式开展“全国爱粮节粮宣传周”活动，不断提高宣传周活动的知名度和影响力。2011年，有关部门进一步加大工作力度，不断丰富主会场活动内容，除继续组织“节粮在行动——2012全国爱粮节粮公益展览”外，还首次在此期间组织召开了“全国粮食行业节约粮食反对浪费工作经验交流会”，总结粮食系统先进节粮经验，宣传粮食系统干部职工储粮保粮工作先进典型和优秀事迹；同时积极调动各地组织分会场活动的积极性，40多个省（区、市）通过公益展览、晚会等形式开展了相关活动，取得良好的宣传效果。

除宣传周期间的集中宣传外，有关部门今年更加重视常态宣传，组织开展了一系列不同以往的创新宣传活动。一是粮食部门与教育部门紧密配合，在北京、上海、天津、重庆市和浙江省宁波市及嘉吉投资（中国）有限公司捐助的中小学校举办了中小学生“节约粮食、反对浪费”征文活动，吸引了近20万名中小学生参加。二是依托现有国有大型产粮基地，粮食加工、仓储、物流企业，粮食院校、科研机构、粮食检化验等企事业单位，充分利用粮食产业资源，首次在行业内建立了10家“全国中小学爱粮节粮教育社会实践基地”，并组织广大中小学生到基地进行参观体验，提高中小学生的爱粮节粮意识。三是国家粮食局年内在北京、辽宁、湖北、甘肃开展了针对粮油消费环节损失浪费情况的专题调查。经过科学抽样，调查团队在9个城市的近200家餐厅、食堂和400户居民家庭(其中城镇居民250户，农村居民150户)中对每餐浪费的米、面、油进行了为期一周的现场分类称重。调查直接接触1986人，间接接触上万人，对餐饮场所和居民家庭浪费的米、面及荤、素菜进行了近10000次的分类称重，不仅初步掌握了粮油消费环节损失浪费的基本情况，为相关部门进行节粮决策提供了基础数据，更有效地在广大餐饮场所和居民家庭中进行了一次节粮理念的宣传和普及，在行业内外产生了广泛影响。

(二)社会各界对爱粮节粮宣传工作更加重视，爱粮节粮宣传的群众和组织基础更加扎实

2011年，社会各界对爱粮节粮工作更加重视，参与爱粮节粮宣传的积极性进一步提高。“创建中小学爱粮节粮教育社会实践基地”及“京津沪渝中小学生爱粮节粮征文比赛”得到了各级粮食、教育主管部门的大力支持，得到了近百万名中小学生和家长的热烈欢迎。业内粮油知名企业也纷纷以各种形式参与活动，对活动给予了无私的支持和帮助。“全国部分城镇及乡村粮油消费环节损失浪费调查”得到了有关地方各级政府的支持，粮食行政管理部门、食品药品监督管理部门以及被调查单位的积极配合。“全国粮食行业节约粮食反对浪费工作经验交流会”不仅得到了各级粮食行政主管部门及粮油企事业单位的大力支持，还邀请到了国务院参事室、国家发展改革委的相关领导参会。宣传周期间，更有近百万人口直接参与了各种形式的宣传纪念活动。社会各界的大力支持，为宣传活动的持续健康发展提供了坚实的组织和群众基础。

(三)宣传针对性进一步提高，媒体宣传力度加大

2011年，中小学爱粮节粮征文、中小学生节粮教育社会实践基地等针对广大青少年学生等重点特定人群的宣传力度明显加强，宣传活动的针对性进一步增强。新闻媒体参与宣传的积极性也较以往有了明显进步，宣传强度明显上了一个台阶。参与本年度爱粮节粮宣传的既有中央电视台、人民日报、新华社、经济日报等国内权威媒体，又有浙江电视台、宁波电视台、浙江日报等地方主流媒体；既有粮油市场报、中华粮油商务等传统的报纸杂志，又有新华网、中国政府网、农业部和国家粮食局政府网站以及新浪、搜狐等

门户网站这些新兴传播媒体的参与。

和近几年其他部门组织开展的节水、节电宣传相比，节粮宣传在活动内容、形式、范围、强度等方面仍有很大差距，今后需进一步加大工作力度，具体来说，要重点做好以下三个方面的工作：一是进一步丰富宣传活动内容。既要充分挖掘、激活勤俭节约等中华传统美德的潜力和活力，又要做到与时俱进，不断增加新型节粮科技、全谷物健康饮食等节粮新成果，不断丰富宣传活动内容。二是更加重视宣传形式创新。要更加重视借助网站、论坛、微博等新兴媒体力量，扩大活动影响，特别是对广大青少年的影响；要更加重视群众的实际体验，多组织一些人民群众喜闻乐见的互动参与性活动，进一步提高活动效果。三是进一步做好节粮调查、中小学爱粮节粮教育社会实践基地创建等已开展活动。2012年，国家粮食局将在河北、江苏、四川、广东四省再组织一次和2011年同等规模的粮油消费环节损失浪费情况调查，以进一步扩大调查样本容量，提高调查科学性，掌握更加准确的损失浪费数据，为有关部门进行节粮科学决策提供数据支持；做好调查过程及结论的媒体宣传工作，通过翔实的数据，带动社会各界积极参与爱粮节粮。同时继续开展创建中小学爱粮节粮教育社会实践基地活动，争取年内再建成一批基地，进一步扩大基地影响；积极发挥基地等宣传载体作用，组织中小学生参观体验，发挥基地最大效益。

十 世界粮食日宣传纪念活动

2011年，世界粮食日宣传主题为“粮食价格——走出危机，实现稳定”。联合国粮农组织的报告指出：2005～2008年，世界主要粮食价格暴涨至30年来的最高水平，20多个国家爆发了因粮食危机引起的骚乱，2010～2011年，粮食费用上涨使近7000万人陷入极端贫困。价格的波动尤其是大幅上涨，对发展中国家粮食安全造成了严重威胁。今年世界粮食日的主题，一定程度上显示了这一趋势，社会各界应当积极努力，寻找治理国际粮食商品市场波动的方式方法，减轻粮食价格波动对最弱势群体的影响。

2011年，中国政府继续以各种方式积极参与“世界粮食日”宣传纪念活动。10月16日晚，农业部、教育部、国家粮食局和联合国粮农组织驻华代表处联合在浙江宁波国际会展中心前广场举办了“2011世界粮食日烛光守夜纪念活动”。与会领导、嘉宾、形象大使和来自宁波市的工人、农民、学生、解放军以及社区居民代表共约400余人，一起点燃了在宁波国际会展中心前广场的蜡烛，为全世界近10亿还处于饥饿中的人口祈福。

活动现场还为“世界粮食日”、“全国爱粮

节粮宣传周”活动形象大使张国立颁发了聘书；为“京津沪渝中小学生‘节约粮食、反对浪费’征文比赛”的获奖学生颁发了奖状和证书，获奖学生代表现场配乐朗诵了获奖作品；此外，活动现场还开展了长卷签名、发放《爱粮节粮知识读本》等活动。

2011年的世界粮食日宣传活动和往年相比，具有以下几个鲜明的特点：

(一)在宣传内容、宣传形式上更加强调创新

2011年，是活动主办者第二次采用烛光守夜的形式宣传纪念“世界粮食日”。在充分汲取2010年成功工作经验的基础上，本年度的活动比去年提前了大约半小时，活动流程安排更加合理，现场效果更加明显，特别是组织者邀请著名影视演员张国立担任活动形象大使亲临现场发表了热情洋溢的节粮呼吁，并为宁波市某贫困小学援建图书馆，进一步点燃了现场观众的热情，达到了预期的宣传效果。

(二)在组织形式上更加注重调动企业的参与积极性

嘉吉投资（中国）有限公司全程参与了本年度的宣传活动。该公司负责人参加了宁波主会场宣传活动，公司援助的学校参与了“节约粮食反对浪费”征文比赛活动，遍布国内各地的嘉吉公司社会关爱委员会，直接参与了各地粮食部门组织开展的“世界粮食日”分会场宣传活动。企业参与宣传活动的渠道更加通畅，方式更加灵活。

(三)更加强调借助新闻媒体的力量提高社会各界对世界粮食日的认识

中央电视台、人民日报、新华社、经济日报、粮油市场报、浙江电视台、宁波电视台、浙江日报、中国政府网、新华网等对世界粮食日宣传纪念活动进行报道，新浪网、搜狐网、农业部和国家粮食局网站及有关网站等对活动进行了转载。

作为粮食行业的品牌活动，今后要进一步加大工作力度，不断提升活动的知名度和影响力。具体来说，要做好以下几个方面的工作：一是进一步提升社会各界对饥饿问题、粮食安全问题的认识。要通过饥饿体验等不同的形式，使广大人民群众特别是广大的青少年体验饥饿的滋味，认识粮食安全的重要性，要通过多种形式，宣传当今世界仍在忍饥挨饿的近10亿人群的生存状态，要通过图片展览展示等形式，帮助广大青少年了解中国曾经经历的饥饿历史，正确认识国际国内粮食安全形势。二是充分发挥“世界粮食日”形象大使的作用。充分利用形象大使张国立先生的知名度，通过拍摄专题宣传片、公益广告等形式，吸引更多的人参与“世界粮食日”宣传纪念活动。三是进一步畅通渠道，为社会各界参与“世界粮食日”宣传纪念活动搭建平台。广大粮油企事业单位既是“世界粮食日”宣传活动重要的传播对象，更是宣传活动的主要参与主体。要进一步完善相关组织机制，为广大粮油企事业单位参与宣传纪念活动提供指导和帮助，积极协调行政、行业及企业资源，形成合力，进一步提高这一宣传平台的知名度和影响力。

专栏

一 2011/2012年度国际粮油市场回顾

2011/2012年度全球谷物产量比上年增加。根据联合国粮农组织的数据，预计2011/2012年度全球谷物产量为23.44亿吨，增产9080万吨，增幅为4.03%；消费量为23.19亿吨，同比增加4830万吨，增幅为2.1%；期末库存量为5.18亿吨，同比增加1450万吨，增幅为2.88%。另据美国农业部2012年4月数据，2011/2012年度全球谷物产量预计为23.02亿吨，增产1亿吨，增幅为4.54%；消费量为22.85亿吨，同比增加5476万吨，增幅为2.45%；产量大幅增加导致全球谷物库存大幅回升至4.67亿吨，同比增加744万吨，增幅为1.62%。预计2011/2012年度全球主要油籽产量为4.41亿吨，减产1473万吨，减幅为3.23%；国内消费量为4.54亿吨，同比增加1096万吨，增幅为2.47%；库存量为6499万吨，同比减少1479万吨，减幅为18.54%。

(一)小麦

全球小麦产量比上年增加。根据美国农业部数据，预计2011/2012年度全球小麦产量为6.94亿吨，比上年度增加4326万吨，增幅为6.64%。美国小麦产量明显下降。产量为5441万吨，减产565万吨，减幅为9.41%。同样大幅减产的还有阿根廷，预计小麦产量为1450万吨，减产160万吨，减幅为9.94%。其他小麦主要生产国产量均有不同幅度增加，前苏联国家产量增长尤为迅猛。预计俄罗斯小麦产量为5623万吨，增产1472万吨，增幅为35.46%；乌克兰产量为2200万吨，增产516万吨，增幅为30.64%；哈萨克斯坦产量为2273万吨，增产1309万吨，增幅为135.79%。

全球消费量增加。预计2011/2012年度全球小麦消费量为6.83亿吨，同比增加2911万吨，增幅为4.45%。其中饲料消费1.38亿吨，同比增加2203万吨，增幅为19%。

全球贸易量增加。预计2011/2012年度全球小麦进口量为1.39亿吨，同比增加857万吨，增幅为6.57%；出口量为1.44亿吨，同比增加1139万吨，增幅为8.59%。由于前苏联国家产量大增，出口供应能力恢复。其中，俄罗斯出口量为2050万吨，同比增加1651万吨，是上年度的4倍多；哈萨克斯坦出口量为900万吨，同比增加348万吨，增幅为63.04%。

全球库存量增加。产量提升，消费相对稳定，促使小麦库存比上年度回升。预计2011/2012年度全球小麦库存量为2.06亿吨，同比增加756万吨，增幅为3.81%。

2011年全球小麦价格总体处于下滑通道中。年初，由于进口国家担心食品价格上涨引发国内政局不稳，进而加快小麦进口步伐，再加上其他商品价格的提振，小麦价格小幅上扬。但随着3月份日本发生强烈地震及海啸，引起市场对全球经济发展前景的担忧。国际原油期货价格暴跌，美元汇率走强，小麦价格震荡下跌。在随后的几个月中，北半球小麦的生长状况一直成为国际小麦市场关注的焦点，价格也随之起伏。到6月底7月初，在欧盟主产区天气条件改善、美国小麦产量预期好转，以及俄罗斯确认将于7月开始结束小麦出口禁令的推动下，小麦价格跌至近11个月来的最低值。之后虽然受玉米比价因素影响价格有所回升，但在全球经济增长减速、美元走强和黑海区域供应量巨大的影响下，小麦价格始终较为疲软。截至12月30日，芝加哥最近交割期小麦结算价为652.75美分/蒲式耳，同比下跌了132美分/蒲式耳，跌幅为16.82%。

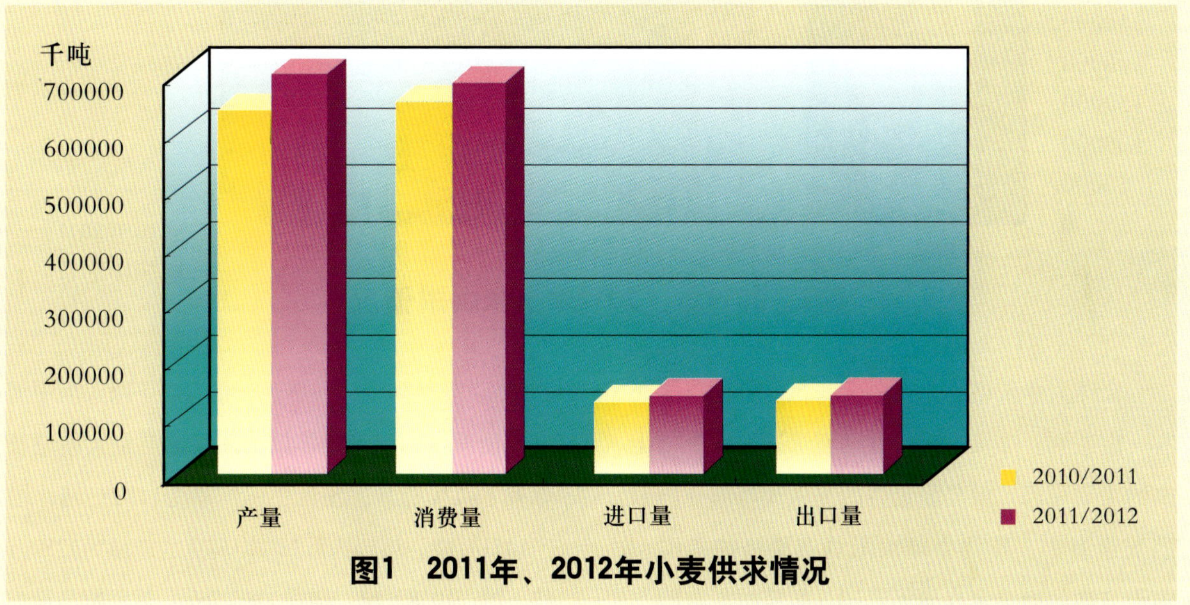

图1　2011年、2012年小麦供求情况

(二)大米

全球大米产量增加。根据美国农业部数据2011/2012年度全球大米产量为4.64亿吨，增产1358万吨，增幅为3.01%。几乎所有大米出产国产量均有不同幅度增长。其中，巴基斯坦增幅最高，预计产量为650万吨，增产150万吨，增幅为30%；印度产量为1.03亿吨，增产677万吨，增幅为7.04%。消费量连续7年增加。预计2011/2012年全球大米消费量为4.57亿吨，同比增加1313万吨，增幅为2.96%。贸易量减少。预计2011/2012年全球大米出口量为3389万吨，同比减少99万吨，减幅为2.84%；进口量为3231万吨，同比减少55万吨，减幅为1.67%。库存量持续增加。预计2011/2012年全球大米期末库存为1.03亿吨，同比增加493万吨，增幅为5.03%。

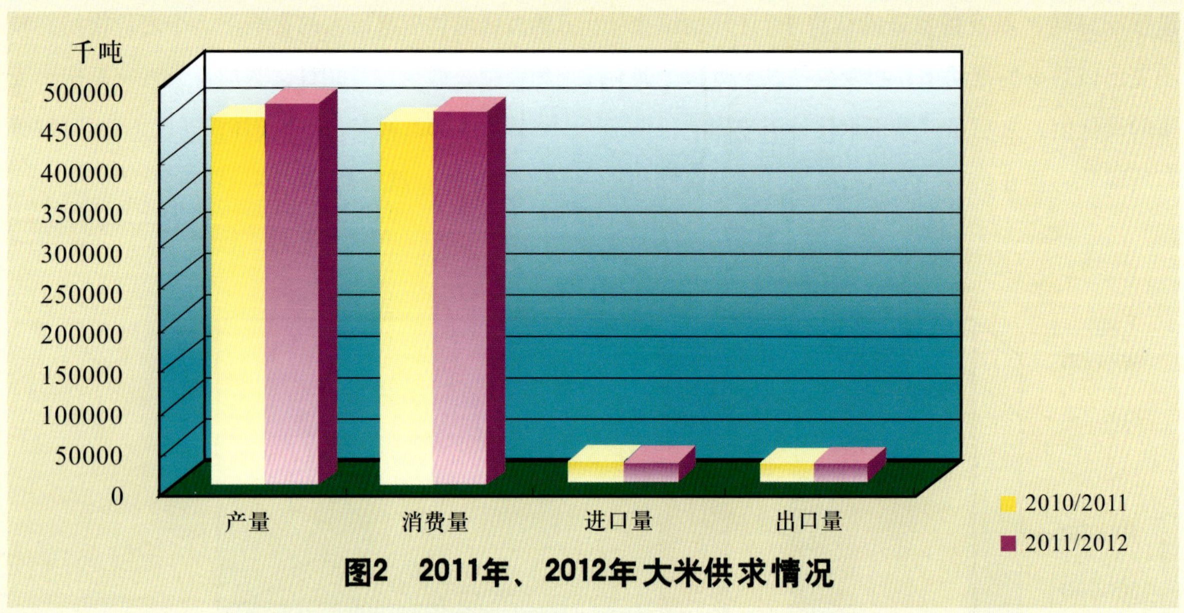

图2 2011年、2012年大米供求情况

全球大米价格总体稳中上涨，但各出口国间有一定差别。非洲国家的强劲需求是大米价格走高的主要原因，但各国走势的差别却与部分国家的政策有关。作为全球大米基准价格的泰国，由于该国政府决定在本年度10月实施稻谷收购政策，这促使泰国大米出口价格在本年度当中始终处于高位。但其他国家的价格却未表现出明显强势。特别是在接近年末，由于出口需求减弱，其他主要出口国包括越南、印度、巴基斯坦和美国等国家大米价格均出现下滑。截至12月30日，泰国大米100%B级大米出口FOB价格为583美元/吨，同比上扬18美元/吨，涨幅为3.19%。

(三)玉米

全球玉米产量创历史新高。根据美国农业部数据，预计2011/2012年度全球玉米产量为8.65亿吨，增产3600万吨，增幅为4.34%。其中，预计美国产量为3.14亿吨，减产225万吨，降幅为0.71%；阿根廷产量为2150万吨，减产210万吨，降幅为8.90%。虽然阿根廷和美国产量有所下降，但中国以及俄罗斯、乌克兰等前苏联国家产量大幅增长弥补了减少部分。预计中国产量为1.92亿吨，增产1451万吨，增幅为8.18%；乌克兰产量为2250万吨，增产1058万吨，增幅为88.76%；俄罗斯产量为668万吨，增产361万吨，增幅为117.59%。

全球消费量在上年创纪录基础上持续增加。预计2011/2012年度全球玉米消费量为8.64亿吨，同比增加1504万吨，增幅为1.77%。其中饲料消费量为5.09亿吨，同比增加955万吨，增幅为1.91%；FSI消费量为3.55亿吨，同比增加549万吨，增幅为1.57%。

全球贸易量规模持续扩大。预计2011/2012年度全球玉米出口量为9315万吨，同比增加119万吨，增幅为1.29%；进口量为9656万吨，同比增加538万吨，增幅为5.90%。

全球玉米库存为近5年来的新低。预计2011/2012年度玉米期末库存量为1.23亿吨，同比减少231万吨，减幅为1.84%。

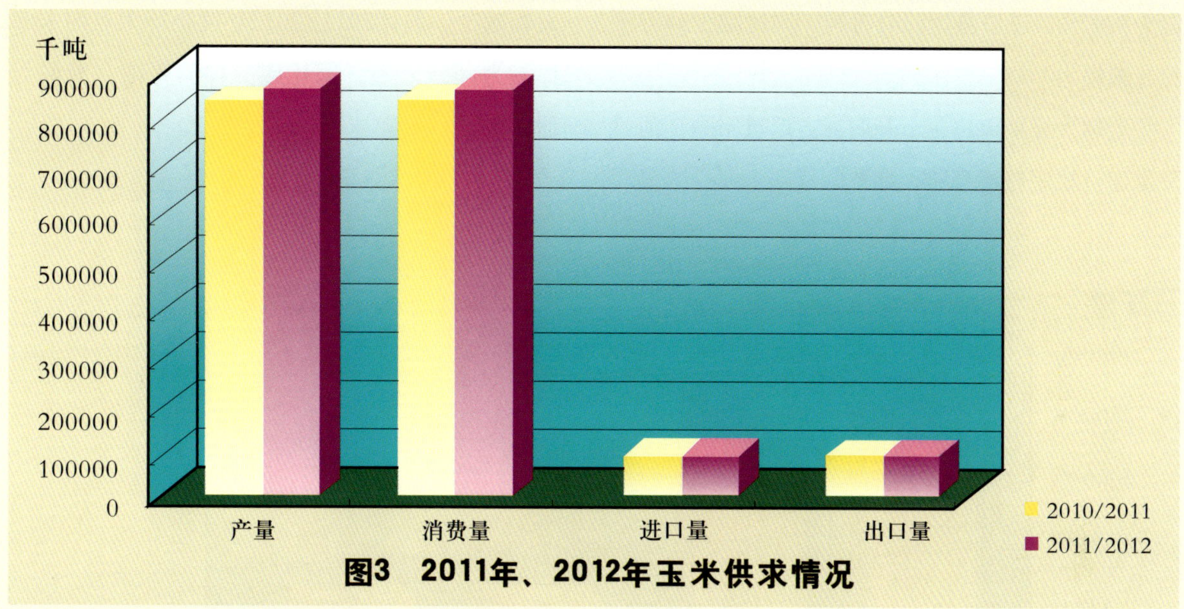

图3 2011年、2012年玉米供求情况

全球玉米价格波动较为剧烈。芝加哥最近交割期玉米价格为例，全年最高为787美分/蒲式耳（亦是历史最高值），最低为579美分/蒲式耳，价差达208美分/蒲式耳。总体来看，全年走势可大致分为三个阶段：第一阶段是3月之前，全球玉米市场持续沉浸在美国玉米供需偏紧，库存不足的氛围中。随着乙醇行业玉米用量的提高，美国玉米供应消费紧张程度已接近1995/1996年水平。经济学家预计玉米库存紧张将延续到2012年。玉米价格一路快速上涨。第二阶段是3～9月间，玉米价格剧烈波动。在此期间，市场供需状况受到日本海啸灾难、中国需求因素、美国玉米产区的天气情况以及外围市场的波动等各类因素相互作用，既将玉米价格推至历史高点，又将其快速下拉至当年低值。第三阶段是10月至年终，玉米市场价格波幅减小。宏观经济环境左右着该阶段的大宗商品价格走势。由于欧元区债务问题未能迅速解决，美元指数连续攀升，投机基金大幅削减商品净多头寸，玉米价格在600美分左右波动。截至12月30日，玉米芝加哥最近交割期结算价为646.5美分/蒲式耳，同比下跌30.50美分/蒲式耳，跌幅为4.95%。

（四）大豆

全球大豆产量下降至近三年来最低。根据美国农业部数据，预计2011/2012年度全球大豆产量为2.4亿吨，减产2407万吨，减幅为9.11%。全球几大大豆出产国产量均减少。其中，阿根廷2011/2012年度大豆产量为4500万吨，减产400万吨，减幅为8.16%；巴西产量为6600万吨，减产950万吨，减幅为12.58%；美国产量为8317万吨，减产743万吨，减幅为8.20%；中国产量为1350万吨，减产160万吨，减幅为10.60%。

全球压榨量延续了近年的上升势头。预计2011/2012年度全球大豆压榨量为2.23亿吨，同比增加267万吨，增幅为1.21%。

全球贸易量降低。预计2011/2012年度全球大豆出口量为8899万吨，同比减少368万吨，减幅为3.97%；进口量为8845万吨，同比减少34万吨，减幅为0.38%。

全球大豆期末库存下降明显。产量下降，消费量保持稳定略增态势，导致大豆期末库存数量大幅减少。预计2011/2012年度全球大豆期末库存量为5552万吨，同比减少1361万吨，减幅为19.68%。

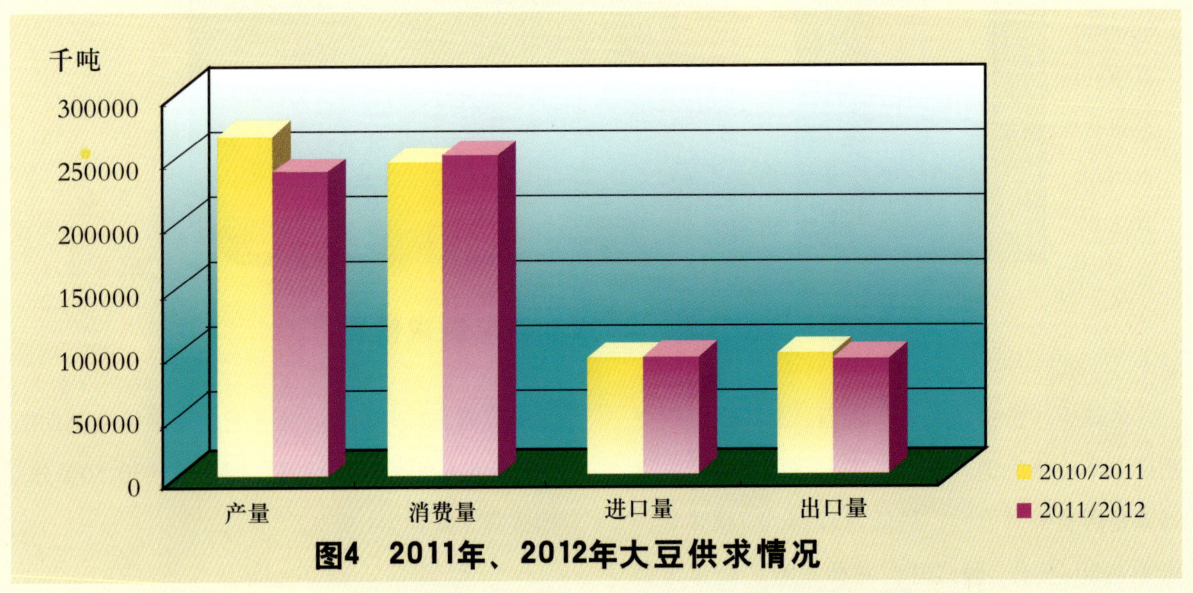

图4 2011年、2012年大豆供求情况

全球大豆价格呈现稳中下跌的态势。全年总体可分为两个阶段：第一阶段是1~8月，大豆价格基本在1350美分/蒲式耳上下波动。基本面方面主要包括美国大豆生长情况，南美大豆供应情况以及中国采购情况，而在外围市场，国际原油价格、美元汇率问题均是大豆价格波动的主要影响因素。第二阶段是9月以后，随着市场对欧洲债务问题的担忧不断加深，资金从大宗商品市场流出，大豆价格快速下滑。以CBOT11月合约为例，截至9月30日该合约收跌至1176.75美分/蒲式耳，全月累计下滑279.75美分/蒲式耳，跌幅为19.2%，创下近3年来的最大月度跌幅。随后在美国农业部调低产量和库存数据以及中国抄底买入大豆的利好因素推动下，大豆价格有所上涨，仍处于年度的低价位区。截至12月30日，芝加哥大豆最近交割期结算价为1198.5美分/蒲式耳，同比下跌167.5美分/蒲式耳，涨幅为12.26%。

二 联合国粮农组织（FAO）2012年全球粮食形势展望

2012年6月13日，联合国粮农组织（FAO）发布了最新一期粮食展望报告。该报告分析了全球粮食供需情况、生产形势以及国际粮食市场价格。由于预期美国玉米将取得大丰收，2012年世界谷物生产前景进一步明朗，世界谷物产量预计将创下新的历史纪录，达到24.19亿吨，较上年增长3.2%。全球谷物总产量将高于2012/2013年度的预计消费量，这将为世界谷物库存提供大量的补充，因而会促使国际谷物市场价格下行。

(一)全球谷物供应、需求和库存概况

2012/2013年度的全球谷物供应比预期更加充裕。根据目前预测，2012年世界谷物产量将达到24.19亿吨。由于良好的生长气候及市场价格，美国玉米将获得大丰收，因此全球粗粮产量将达到12.48亿吨，较上年增加8500万吨。由于种植尚待完成，许多作物处于早期的发育阶段，最终结果将在很大程度上还取决于未来几个月内天气变化。由于北半球一些国家稻米生产已经落定，亚洲国家稻米播种面积增加，全球稻米产量的预测较上年增加2.2%，达到4.9亿吨。相比之下，最新迹象表明全球小麦产量2012年将出现下降，较上年减少约3%，为6.8亿吨。虽然全球小麦产量较上年下降，但仍远高于过去五年平均水平。2012/2013年度，全球谷物消费量预计将较上年增长至少2%，达到23.76亿吨。其中饲料用粮较上年增长3.8%；而食用消费粮预计较上年增长1%，与世界人口增长步伐一致；工业用粮较上年增长1%左右，主要由于淀粉工业需求强劲，用于生产生物燃料的谷物消费量将维持在2011/2012年的水平。2012/2013年度，谷物消费的一个主要特点是小麦饲用消费量将回归到正常水平，2011/2012年度，由于玉米供应下降，使得小麦饲用消费量激增。2012年玉米产量增加较多，这将促使玉米饲料消费量提高，达到创纪录的5.21亿吨水平，较2011/2012年度增长7.5%。

2012年的世界谷物库存量预计将增加到5.48亿吨，较期初水平增长7%，这是自2002年以来最高的库存水平。谷物库存水平增加，主要是由于2012年世界粗粮库存预期增加，粗粮库存预计达到2.01亿吨，较上年1.67亿吨增长20%。2012年世界粗粮库存增加主要原因是美国玉米库存增加2600万吨，中国增加500万吨，巴西增加400万吨。在其他谷物中，2012年世界稻米库存预计接近1.66亿吨，较库存期初水平增加1300万吨，主要由于中国、印度和泰国库存增加。相比之下，预测2012年世界小麦库存量将降至1.81亿吨，降幅约为1100万吨，较期初库存减少6%左右，主要是一些独联体国家库存下降，由于小麦减产其小麦总库存将下降800万吨。

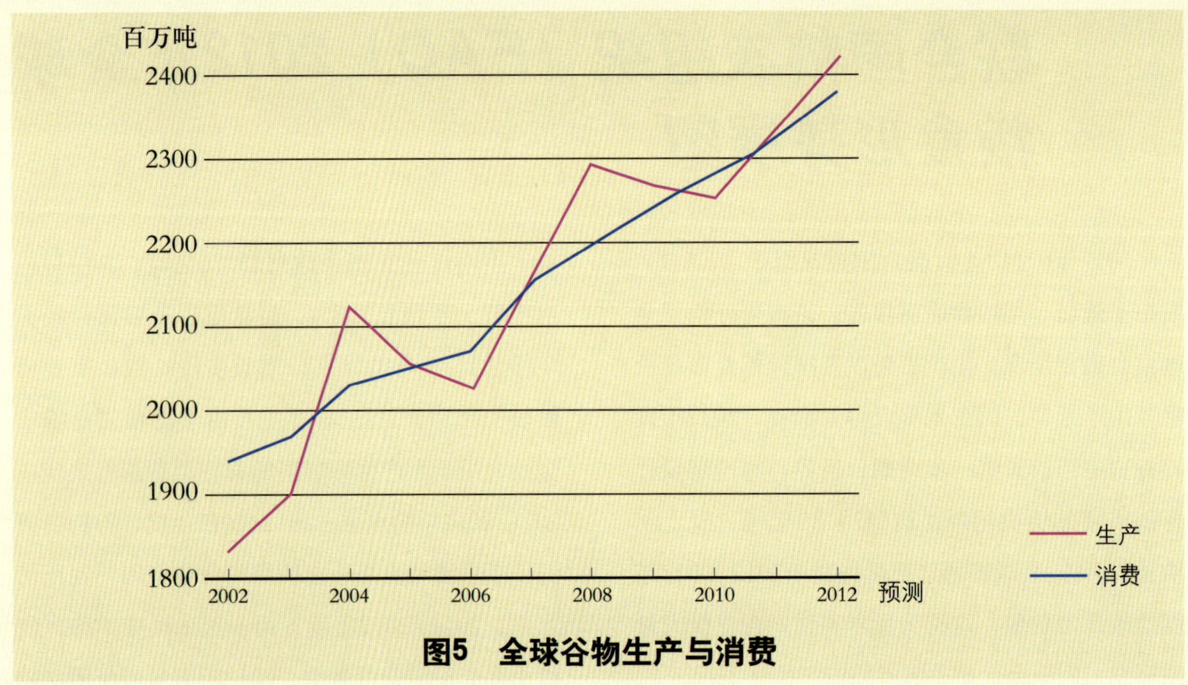

图5 全球谷物生产与消费

2012/2013年度世界谷物贸易量预计将达到2.966亿吨，仅比上年增加100万吨。预期国际稻米贸易量将保持在上年水平，约为3300万吨；小麦的世界贸易量降低，约为1.36亿吨；粗粮的贸易量将明显增长，达到1.27亿吨，仅次于2007/2008年度创下的最高历史纪录1.31亿吨；其增幅将抵消小麦的世界贸易量的减少。

表1 谷物供需情况（百万吨）

	2010/2011	2011/2012估计值	2012/2013预测值	变化率：2012/2013 2011/2012(%)
		生产		
全球	**2254.5**	**2344.3**	**2419.1**	**3.2**
发展中国家	1315.8	1344.1	1371.4	2.0
发达国家	938.7	1000.2	1047.7	4.7
		贸易		
全球	**281.5**	**295.5**	**296.6**	**0.4**
发展中国家	90.9	88.5	90.1	1.7
发达国家	190.6	207.0	206.6	-0.2
		消费		
全球	**2277.4**	**2326.9**	**2376.3**	**2.1**
发展中国家	1429.8	1468.4	1492.3	1.6
发达国家	847.5	858.4	884.0	3.0

续表

	2010/2011	2011/2012估计值	2012/2013预测值	变化率：2012/2013 2011/2012(%)
人均食用消费（公斤/年）	153.5	153.6	154.2	0.4
库存				
全球	**499.9**	**511.8**	**547.6**	**7.0**
发展中国家	349.6	366.6	385.0	5.0
发达国家	150.3	145.2	162.6	12.0
库存消费比（%）	21.5	21.5	22.7	5.4

联合国粮农组织对2012年全球谷物生产的预测：

1.小麦

FAO最新预测2012年全球小麦的产量为6.8亿吨，较上年下降3%。2012年5月，美国公布了第一个官方小麦产量预测，基于冬麦的作物状况及对春麦生产预测数字，预计美国将获得小麦丰收。由于持续相对较高的价格，2012年对全球范围内的生产者而言，生产小麦仍然是一个相对有吸引力的选择。然而，不利的天气降低了欧盟、俄罗斯和一些独联体国家冬麦存活率，预计这些国家小麦平均单产较上年创纪录的水平有所下降。

最新预测表明，在北美洲，美国小麦由于播种面积增加以及良好的作物生长天气，特别是由于2011年受旱地区的生产恢复，美国小麦产量已确认将强劲恢复。5月上旬美国农业部官方预测，2012年美国小麦总产量将达到6110万吨，较上年的5440万吨增产670万吨。在加拿大，最新估测表明由于2012年春天的有利天气条件，加拿大小麦的播种面积增加，因此预计2012年小麦产量增加，达到2610万吨，上年为2530万吨。欧盟许多地区今年小麦因严冬冻害而影响平均单产，加之目前降雨不足，欧洲中部国家的干旱得不到缓解，特别是匈牙利、斯洛伐克。截至5月底，预测欧盟2012年小麦总产量为1.33亿吨，较上年减少3.6%。在欧洲其他地方，俄罗斯2012年小麦将较上年的好收成减产4%，产量为5400万吨。另外，俄罗斯南部产区需要更多的降雨，否则单产还可能会下降，从而进一步影响目前预测水平。在乌克兰，预计小麦将大幅减产，主要由于气候对农作物生产不利。乌克兰一些小麦主产区自从上年秋天播种开始就受到严重干旱影响，继而因冬季低温、积雪覆盖不足而受到冻害，因此收获面积预计大幅下降，单产也预计降低，2012年乌克兰小麦产量预计只有1400万吨，较上年的大丰收水平减产近40%，也远远低于过去5年的平均水平。

在亚洲，远东地区2012年的小麦收获已接近完成，最新小麦产量预测为2.39亿吨，较上年增长2.5%，创下新的历史纪录。在中国和印度，较高的激励价格，还有良好的生长条件、充足的灌溉用水、化肥和其他生产投入，使小麦收成创纪录。预计中国和印度2012年小麦产量分别为1.2亿吨（上年为1.18亿吨）和9020万吨（上年为8690万吨）。巴基斯坦由于天气因素，2012年小麦产量较上年的创纪录水平略有下降。哈萨克斯坦作为小麦主要生产国，由于播种面积减少，加之受到干旱和高温影响，预计小麦产量将大幅下降，较上年减产约1/3 ，为1470万吨。近东地区小麦总产量预计为4400万吨，较上年减少5%，与过去五年平均水平相当。在北非，小麦生产前景仍然喜忧参半，摩洛哥因为严重干旱已大幅降低了小麦产量前景，但阿尔及利亚和突尼斯则因良好的生长气候而看好2012年小麦收成。

在南半球，澳大利亚一些地区冬小麦播种正在进行，但东北部和东部产区要等到降雨才可以开播。早期迹象显示，2011年澳大利亚小麦获得丰收，2012年播种面积较去年高水平有所减少，预计2012年澳大利亚小麦产量将回归到平均水平，初步预测2012年澳大利亚小麦产量下降12%左右，为2600万吨。在南美洲，2012年小麦播种正在进行，由于阿根廷、巴西和乌拉圭等小麦主产国将土地转向收益更高的作物，导致小麦播种面积下降，预测这些国家2012年小麦产量较上年下降7%。

2.粗粮

2012年全球粗粮产量将创下一个新的历史纪录。FAO的最新预测显示，全球2012年粗粮产量将达到12.48亿吨，较上年创纪录的11.64亿吨大幅增长7.3%。粗粮产量大幅提高的主要原因是美国粗粮增产，作为世界上最大的玉米生产国，2012年美国玉米种植面积扩大，产量前景特别好，假设未来天气正常，美国2012年玉米的产量将达到创纪录的3.76亿吨。在欧洲，虽然玉米播种面积增加，但单产将回归平均水平，预计欧盟今年粗粮产量下降约2%，为1.45亿吨。在亚洲，远东地区2012年粗粮播种正在进行，初步预测前景乐观，产量将较上年增长2%。这主要预计中国增产，中国是该区域主要玉米生产国和世界第二大玉米生产国，目前较高的玉米价格使得玉米播种面积增加。

在南半球，2012年玉米收获已经完成或处于最后阶段。尽管巴西南部玉米产区受到干旱的影响， 巴西2012年的玉米总产量预计达到创纪录的6700万吨，较上年增产20%，主要由于总的播种面积大幅增加。相比之下，因为受到不利干旱天气的影响，阿根廷2012年的玉米产量预计为2000万吨左右，较2011年的创纪录水平下降12%。在南部非洲，粗粮作物收获前景喜忧参半。南非作为最大的玉米生产国，预计玉米产量为1170万吨，较上年增长7%，虽然播种面积增加，但因降水低于平均水平，以及土地转作其他作物，南部非洲其他国家玉米收成将低于平均水平。

3.稻米

FAO预测2012年全球稻米产量将创新高。北半球有一些稻米主产国仍在等待降雨来进行种植，有些国家已收获了一季稻谷。南半球2012年主季稻谷大部分已于近期收获。

预计全球2012年稻谷产量为7.357亿吨（折合大米4.905亿吨）。主要是因为中国、阿根廷、巴西和美国稻米作物前景看好。全球稻谷产量将较2011年增加1570万吨，增长2.2%。稻米增产主要由于全球水稻种植面积扩大，为1.654亿公顷，较上年增长1.8%，平均单产也略有提高，为每公顷4.45吨，增长0.4%。未来数月的天气将决定稻米最终产量，尤其影响北半球的稻米生长。在气候方面，2011年6月开始的拉尼娜气候已于2012年4月结束，预测8月底前天气以中性的ENSO气候为主（厄尔尼诺—南方涛动），也可能会再转为厄尔尼诺气候。

在亚洲，所有稻米主产国预计将获得大丰收，孟加拉国、中国、印度、缅甸、巴基斯坦、菲律宾、泰国等国家稻米产量都将明显增长，特别是泰国，国内稻米价格担保计划促使泰国稻米产量从上年的特大洪灾后强劲恢复。沿赤道南部国家，2012年稻米已经收获，印度尼西亚、马来西亚、斯里兰卡稻米获得丰收，除了得益于普遍良好的生长条件外，也与这三个国家推行水稻种植促进计划有关。中国的最新预测显示，2012年稻谷产量在2011年丰产基础上再增长2.1%，达到2.065亿吨（上年为2.023亿吨），这与中国政府对水稻种植重视有关。只要6~9月的雨季天气正常，印度2012年稻谷产量也将超过其2011年产量，达到1.575亿吨（上年为1.551亿吨）。印度这两年稻米丰收，与其推动“印度东部地区绿色革命（BGREI）”行动计划有关。

预计非洲2012年稻米产量将得到恢复，尤其是西非国家。布基纳法索、科特迪瓦、加纳、马里和塞内加尔等国2011年稻米产量由于受到天气灾害影响而减产。尼日利亚和塞拉利昂预计稻米产量也会有所增加。而在南部非洲，马达加斯加由于连续遭受暴风雨，预计其稻谷产量将减少。

尽管近来阿根廷和巴西的稻米生产在不断升级，但这两个国家2012年稻谷产量预计将下降6%。由于南美地区受拉尼娜气候影响，降水偏少，加上生产成本上升和稻米价格下跌，阿根廷、巴西、巴拉圭和乌拉圭等国稻米播种面积减少，产量预期降低7%到16%。南美地区其他国家如哥伦比亚、古巴、圭亚那、秘鲁和委内瑞拉稻米将增产，其增产幅度与本地区减产国家减产量相当。

在其他地区，预计2012年欧盟和美国稻米生产连续第二年下降，主要原因是较低稻米价格导致播种面积减少。预测2012年美国稻谷产量为830万吨（上年为840万吨），欧盟稻谷产量为300万吨（上年为310万吨）。相比之下，在大洋洲，澳大利亚由于灌溉充足，使其获得自2006年以来的最佳稻谷产量，预测2012年澳大利亚稻谷产量为90万吨（上年为70万吨）。

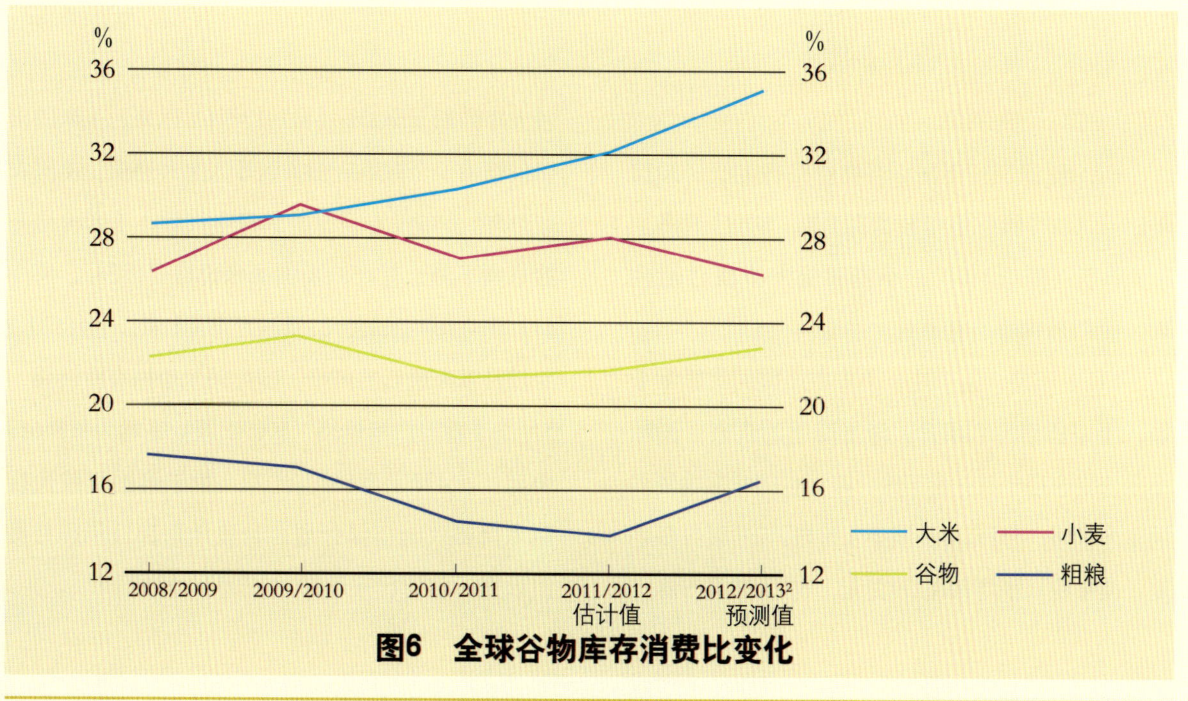

图6 全球谷物库存消费比变化

表2 全球谷物产量（百万吨）

	2010	2011估计值	2012预测值	变化率：2012 2011(%)
亚洲	**1017.1**	**1066.7**	**1078.1**	**1.1**
远东	921.2	956.2	979.2	2.4
近东	70.0	69.9	66.2	−5.2
亚洲独联体国家	25.9	40.6	32.7	−19.5
非洲	**163.3**	**157.0**	**157.7**	**0.4**
北部非洲	32.5	35.9	32.8	−8.7
西部非洲	55.9	50.4	54.0	7.0
中部非洲	3.6	3.6	3.6	−0.8
东部非洲	39.8	36.6	38.3	4.7
南部非洲	31.4	30.5	29.1	−4.7
中美洲及加勒比	**41.3**	**37.1**	**39.5**	**6.5**
南美洲	**143.7**	**146.2**	**151.5**	**3.6**
北美洲	**443.8**	**431.5**	**507.9**	**17.7**
欧洲	**404.5**	**461.8**	**444.4**	**−3.8**
欧盟	278.8	288.3	279.9	−2.9
欧洲独联体国家	109.1	157.3	147.6	−6.1
大洋洲	**40.8**	**44.2**	**40.2**	**−9.2**
全球	**2254.5**	**2344.3**	**2419.1**	**3.2**
发展中国家	1315.8	1344.1	1317.4	2.0
发达国家	938.7	1000.2	1047.7	4.7
小麦	655.7	700.6	680.4	−2.9
粗粮	1130.8	1163.6	1248.2	7.3
大米	468.1	480.1	490.5	2.2

(二)全球谷物价格

FAO预测2012年国际谷物价格将走低。2012年5月FAO谷物价格指数为221点，较4月下降了1.3个点（降幅1%）。小麦和玉米价格普遍疲软，而稻米报价略有上升。

5月上半月，由于几个小麦主产国天气异常干燥，小麦价格急剧攀升；随着降雨的到来，国际小麦价格在后半月开始下跌，降雨也同样影响较弱的玉米价格。5月基准美国小麦价格（2号硬红冬小麦，离岸价）平均每吨279美元，较4月略有下降，较上年同期下降23%。自2012年1月以来，玉米的出口价格由于全球供应偏紧而步入上升通道。美国农业部5月公布报告预示玉米将丰收后，玉米价格开始有所下降。基准的美国玉米价格（黄2号，离岸价）平均每吨269美元，较4月下降1.4%，为自2011年12月以来最低的价格。国际稻米价格有所转强，5月基准泰国白米价格（100%B级）平均为每吨613美元，比4月上涨8%。此外，由于泰国继续执行稻米价格政府担保计划，自该计划2011年10月推出以来，政府已采购超过1200万吨的稻米。

表3 谷物出口价格（美元/吨）

	2011		2012				
	5月	12月	1月	2月	3月	4月	5月
美国							
小麦	362	290	298	297	294	279	279
玉米	309	259	275	279	280	273	269
高粱	277	261	271	268	266	242	219
阿根廷							
小麦	351	224	249	263	260	252	251
玉米	303	242	258	267	270	256	246
泰国							
大米	500	620	548	563	567	269	613
碎米	419	560	515	530	543	546	554

备注：此文编译自联合国粮农组织2012年6月报告。

附录

一 2011年大事记

一月

1月6～7日，全国粮食系统机关党建工作情况交流会在广东省广州市召开。会议的主要内容是：总结交流2010年机关党建工作情况，重点是开展创先争优活动、建设学习型党组织、加强机关精神文明建设等方面好的做法和典型经验，做好2011年机关党建工作的设想。张桂凤同志出席会议并讲话。

1月11日，国家粮食局、中国储备粮管理总公司离退休干部工作领导小组会议在北京召开。会议传达了全国老干部局长会议精神，听取离退休干部办公室关于老干部工作情况的汇报，分析研究了老干部工作面临的新情况、新问题，对2011年的离退休干部工作提出指导性意见。曾丽瑛同志出席会议并讲话。

1月14日，中共中央、国务院在北京隆重召开国家科学技术奖励大会，由国家粮食局科学研究院牵头的《粮食储备"四合一"新技术研究开发与集成创新》成果获得国家科技进步一等奖。这是粮食行业近十年来获得的国家科技最高荣誉。由河南工业大学牵头的《大豆磷脂生产关键技术及产业化开发》获得国家科技进步二等奖。

1月20～21日，全国粮食局长会议暨全国粮食系统先进集体和劳动模范（先进工作者）表彰大会在北京召开。会议的主要内容是：认真贯彻落实党的十七届五中全会和中央经济工作会议、中央农村工作会议精神，总结"十一五"以来粮食流通工作，分析当前和今后一个时期面临的新形势，研究提出"十二五"粮食流通工作的基本思路，表彰全国粮食系统先进集体和劳动模范（先进工作者），全面部署2011年粮食流通各项工作。国家粮食局局长聂振邦在会上作了题为《稳市场保安全，强产业惠民生，努力做好"十二五"开局之年的粮食流通工作》的工作报告。郄建伟、任正晓、张桂凤、杨兵、曾丽瑛同志出席大会。

1月27日，根据《国务院关于稳定消费价格总水平保障群众基本生活的通知》精神，国家粮食局等有关部门定向销售部分国家临时存储菜籽油、大豆给指定大型骨干油脂加工企业，加工成小包装食用油投放市场，以保证小包装食用油市场供应和稳定市场价格。同时，国家粮食局等有关部门在安排最低收购价小麦定向销售试点的基础上，适当扩大了小麦定向销售范围。按顺价销售的原则，又定向销售部分小麦给各地推荐的大型骨干小麦粉加工企业，加工小麦粉投放市场，以保证小麦粉市场供应，稳定市场价格。

1月28日，全国人大农业与农村委员会调研组到国家粮食局就《粮食法（草案）》研究起草工作进行调研。国家粮食局法规司负责同志向调研组汇报了《粮食法（草案）》起草工作进展情况。国家粮食局副局长、《粮食法（草案）》起草工作领导小组成员兼工作组组长任正晓表示将继续加强对《粮食法（草案）》起草有关重大问题的调查研究和论证，积极配合全国人大农委做好相关工作。

二月

2月9日、11日，国家粮食局分别召开会议，传达国务院第143次常务会议、全国粮食生产电视电话会议精神，学习温家宝总理重要讲话，结合粮食流通工作实际，研究提出贯彻落实会议精神、搞好粮食宏观调控的措施：一是正确分析粮食市场供求形势；二是切实抓好粮食收购工作；三是认真做好保供稳价工作；四是加强市场监管和监督检查；五是配合国家有关部门做好粮油进出口调控工作。

2月10日，国家为保护农民种粮积极性，进一步促进粮食生产发展，决定继续在稻谷主产区实行最低收购价政策，并适当提高2011年最低收购价水平。2011年生产的早籼稻（三等，下同）、中晚籼稻、粳稻最低收购价分别提高到每50公斤102元、107元、128元，比2010年分别提高9元、10元、23元。

2月10日，国家粮食局党组印发《2011年国家粮食局党风廉政建设和反腐败工作实施意见》。实施意见的主要任务是：严明党的政治纪律，加强监督检查，保证党的十七届五中全会精神和中央重大决策部署的贯彻落实；加强作风建设，认真解决反腐倡廉建设中人民群众反映强烈的突出问题；以完善健全惩治和预防腐败体系为重点，整体推进粮食系统反腐倡廉各项工作。

2月11日，卫生部、国家粮食局等7部门印发《关于撤销食品添加剂过氧化苯甲酰、过氧化钙的公告》。公告指出：自2011年5月1日起，禁止在面粉生产中添加过氧化苯甲酰、过氧化钙，食品添加剂生产企业不得生产、销售食品添加剂过氧化苯甲酰、过氧化钙；有关面粉(小麦粉)中允许添加过氧化苯甲酰、过氧化钙的食品标准内容自行废止。

2月28日至3月1日，全国粮食质量安全监管工作会议在陕西省西安市召开。会议传达贯彻国务院食品安全委员会第三次全体会议精神，总结交流“十一五”期间全国粮食质量安全监管工作的成绩与经验，研究部署当前粮食质量安全监管的重点任务和2011年粮食标准质量工作。任正晓同志出席会议并讲话。

三月

3月2日，国家粮食局会同有关部门印发《关于开展2011年全国粮食库存检查工作的通知》。检查范围包括所有中央储备粮、国家临时存储粮、地方储备粮以及国有和国有控股粮食企业储存的商品粮。检查内容包括粮食库存账实相符、账账相符情况，库存粮食质量和卫生安全情况，储备粮轮换情况，政策性粮食补贴拨付使用情况，粮食仓储管理情况。检查时间以2011年3月末粮食库存统计结报日为检查时点，检查工作分准备、企业自查、省级联合复查、整改汇总等4个阶段进行。

3月6～7日，全国粮食人事处长会议在福建省福州市召开。会议的主要内容是：贯彻落实全国组织部长会议、全国人才工作会议、全国人力资源和社会保障工作会议、全国行政机关公务员管理工作会议、全国粮食局长会议精神，总结“十一五”期间的粮食行业人才工作，分析当前的形势和任务，研讨今后一段时期行业人才工作的思路，并部署2011年工作。

3月15日，国务院印发《2011年食品安全重点工作安排》。其中涉及粮食工作的内容主要有：加强粮食质量安全监测和抽查，防止不符合粮食卫生标准的粮食流入口粮市场；指导监督粮食收购企业严格执行粮食收购入库和销售出库检验制度等。

3月23日，国家发展改革委、国家粮食局联合编制并印发《“十二五”农户科学储粮专项建设规划》，规划期为2011～2015年。该专项规划主要结合《全国新增1000亿斤粮食生产能力建设规划》确定的粮食主产省区和粮食主产县，在粮食产量大、增产任务重、地方政府和农户积极性高的地区实施。规划期内将为全国粮食主产区和主要产粮区符合项目选点要求的800万农户配置标准化储粮装具，使项目实施地区的农户储粮损失率降低到2%以内。在粮食主产区开展种粮大户新型储粮设施建设试点，并对农户进行科学储粮技术指导。

3月26日，2011年中国小麦和面粉产业年会在河北省石家庄市召开。会议的主要内容是：小麦和面粉产业发展研讨；制粉设备、检测仪器、食品添加剂及小麦加工产品展示；召开中国粮食行业协会小麦分会一届七次理事会；对行业内具有百年经营史的面粉加工企业进行表彰和授牌；向取得我国首批制粉技师资格的人员颁发职业资格证书。张桂凤同志出席年会并讲话。

3月30～31日，全国粮食财会工作会议在四川省成都市召开。会议的主要内容是：认真贯彻落实全国粮食局长会议精神，总结“十一五”以来粮食财会工作，会审汇编2010年度国有粮食企业会计报表，研究和布置2011年粮食财会工作。任正晓同志出席会议并讲话。

四月

4月7～8日，全国粮食调控与统计工作会议在海南省海口市召开。会议全面总结了2010年粮食调控与统计工作，系统分析了当前我国粮食供求情况和粮食调控工作面临的形势，并对2011年的工作提出五个方面的要求：一是认真分析国内外粮食供求形势，适时适度做好粮食宏观调控工作；二是切实抓好粮食收购工作，保护好种粮农民利益；三是切实保障市场供应，坚决维护市场稳定；四是完善粮食储备调节体系，增强宏观调控物质基础；五是扎实做好统计调查分析和监测工作，为宏观调控提供可靠服务。曾丽瑛同志出席会议并讲话。

4月20～21日，全国粮食系统纪检监察工作会议在天津召开。会议的主要内容是：传达中纪委十七届六次全会和国务院第四次廉政工作会议精神，学习胡锦涛总书记、温家宝总理的重要讲话和贺国强同志的工作报告，回顾总结2010年工作，部署2011年全国粮食系统党风廉政建设和反腐败工作。聂振邦同志对2011年粮食系统党风廉政建设和反腐败工作作出部署，任正晓、杨兵同志出席会议并讲话。

4月21日，中国粮食行业协会和中国粮食

经济学会理事会暨常务理事会在北京举行。本届理事会的主要内容是：审议协会和学会工作、财务报告，增选协会和学会理事、常务理事，增选协会副会长。张桂凤同志出席会议并讲话。

4月27～29日，国家粮食局会同有关部门在云南省昆明市召开全国食用植物油库存检查动员培训会议，对2011年食用植物油库存检查工作作出安排部署。来自全国各地1300多名检查业务骨干和师资人员进行了认真培训。会议深入分析了当前国际国内经济和粮油供求形势，从增强国家宏观调控和保供稳价能力、确保国家粮食安全、推动经济又好又快发展和促进社会和谐稳定的高度，统一了对开展粮油库存监督检查重要意义的认识，提出了全国食用植物油库存大检查工作的具体任务和要求。任正晓同志出席会议并作动员讲话。

4月29日，全国粮食流通监督检查工作会议在云南省昆明市召开。会议回顾总结了“十一五”时期，特别是2010年全国粮食流通监督检查工作，安排部署2011年的工作。聂振邦同志对此次会议作出重要批示，充分肯定“十一五”时期全国粮食流通监督检查工作所取得的显著成绩，并对做好2011年粮食流通监督检查工作提出了明确要求。任正晓同志出席会议并讲话。

五月

5月5日，国家粮食局党组书记、局长聂振邦同志主持召开全局干部大会，宣布中央关于国家粮食局领导班子调整的决定。国家发展和改革委员会党组成员、副主任张晓强同志出席会议并讲话；国家粮食局党组成员、副局长任正晓、张桂凤同志，党组成员、纪检组长杨兵同志出席会议。中央决定：吴子丹同志任国家粮食局党组成员、副局长，免去郄建伟同志国家粮食局党组成员、副局长职务，退休。

5月10～11日，全国人大农业与农村委员会在江苏省南京市召开部分省（区、市）人大农委立法工作研讨会。会上，全国人大农委的领导同志对切实做好《粮食法（草案）》起草制定工作作了重要讲话，并提出明确要求。国家粮食局副局长、《粮食法（草案）》起草工作领导小组成员兼工作组组长任正晓汇报了《粮食法（草案）》起草工作的进展情况，并认真听取与会全国人大代表、省（区、市）人大农委主任和国家有关部门代表对《粮食法（草案）》起草的意见、建议。

5月10～12日，国家粮食局十年定点扶贫开发总结会议在安徽省合肥市召开。会议认真总结了国家粮食局十多年来定点扶贫开发工作的情况，进一步认清形势，理清下一步扶贫工作的思路。同时，组织定点扶贫地区的干部到安徽参观考察社会主义新农村建设情况，以开阔视野，拓宽思路，提高领导贫困地区脱贫致富的能力。张桂凤同志出席会议并讲话。

5月12日，由科技部、国家粮食局等10部门共同主办的“振兴老区、服务三农、科技列车沂蒙行”大型科技服务活动发车仪式在北京举行。活动以“携手建设创新型国家”、“科学发展、携手创新、建设和谐新农村”和“科技挺进沂蒙，创新引领发展”为主题，努力促进沂蒙老区科技进步和经济社会发展。国家粮食局随本次科技列车为当地农民带去200套新型农户储粮仓。

5月15日，全国粮食科技活动周主会场开幕式活动在黑龙江省哈尔滨市举行。本届粮食科技活动周的主题是“你了解大米吗？”活动周通过丰富多彩的活动内容及宣传形式，提出统筹利用稻谷资源，引导大米科学加工与消费，树立了民众健康、正确、节约的消费理念。

5月17日，夏季粮油收购工作座谈会在甘肃省兰州市召开。会议对2011年夏季粮油收购工作作出具体部署：一是要正确认识和准确把握市场形势，加强引导和组织协调，积极稳妥做好夏季粮油的收购工作，切实维护粮油市场稳定。二是要认真落实小麦最低收购价和油菜籽托市收购政策，保护种粮农民利益。三是要发挥国有企业主渠道作用，引导各类企业理性入市收购。四是要提前做好仓容、罐容、器材等准备工作，保证粮油收购需要，确保储存安全。五是要密切关注粮食市场形势变化，及时跟踪掌握收购进展情况，妥善解决好收购资金问题。六是要加大监督检查力度，加强对企业入市收购资格和收购行为的监督检查，规范收购市场秩序。曾丽瑛同志出席会议并讲话。

5月20日，国家发展改革委、国家粮食局等6部门联合印发《2010年小麦最低收购价执行预案》。预案规定了2011年小麦最低收购价格水平，白小麦（国标三等，下同）每市斤0.95元，红小麦和混合麦每市斤0.93元。执行区域为河北、江苏、安徽、山东、河南、湖北等6个主产省。执行期限为2011年5月21日至9月30日。

5月30日，国家粮食局印发《关于切实做好2011年食品安全宣传周活动的通知》。通知要求：紧紧围绕宣传周“人人关心食品安全，家家享受健康生活”的主题，做好粮食质量安全宣传工作；积极参与本地区食品安全宣传周活动；认真开展粮食质量安全“进社区、进学校、进农村、进企业”活动。

5月31日，重点联系成品粮批发市场会议在辽宁省沈阳市召开。会议交流了各重点联系成品粮批发市场2010年以来的经营发展情况，总结了市场建设发展的经验，探讨了发展趋势，研究了当前面临的困难和问题，提出了成品粮批发市场发展的思路。会议还专题讨论修改了《粮食批发市场管理办法（征求意见稿）》，并对进一步完善国家粮食局重点联系成品粮批发市场制度提出了意见。

六月

6月15日，全国放心粮油进农村进社区经验交流会在天津召开。会议总结交流了十年来实施放心粮油工程、推进放心粮油进农村进社区的经验和做法，研究部署在新形势下进一步做好这项工作的办法和措施，并为第二批放心粮油示范企业和信用评价试点企业授牌。聂振邦、张桂凤同志出席会议。

6月17日，国家粮食局在京召开粮食质量安全专题新闻通气会，向媒体通报粮食部门近年来粮食质量安全工作开展情况及取得的成效，以及粮食行业教育培训、政策性粮食收购和销售质量把关、粮食收购环节质量安全保障制度、粮食流通监督检查、粮食仓储管理和农户科学储粮、粮食收获和库存粮食质量安全状况、“放心粮油”工程实施情况。曾丽瑛同志主持了通气会。

6月21～29日，根据全国食用植物油库存检查工作总体安排，国家发展改革委、财政部、国家粮食局等有关部门派出8个联合抽查工作组，对上海、江苏、安徽、山东、湖北、广东、四川、陕西等8个重点省份食用植物油库存情况进行了抽查。共抽查了26个地（市）的50个政策性油脂储存库点，检查库存油脂106.9万吨；扦取样品165份，代表数量43万吨。

6月23日，国家粮食局局长聂振邦和副局长吴子丹在国家粮食局科学研究院会见了来访的日本佐竹公司常务副社长、董事福森武一行，并出席国家粮食局科学研究院与日本佐竹公司《科技合作框架协议》签字仪式。吴子丹副局长和佐竹公司福森武常务副社长分别在签字仪式上致辞。国家粮食局科学研究院任保中副院长和佐竹公司福森武常务副社长分别代表院和公司在《科技合作框架协议》文本上签字。新的科技合作协议的签订，预示着中日两国在粮食科技领域的交流与合作进入了一个新的阶段。

七月

7月1日，国家粮食局召开庆祝中国共产党成立90周年大会。聂振邦、任正晓、张桂凤、曾丽瑛、吴子丹等局领导与局机关和直属联系单位全体干部职工、部分离退休党员400余人欢聚一堂，隆重庆祝中国共产党成立90周年。大会表彰了8个先进基层党组织、26名优秀共产党员、19名优秀党务工作者和1名巾帼建功先进个人。24名新党员进行了入党宣誓。

7月1日，国家发展改革委、国家粮食局等6部门联合印发2011年早籼稻最低收购价执行预案。《预案》规定：2011年早籼稻最低收购价每市斤1.02元。执行区域为安徽、江西、湖北、湖南、广西等5省（区）。执行期限为2011年7月16日至9月30日。

7月4日，全国人大常委会委员、农业与农村委员会主任委员王云龙、副主任委员孙文盛、尹成杰、刘振伟和全国人大农业与农村委员会委员包克辛等一行15人赴北京调研粮食工作，听取地方政府和企业对《粮食法》立法工作的意见和建议。调研组考察了北京市粮油食品检验所，了解粮油食品质量标准及检测情况，又实地考察北京古船食品有限公司。考察结束后，调研组听取北京市粮食局、京粮集团的工作汇报和对《粮食法》的有关意见、建议。聂振邦、任正晓同志陪同参加了调研。

7月7日，部分省区粮食安全生产工作会议在吉林省延吉市召开。会议传达了国务院有关文件精神和全国安全生产工作会议精神，通报了近期发生的几起典型事故案例。江西、四川两省的代表介绍了本地区安全生产监管工作经验。会议要求各地区各单位牢固树立安全发展理念，严格制度、严格管理、严格考核。会议达到了统一思想、提高认识、明确目标、落实责任、强化管理的目的。吴子丹同志出席会议并讲话。

7月12日，科技部、农业部、财政部和国家粮食局共同召开“十二五”粮食丰产科技工程启动会议。吴子丹副局长代表国家粮食局出席会议，并与9个粮食主产省副省长签署了“十二五”国家粮食丰产科技工程分省实施协议。国家粮食局在粮食产后减损领域，先后在1000多个大型粮库中开发和推广了以粮情计算机测控、智能机械通风、低剂量环流熏蒸和高效谷物冷却低温储粮等技术为核心的“四合一”储粮新技术集成创新，减少储粮损耗1600多万吨。

7月14～17日，全国人大常委会委员、农业与农村委员会主任委员王云龙、副主任委员尹成杰等赴黑龙江调研粮食工作，听取地方政府、企业、种粮农民对《粮食法》立法工作的意见和建议。任正晓同志陪同参加调研。

7月19日，国家粮食局在福建省厦门市召开早籼稻收购工作座谈会。会议对早籼稻收购工作作出具体部署：一是正确把握形势，积极稳妥做好今年早籼稻收购工作。二是认真落实早籼稻最低收购价政策，切实保护种粮农民利益。三是发挥国有粮食企业主渠道作用，引导各类粮食企业理性入市收购，切实维护粮食市场稳定。四是提前做好仓容、器材等准备工作，保证收购需要，确保粮食储存安全。五是要密切关注粮食市场形势变化，及时跟踪掌握收购进展情况。六是加大监督检查力度，规范收购市场秩序。曾丽瑛同志出席会议并讲话。

7月19～20日，国家粮食局在陕西省西安市召开全国粮食政策法规工作座谈会。会议内容是：深入贯彻落实全国粮食局长会议精神，总结一年来的全国粮食政策法规工作，研究讨论下一阶段的粮食政策法规工作的总体思路。聂振邦同志出席会议并讲话。会议期间，局长聂振邦与陕西省委书记、人大常委会主任赵乐际就粮食流通工作进行了商谈；与陕西省委常委、常务副省长娄勤俭就加强粮食流通工作等问题交换了意见。

7月21日，国家粮食局局长聂振邦会见了来访的阿根廷农牧渔业部胡立安　多明戈斯部长一行。双方一致认为，在已有中国国家粮食局科学研究院和阿根廷农牧业技术研究院前期合作备忘录基础上，切实加强粮油科技领域具体项目合作。

八月

8月22日，国家粮食局发布河北、山西、江苏、安徽、河南、山东、湖北、四川、陕西9省小麦质量调查会检报告和湖北、四川、湖南、安徽、江苏、江西6省油菜籽质量调查会检报告。9省共采集检验小麦样品1954份，样品覆盖92个市的421个县。6省共采集油菜籽样品185份，涉及6省34市的76个主产县（区）。

8月23日，部分省区市粮食局机关党建工作座谈会在黑龙江省哈尔滨市召开。会议认真学习贯彻胡锦涛总书记“七一”重要讲话精神，交流了开展创先争优活动、加强学习型党组织建设、促进机关党建的经验和做法，对深入开展创先争优活动的重点难点问题进行了探讨。张桂凤同志围绕如何深入学习贯彻胡总书记重要讲话，提高机关党建科学化水平作了讲话。

九月

9月5日，国家发展改革委、财政部、农业部、国家粮食局、农业发展银行、中储粮总公司联合印发2011年中晚稻最低收购价执行预案。执行本预案的中晚稻主产区为辽宁、吉林、黑龙江、江苏、安徽、江西、河南、湖北、湖南、广西、四川11省（区）。中晚籼稻最低收购价每市斤1.07元，粳稻最低收购价每市斤1.28元，以2011年生产的国标三等中晚稻为标准品，具体质量标准按稻谷国家标准（GB1350—2009）执行。执行最低收购价的中晚稻为2011年生产的等内品。相邻等级之间等级差价按每市斤0.02元掌握。

9月7日，中晚稻收购工作座谈会在江苏省南京市召开。会议对2011年中晚稻收购工作作出具体部署：一是正确把握形势，积极稳妥地做好中晚稻收购工作。二是认真落实中晚稻最低收购价政策，保护种粮农民利益。三是发挥国有粮食企业主渠道作用，引导各类企业理性入市收购，维护好粮食市场秩序。四是提前做好仓容、器材等准备工作，保证粮油收购需要和储存安全。五是密切关注粮食市场形势变化，及时跟踪掌握收购进展情况。六是加大监督检查力度，规范收购市场秩序。七是要认真落实各项调控措施，保证市场供应和价格基本稳定。聂振邦同志出席会议并讲话。

9月9日，国家粮食局发布江西、湖南、广东、广西、湖北、安徽6省早籼稻质量调查会检报告。6省共采集检验早籼稻样品554份，样品覆盖60市183县。全部样品检测结果表明：与上年相比，南方6省早籼稻整体质量有所提高。出糙率平均值77.5%。符合国家中等（三等）以上要求的比例占89%，较上年提高2个百分点。未发现真菌毒素超标样品。江西、湖南、广西、湖北整体质量正常，安徽中等以上比例较低，广东整体质量为近年来最低。

9月15～16日，全国食用植物油库存检查工作座谈会在江西省井冈山市召开。会议全面回顾总结了2011年全国食用植物油库存检查工作，深入分析粮食流通工作面临的形势，就进一步做好粮食流通监督检查工作提出了要求。据统计，这次油脂库存大检查共培训专业人员8692名，抽调检查人员10923人次，普查政策性储油库点1693个，摸底调查非政策性油脂企业3550家。任正晓同志出席会议并讲话。

9月20日，由国家粮食局发展交流中心和教育部基础教育一司共同组织的全国中小学爱粮节粮教育社会实践基地建设座谈会在湖南省长沙市召开。为贯彻党中央、国务院有关文件精神，进一步落实《国家中长期教育改革和发展规划纲要（2010～2020年）》和《国务院办公厅关于进一步加强节约粮食反对浪费工作的通知》精神，教育部、国家粮食局决定依托国有大型产粮基地，粮食加工、仓储、物流企业，粮食院校、科研机构、粮食检化验等机构，建立“中小学爱粮节粮教育社会实践基地”。张桂凤同志出席会议并讲话。

9月28日，为保护农民种粮积极性，进一步促进粮食生产发展，国家继续在小麦主产区实行最低收购价政策，并适当提高2012年最低收购价水平。经报请国务院批准，2012年生产的白小麦（三等，下同）、红小麦和混合麦最低收购价均提高到每50公斤102元，比2011年分别提高7元、9元和9元。

十月

10月13～14日，第十一届中国国际粮油产品及设备技术展览会在浙江省宁波市举办。来自国内28个省（区、市）、计划单列市以及日本、瑞士、意大利、韩国等国家的800余家粮油粮机企业参加了展览会。据组委会统计，展会期间各类参展企业共实现成交金额41.66亿元，比上届展会增长5.1%。其中粮油产品交易总量88.18万吨，交易金额39.39亿元，与上年基本持平；粮机设备产品交易总量1720台套，交易金额2.14亿元，分别比上年增长了2.6倍和3.3倍。全国粮食系统爱粮节粮反对浪费工作经验交流会、全国粮食行业院校人才培养成果展示暨人才供需见面会、全国粮食行业职业院校校长座谈会、中日稻谷适度加工与营养、品质、节能研讨会等活动与展会同期举行。张桂凤、曾丽瑛同志出席展会。

10月16日，由农业部、教育部、国家粮食局和联合国粮农组织共同主办的“2011年世界粮食日——烛光守夜暨全国爱粮节粮宣传周”活动在浙江省宁波市举办。围绕“粮食价格，走出危机、实现稳定”的宣传主题，参加活动的领导、嘉宾和来自宁波市的400余名工人、农民、学生、解放军战士以及社区居民代表一起，点燃了在宁波国际会展中心前广场精心布置的蜡烛，并在爱粮节粮长卷上郑重签下了自己的名字，共同为全世界9亿多仍在忍受饥饿的人口守夜祈福。国家粮食局副局长张桂凤和联合国粮农组织驻华代表杰西　米西卡一起为首任中国“世界粮食日”和“全国爱粮节粮宣传周活动”形象大使张国立先生颁发了聘书，并和出席活动的其他嘉宾一起为部分省市中小学生爱粮节粮征文比赛获奖学生代表颁发了由联合国粮农组织驻华代表亲笔签名的奖状、奖牌。

10月19日，国家粮食局召开党组扩大会议，传达学习贯彻党的十七届六中全会精神和胡锦涛总书记的重要讲话，研究落实会议精神的措施，部署做好粮食流通保障市场供给工作。会议研究提出四季度和2012年做好粮食流通工作的总体要求：一是认真学习贯彻六中全会精神，进一步加强粮食调控和保障市场供给工作，为保持我国经济平稳较快发展作出积极贡献。二是集中力量抓好秋粮收购，重点抓好东北地区的玉米、粳稻，华北、黄淮地区的玉米，长江流域及以南地区的中晚稻收购。三是根据宏观调控需要和市场价格情况，继续安排好政策性粮食竞价销售，掌握好节奏和力度，保证市场供应和价格基本稳定。四是调整优化中央储备粮地区布局和品种结构。五是严格实施控制玉米深加工过快发展政策，保证玉米供应和价格基本稳定。加大物流和仓储设施建设力度，确保粮食流通顺畅。六是继续做好粮食流通监督检查，进一步加强粮食质量安全检验监测体系建设，确保库存粮食质量和卫生安全。

10月25日至11月3日，根据国务院食品安全委员会的统一安排部署，国家粮食局副局长任正晓带领由国务院有关部门共同组成的食品安全工作第七督查组先后赴吉林、黑龙江、辽宁3省督促检查食品安全工作。督查组严格按照国务院食安办确定的督查工作方案，分别听取了吉林市、黑龙江、辽宁省政府关于近年来食品安全工作的情况汇报，核查了有关文件档案资料，深入吉林省长春市、辽源市，黑龙江省哈尔滨市、绥化市和辽宁省沈阳市、鞍山市及其所辖的13个县市区，实地明查暗访了62个食品生产经营企业和监管执法机构，共召开8个专题座谈会，并走访了街道、社区，认真听取消费者的意见和建议。督查组分别向三省政府反馈了督查情况与意见。

10月27～28日，全国粮食流通基础设施建设工作会议在广西壮族自治区南宁市召开。会议分析了当前面临的新形势新任务，研究部署"十二五"粮食流通基础设施建设重点工作。会议期间，吴子丹同志分别与广西壮族自治区党委副书记陈际瓦、自治区人民政府副主席陈章良就有关粮食流通工作交换了意见。

10月31日，为进一步充实旱灾地区粮食库存，保证市场供应和价格稳定，国家发展改革委、国家粮食局、财政部、铁道部、农发行和中储粮总公司联合印发通知，下达2011年第二批国家政策性粮食跨省移库计划100万吨，其中稻谷55万吨，小麦45万吨。调出地区为江苏、江西、安徽、河南、湖北、新疆等地，调入地区为贵州、广西、重庆、四川、云南、甘肃等受旱灾严重的地区。

十一月

11月1日，2011版《小麦—规格》国际标准（ISO7970：2011 Wheat—Specification ）正式发布。《小麦—规格》国际标准是我国首次作为项目承担国承担修订任务的粮食行业国际标准。小麦规格国际标准的发布，标志着我国继承担国际标准化组织谷物与豆类分委员会秘书处工作以来，实质性地参与国际标准化工作又迈出了新的一步。

11月3日，国家粮食局召开了防治"小金库"长效机制建设工作会议。会议部署：一是继续加强思想教育，从观念上杜绝小金库的产生；二是加强收入管理，杜绝资金账外循环；三是加强支出管理，防止虚列支出；四是加强资产管理，防止形成账外资产；五是强化监督，将防治"小金库"与预防腐败和党风廉政建设工作紧密结合。

11月6～7日，由教育部、国家发展改革委、科技部、财政部、人力资源和社会保障部、水利部、农业部、国家林业局和国家粮食局等9部门联合召开的"全国加快发展面向农村的职业教育工作会议"在陕西省西安市召开。大会专门举行了"全国示范性粮食行业职业教育集团成立签约仪式"，中粮集团与安徽、四川、黑龙江、江西、河南、陕西等省6所粮食职业教育院校签订了合作办学协议。任正晓同志出席会议并发言。

11月8日，中央决定：赵中权同志任中央纪委驻国家粮食局纪检组组长、国家粮食局党组成员，免去杨兵同志中央纪委驻国家粮食局纪检组组长、国家粮食局党组成员职务，退休。

11月9～10日，全国粮食流通监督检查行政执法培训班在浙江省杭州市举办。来自各省、自治区、直辖市及部分地（市）、县（市）粮食行政管理部门的监督检查人员和业务骨干参加了这次集中培训。培训班上，国务院法制办的专家，国家粮食局监督检查司、调控司有关负责同志和业务骨干以及有关省粮食局的负责同志，就行政执法的基本理论与实务、国家粮油购销政策、粮油库存管理与检查、粮食监督检查行政执法实务及执法案例分析等进行了课堂讲授。培训结束前还组织了结业考试并对考试合格人员颁发了结业证书。

11月12日，由农业部、国家粮食局、浙江省人民政府和中国农业技术推广协会共同主办的“第十届中国优质稻米博览交易会、第三届中国（衢州）农博会粮交会”在浙江省衢州市召开。第三届中国（衢州）农博会粮交会与第十届中国优质稻米博览交易会三会合一，同期同地举办，是这次会展活动的探索和创新，这种形式有利于整合资源，从大粮食、大农业的角度出发，深化产销对接，探索粮食交易模式创新，推动粮食物流现代化，是推动粮食流通产业科学发展的重要举措。张桂凤同志出席会议并致辞。

11月16日，第13届中国国际高新技术成果交易会开幕仪式在深圳市举行。本届高交会以“发展新一代信息技术，加快经济社会信息化”为主题，国家粮食局组织航天信息等单位，设立“感知粮食　粮食安全与信息化支撑”主题展览，突出展示近几年粮库信息化所取得的科研成果。开幕式后，中共中央政治局委员、广东省委书记汪洋，全国人大副委员长、民盟中央主席蒋树声和国家发展改革委副主任张晓强等同志视察了国家粮食局的展览展位。

11月16日，玉米购销工作座谈会在黑龙江省哈尔滨市召开。会议部署：一是要正确把握形势，积极稳妥做好玉米收购工作，确保收购工作平稳有序进行；二是认真落实好秋粮收购各项政策措施，坚持以稳为主的原则，切实规范粮食收购活动，保持农产品价格合理水平；三是发挥国有粮食企业主渠道作用，引导各类企业理性入市收购，维护好粮食市场秩序；四是提前做好仓容、器材等准备工作，保证粮油收购需要和储存安全；五是密切关注粮食市场形势变化，及时跟踪掌握收购进展情况，妥善解决好收购资金问题；六是加强对粮食收购等政策落实情况的监督检查，维护市场秩序。曾丽瑛同志主持会议并讲话。

11月18日，粮食物联网技术示范应用合作签约暨粮食信息化示范单位授牌仪式在深圳高交会会展中心举行。会上，江苏省粮食局与航天信息股份有限公司举行了粮食物联网技术示范应用合作协议签约仪式；会议宣读了《国家粮食局关于确定江苏常州城北国家粮食储备库和江苏无锡粮食科技物流中心为粮食信息化示范单位的通知》，并为江苏常州城北国家粮食储备库和无锡粮食科技物流中心颁发了牌匾。吴子丹同志出席仪式，并为首批粮食信息化示范单位授牌。

11月23日，国家发展改革委、国家粮食局、财政部联合印发《农户科学储粮专项管理办法》。该办法是根据《国务院关于当前稳定农业发展促进农民增收的意见》精神，依据《“十二五”农户科学储粮专项建设规划》要求，在总结专项建设经验的基础上制定的。该办法旨在加强农户科学储粮专项管理，规范项目建设行为，更好地实施农户科学储粮专项，保障国家粮食安全，促进农民增收和社会主义新农村建设。

11月28日，经国务院批准，国家发展改革委、国家粮食局、财政部、中国农业发展银行联合下发《关于2011年国家临时存储大豆收购等有关问题的通知》，继续安排在内蒙古、辽宁、吉林、黑龙江等省、自治区实行大豆临时收储政策。通知明确，国家临时存储大豆挂牌收购价格（国标三等质量标准）为2.00元/斤，相邻等级之间差价按每市斤0.02元掌握；收购期限为2011年11月23日至2012年4月30日；收购入库的大豆为2011年国产新大豆，符合国标等内品质量标准。

11月30日，为进一步促进粮食流通领域的国际交流与合作，国家粮食局外事司、流通与科技发展司、科学研究院组织部分外国粮食机构和跨国公司驻华代表参观了科学研究院的实验室。参加此次活动的21位代表来自美国、加拿大等10个国家的15个外国粮食机构和跨国公司。代表们参观了国家粮食局科学研究院的粮油增值加工技术、粮油质量安全检测技术、粮油储藏技术等实验室，以及国家粮食局粮油质量检验测试中心。吴子丹同志会见了各国机构和企业代表。

十二月

12月2日，国家统计局发布关于2011年粮食产量数据的公告：2011年全国粮食播种面积110572千公顷，比2010年增加696千公顷，增长0.6%。2011年全国粮食单位面积产量5166公斤/公顷，比2010年增加192公斤/公顷，提高3.9%。2011年全国粮食总产量57121万吨（11424亿斤），比2010年增产2473万吨（495亿斤），增长4.5%。我国粮食产量实现“八连增”。

12月2日，江苏省人民政府、国家粮食局共建南京财经大学协议签字仪式在江苏省南京市举行，江苏省人民政府省长李学勇、国家粮食局局长聂振邦出席仪式并分别代表双方签署了共建协议。江苏省副省长曹卫星、国家粮食局副局长吴子丹在签字仪式上讲话。仪式由江苏省人民政府秘书长毛伟明主持。国家粮食局和江苏省相关部门领导、南京财经大学党政领导及师生代表共同见证了签字仪式。

12月5～6日，全国粮食系统办公室主任会议在海南省海口市召开。这次会议的主题是深入贯彻落实全国粮食局长会议精神，研究推进粮食信息化建设工作，交流探讨做好新形势下全国粮食系统办公室工作。会议通报了“金宏”、“金农”两项工程的建设进展情况，并对2012年的信息化工作作了部署和安排。

12月9日，由国家粮食局主办，中国粮食行业协会和武汉工业学院共同承办的首期全国农村粮油购销员（粮食经纪人）师资培训班在湖北省武汉市开班。此次培训班邀请了行业内权威专家授课，主要对学员进行粮食经纪人执业道德规范、粮油商品基础知识、服务规程及相关法律法规方面的培训。来自全国各省（区、市）和有关中央企业的71名学员参加了为期6天的学习。

12月10日，国家粮食局与河南省人民政府在北京就支持中原经济区建设加快现代粮食流通产业发展战略合作协议举行签字仪式。国家粮食局局长聂振邦、河南省省长郭庚茂分别代表双方签署合作协议。国家粮食局副局长任正晓、河南省副省长刘满仓分别致辞。国家粮食局副局长曾丽瑛、吴子丹以及相关单位和河南省有关部门负责同志出席签字仪式。协议重点围绕“增强国家在河南省的粮食宏观调控能力、建立和完善粮食调出利益补偿机制、共同促进粮油工业特别是主食产业发展、大力发展粮食现代物流、支持粮食流通基础设施建设、促进粮食产业转型升级、努力推进科技创新、加快粮食质量检验检测体系建设”等8个方面开展合作，共同推进河南省现代粮食流通产业发展，支持河南省为保障国家粮食安全做出新的更大贡献。

12月12日，全国粮食行业高层次专业技术人才研修班在全国粮食行业（郑州）教育培训基地开班。本期研修班由国家粮食局主办、全国粮食行业（郑州）教育培训基地承办，是国家粮食局自成立以来首次举办的此类研修班。学员均是由各省（区、市）和有关中央企业推荐的本地区、本单位优秀的专业技术人才。研修班历时5天，邀请了全国知名的科研管理专家和有关院士前来授课，并安排学员进行科研考察和交流研讨。吴子丹同志出席开班仪式并讲话。

12月14日，国家发展改革委、国家粮食局、财政部、中国农业发展银行联合下发《关于2011年国家临时存储玉米收购等有关问题的通知》，部署国家临时存储玉米收储工作。通知明确，国家临时存储玉米挂牌收购价格（国标三等质量标准）为：内蒙古、辽宁1.00元/斤，吉林0.99元/斤，黑龙江0.98元/斤，相邻等级之间差价按每市斤0.02元掌握；收购期限为2011年12月14日至2012年4月30日；收购入库的玉米为2011年国产新玉米，符合国标等内品质量标准。

12月15日，国家发展改革委、国家粮食局、财政部联合发出《关于做好2012年元旦和春节期间粮油市场供应等工作的通知》，安排部署粮油保供稳价工作。通知要求：一要高度重视当前粮油市场保供稳价工作。二要保证节日期间粮油市场供应。三要加强粮食产销合作和跨省移库。四要加强市场监测适时投放储备。五要充实成品粮油储备做好应急准备。六要积极做好粮食收购工作。七要加强市场监管正确引导舆论。

12月19日，教育部、国家粮食局联合印发《首批全国中小学爱粮节粮教育社会实践基地名单的通知》。经各地教育行政部门和粮食部门推荐，教育部和国家粮食局联合组织专家评审和实地考察验收，确定湖南粮食集团有限责任公司、金雁粮食购销有限公司、沈阳香雪面粉股份有限公司、宿迁市粮食物流发展有限公司、安徽粮食工程职业学院、河南省谷物储贸有限公司、湖北粮油食品质量监测站、湖北粮油储备公司直属库、西藏拉萨国家粮食储备库、米全粮油购销有限公司等10家单位为首批全国中小学爱粮节粮教育社会实践基地。

12月23日，国家发展改革委召开第82次委主任办公会，对《粮食法（草案）》进行审议并原则通过。《粮食法（草案）》起草工作领导小组工作组汇报了草案起草工作情况。聂振邦、任正晓同志出席会议。

12月26日，国务院在北京人民大会堂举行全国粮食生产表彰奖励大会。中共中央政治局常委、国务院总理温家宝出席大会。会议对全国200个产粮大县、300名突出贡献农业科技人员、300名种粮售粮大户和100名先进工作者给予表彰，对粮食生产工作成绩突出的省级人民政府给予通报表扬。会议强调，要把发展粮食生产摆在经济社会发展的突出位置，进一步强化粮食和农业基础设施建设，持续增加农业补贴资金，持续提高粮食最低收购价，持续加大产粮大县奖励力度，切实让重农抓粮者、支农兴粮者、务农种粮者政治上有荣誉、经济上有实惠、工作上有动力，充分调动各方面积极性，确保粮食生产长期稳定发展。

12月28日，国家发展改革委、国家粮食局联合印发《粮食行业"十二五"发展规划纲要》（以下简称《纲要》）。纲要指出"十二五"时期粮食行业的主要任务是：深化一项改革，健全六大体系，重点建设六大工程。深化一项改革，即继续深化粮食流通体制改革；健全六大体系，即健全粮食宏观调控体系，粮食仓储物流体系，粮油加工体系，粮食市场体系，粮食科技创新体系，粮食监管和标准质量检验监测体系；重点建设六大工程，即粮食仓储设施工程、粮库仓房维修改造工程、粮食现代物流工程、农户科学储粮专项工程、粮油加工业升级工程、粮食质量安全监测体系工程等。

二 粮食行业统计资料

1.全国主要农作物播种面积（1978～2011年）

2.全国主要农作物产量(1978～2011年)

3.全国主要农作物单位面积产量(1978～2011年)

4.各地区粮食播种面积（2010～2011年）

5.各地区粮食总产量（2010～2011年）

6.各地区粮食单位面积产量（2010～2011年）

7.2011年各地区粮食及油料播种面积和产量

8.农产品生产价格指数（2005～2011年）

9.居民消费价格指数（2005～2011年）

10.人均主要农业产品产量（1978～2011年）

11.粮食成本收益变化情况表（1991～2011年）

12.全国国有粮食企业主要粮食品种收购量（1978～2011年）

13.全国国有粮食企业主要粮食品种销售量（1978～2011年）

14.全国粮油进口情况表（1992～2011年）

15.全国粮油出口情况表（1992～2011年）

16.2011年粮食行业机构与从业人员情况年报表

1.全国主要农作物播种面积（1978～2011年）

单位：千公顷

年 份	粮食					油料
		稻谷	小麦	玉米	大豆	
1978	120587	34421	29183	19961	7144	6222
1979	119263	33873	29357	20133	7247	7051
1980	117234	33878	28844	20087	7226	7928
1981	114958	33295	28307	19425	8024	9134
1982	113462	33071	27955	18543	8419	9343
1983	114047	33136	29050	18824	7567	8390
1984	112884	33178	29576	18537	7286	8678
1985	108845	32070	29218	17694	7718	11800
1986	110933	32266	29616	19124	8295	11415
1987	111268	32193	28798	20212	8445	11181
1988	110123	31987	28785	19692	8120	10619
1989	112205	32700	29841	20353	8057	10504
1990	113466	33064	30753	21401	7560	10900
1991	112314	32590	30948	21574	7041	11530
1992	110560	32090	30496	21044	7221	11489
1993	110509	30355	30235	20694	9454	11142
1994	109544	30171	28981	21152	9222	12081
1995	110060	30744	28860	22776	8127	13102
1996	112548	31406	29611	24498	7471	12555
1997	112912	31765	30057	23775	8346	12381
1998	113787	31214	29774	25239	8500	12919
1999	113161	31283	28855	25904	7962	13906
2000	108463	29962	26653	23056	9307	15400
2001	106080	28812	24664	24282	9482	14631
2002	103891	28202	23908	24634	8720	14766
2003	99410	26508	21997	24068	9313	14990
2004	101606	28379	21626	25446	9589	14431
2005	104278	28847	22793	26358	9591	14318
2006	104958	28938	23613	28463	9304	11738
2007	105638	28919	23721	29478	8754	11316
2008	106793	29241	23617	29864	9127	12825
2009	108986	29627	24291	31183	9190	13652
2010	109876	29873	24257	32500	8516	13890
2011	110573	30057	24270	33542	7889	13855

数据来源：国家统计局统计资料。其中粮食一项不包括杂粮等其他作物。

2.全国主要农作物产量（1978～2011年）

单位：万吨

年 份	粮食	稻谷	小麦	玉米	大豆	油料
1978	30476.5	13693.0	5384.0	5594.5	756.5	521.8
1979	33211.5	14375.0	6273.0	6003.5	746.0	643.5
1980	32055.5	13990.5	5520.5	6260.0	794.0	769.1
1981	32502.0	14395.5	5964.0	5920.5	932.5	1020.5
1982	35450.0	16159.5	6847.0	6056.0	903.0	1181.7
1983	38727.5	16886.5	8139.0	6820.5	976.0	1055.0
1984	40730.5	17825.5	8781.5	7341.0	969.5	1191.0
1985	37910.8	16856.9	8580.5	6382.6	1050.0	1578.4
1986	39151.2	17222.4	9004.0	7085.6	1161.4	1473.8
1987	40297.7	17426.2	8590.2	7924.1	1246.5	1527.8
1988	39408.1	16910.7	8543.2	7735.1	1164.5	1320.3
1989	40754.9	18013.0	9080.7	7892.8	1022.7	1295.2
1990	44624.3	18933.1	9822.9	9681.9	1100.0	1613.2
1991	43529.3	18381.3	9595.3	9877.3	971.3	1638.3
1992	44265.8	18622.2	10158.7	9538.3	1030.4	1641.2
1993	45648.8	17751.4	10639.0	10270.4	1530.7	1803.9
1994	44510.1	17593.3	9929.7	9927.5	1599.9	1989.6
1995	46661.8	18522.6	10220.7	11198.6	1350.2	2250.3
1996	50453.5	19510.3	11056.9	12747.1	1322.4	2210.6
1997	49417.1	20073.5	12328.9	10430.9	1473.2	2157.4
1998	51229.5	19871.3	10972.6	13295.4	1515.2	2313.9
1999	50838.6	19848.7	11388.0	12808.6	1424.5	2601.2
2000	46217.5	18790.8	9963.6	10600.0	1540.9	2954.8
2001	45263.7	17758.0	9387.3	11408.8	1540.6	2864.9
2002	45705.8	17453.9	9029.0	12130.8	1650.5	2897.2
2003	43069.5	16065.6	8648.8	11583.0	1539.3	2811.0
2004	46946.9	17908.8	9195.2	13028.7	1740.1	3065.9
2005	48402.2	18058.8	9744.5	13936.5	1634.8	3077.1
2006	49804.2	18171.8	10846.6	15160.3	1508.2	2640.3
2007	50160.3	18603.4	10929.8	15230.0	1272.5	2568.7
2008	52870.9	19189.6	11246.4	16591.4	1554.2	2952.8
2009	53082.1	19510.3	11511.5	16397.4	1498.2	3154.3
2010	54647.7	19576.1	11518.1	17724.5	1508.3	3230.1
2011	57120.8	20100.1	11740.1	19278.1	1448.5	3306.8

数据来源：国家统计局统计资料。其中粮食一项不包括杂粮等其他作物。

3.全国主要农作物单位面积产量（1978～2011年）

单位：公斤／公顷

年 份	粮食					油料
		稻谷	小麦	玉米	大豆	
1978	2527.3	3978.1	1844.9	2802.7	1059.0	838.6
1979	2784.7	4243.8	2136.8	2981.9	1029.4	912.7
1980	2734.3	4129.6	1913.9	3116.4	1098.8	970.0
1981	2827.3	4323.7	2106.9	3047.9	1162.2	1117.2
1982	3124.4	4886.3	2449.3	3265.9	1072.6	1264.8
1983	3395.7	5096.1	2801.7	3623.3	1289.8	1257.4
1984	3608.2	5372.6	2969.1	3960.3	1330.6	1372.5
1985	3483.0	5256.3	2936.7	3607.2	1360.5	1337.7
1986	3529.3	5337.6	3040.2	3705.1	1400.2	1291.1
1987	3621.7	5413.1	2982.9	3920.6	1476.0	1366.5
1988	3578.6	5286.7	2968.0	3928.1	1434.1	1243.3
1989	3632.2	5508.5	3043.0	3877.9	1269.3	1233.1
1990	3932.8	5726.1	3194.1	4523.9	1455.1	1479.9
1991	3875.7	5640.2	3100.5	4578.3	1379.5	1421.0
1992	4003.8	5803.1	3331.2	4532.7	1427.0	1428.4
1993	4130.8	5847.9	3518.8	4963.0	1619.1	1619.0
1994	4063.2	5831.1	3426.3	4693.4	1734.9	1646.9
1995	4239.7	6024.8	3541.5	4916.9	1661.4	1717.6
1996	4482.8	6212.4	3734.1	5203.3	1770.2	1760.7
1997	4376.6	6319.4	4101.9	4387.3	1765.1	1742.5
1998	4502.2	6366.2	3685.3	5267.8	1782.5	1791.0
1999	4492.6	6344.8	3946.6	4944.7	1789.2	1870.5
2000	4261.2	6271.6	3738.2	4597.5	1655.7	1918.7
2001	4266.9	6163.3	3806.1	4698.4	1624.8	1958.1
2002	4399.4	6189.0	3776.5	4924.5	1892.9	1962.0
2003	4332.5	6060.7	3931.8	4812.6	1652.9	1875.2
2004	4620.5	6310.6	4251.9	5120.2	1814.8	2124.6
2005	4641.6	6260.2	4275.3	5287.3	1704.5	2149.2
2006	4745.2	6279.6	4593.4	5326.3	1620.9	2249.3
2007	4748.3	6433.0	4607.7	5166.7	1453.7	2270.0
2008	4950.8	6562.5	4762.0	5555.7	1702.8	2302.3
2009	4870.6	6585.3	4739.0	5258.5	1630.2	2310.5
2010	4973.6	6553.0	4748.4	5453.7	1771.2	2325.6
2011	5165.9	6687.3	4837.2	5747.5	1836.3	2386.7

数据来源：国家统计局统计资料。其中粮食一项不包括杂粮等其他作物。

4.各地区粮食播种面积（2010~2011年）

单位：千公顷

地 区	2010年	2011年	2011年比2010年增加	
			绝对数	%
全国总计	**109876.1**	**110573.0**	**696.9**	**0.6**
东部地区	24841.1	24899.6	58.5	0.2
中部地区	32112.4	32421.0	308.6	1.0
西部地区	33796.4	34034.7	238.3	0.7
东北地区	19126.2	19217.8	91.5	0.5
北 京	223.5	209.4	-14.1	-6.3
天 津	311.8	310.8	-1.0	-0.3
河 北	6282.2	6286.1	3.9	0.1
山 西	3239.2	3287.9	48.6	1.5
内蒙古	5498.7	5561.5	62.8	1.1
辽 宁	3179.3	3169.8	-9.5	-0.3
吉 林	4492.2	4545.1	52.8	1.2
黑龙江	11454.7	11502.9	48.2	0.4
上 海	179.2	186.3	7.2	4.0
江 苏	5282.4	5319.2	36.8	0.7
浙 江	1275.8	1254.1	-21.7	-1.7
安 徽	6616.4	6621.5	5.1	0.1
福 建	1232.3	1226.8	-5.5	-0.4
江 西	3639.1	3650.1	10.9	0.3
山 东	7084.8	7145.8	61.0	0.9
河 南	9740.2	9859.9	119.7	1.2
湖 北	4068.4	4122.1	53.7	1.3
湖 南	4809.1	4879.6	70.5	1.5
广 东	2531.9	2530.4	-1.5	-0.1
广 西	3061.1	3072.8	11.7	0.4
海 南	437.2	430.6	-6.6	-1.5
重 庆	2243.9	2259.4	15.5	0.7
四 川	6402.0	6440.5	38.5	0.6
贵 州	3039.5	3055.6	16.1	0.5
云 南	4274.4	4326.9	52.5	1.2
西 藏	170.2	170.2	0.0	0.0
陕 西	3159.7	3134.9	-24.8	-0.8
甘 肃	2799.8	2833.7	33.9	1.2
青 海	274.5	279.4	4.9	1.8
宁 夏	844.1	852.4	8.4	1.0
新 疆	2028.6	2047.5	18.9	0.9

数据来源：国家统计局统计资料。

5.各地区粮食总产量（2010~2011年）

单位：万吨

地　区	2010年	2011年	2011年比2010年增加	
			绝对数	%
全国总计	**54647.7**	**57120.8**	**2473.1**	**4.5**
东部地区	13869.9	14315.6	445.7	3.2
中部地区	16720.7	17251.7	531.0	3.2
西部地区	14436.4	14776.5	340.1	2.4
东北地区	9620.7	10777.1	1156.4	12.0
北　京	115.7	121.8	6.1	5.3
天　津	159.7	161.8	2.1	1.3
河　北	2975.9	3172.6	196.7	6.6
山　西	1085.1	1193.0	107.9	9.9
内蒙古	2158.2	2387.5	229.3	10.6
辽　宁	1765.4	2035.5	270.1	15.3
吉　林	2842.5	3171.0	328.5	11.6
黑龙江	5012.8	5570.6	557.8	11.1
上　海	118.4	122.0	3.6	3.0
江　苏	3235.1	3307.8	72.7	2.2
浙　江	770.7	781.6	10.9	1.4
安　徽	3080.5	3135.5	55.0	1.8
福　建	661.9	672.8	10.9	1.6
江　西	1954.7	2052.8	98.1	5.0
山　东	4335.7	4426.3	90.6	2.1
河　南	5437.1	5542.5	105.4	1.9
湖　北	2315.8	2388.5	72.7	3.1
湖　南	2847.5	2939.4	91.9	3.2
广　东	1316.5	1361.0	44.5	3.4
广　西	1412.3	1429.9	17.6	1.2
海　南	180.4	188.0	7.7	4.2
重　庆	1156.1	1126.9	−29.2	−2.5
四　川	3222.9	3291.6	68.7	2.1
贵　州	1112.3	876.9	−235.4	−21.2
云　南	1531.0	1673.6	142.6	9.3
西　藏	91.2	93.7	2.5	2.8
陕　西	1164.9	1194.7	29.8	2.6
甘　肃	958.3	1014.6	56.3	5.9
青　海	102.0	103.4	1.4	1.3
宁　夏	356.5	359.0	2.4	0.7
新　疆	1170.7	1224.7	54.0	4.6

数据来源：国家统计局统计资料。

6.各地区粮食单位面积产量（2010~2011年）

单位：公斤/公顷

地　区	2010年	2011年	2011年比2010年增加	
			绝对数	%
全国总计	**4973.6**	**5165.9**	**192.3**	**3.9**
东部地区	5583.5	5749.3	165.9	3.0
中部地区	5206.9	5321.1	114.2	2.2
西部地区	4271.6	4341.6	70.0	1.6
东北地区	5030.1	5607.9	577.8	11.5
北　京	5176.5	5815.7	639.2	12.3
天　津	5123.5	5207.1	83.6	1.6
河　北	4737.0	5047.0	310.0	6.5
山　西	3349.9	3628.5	278.6	8.3
内蒙古	3924.9	4292.9	368.0	9.4
辽　宁	5552.8	6421.5	868.7	15.6
吉　林	6327.6	6976.8	649.3	10.3
黑龙江	4376.2	4842.8	466.6	10.7
上　海	6607.9	6544.5	−63.4	−1.0
江　苏	6124.3	6218.5	94.2	1.5
浙　江	6040.5	6232.2	191.7	3.2
安　徽	4655.8	4735.3	79.5	1.7
福　建	5371.2	5484.2	113.0	2.1
江　西	5371.3	5624.0	252.7	4.7
山　东	6119.7	6194.2	74.5	1.2
河　南	5582.1	5621.3	39.1	0.7
湖　北	5692.2	5794.5	102.3	1.8
湖　南	5921.0	6023.8	102.7	1.7
广　东	5199.5	5378.3	178.8	3.4
广　西	4613.8	4653.5	39.7	0.9
海　南	4125.8	4366.9	241.1	5.8
重　庆	5152.2	4987.6	−164.6	−3.2
四　川	5034.2	5110.8	76.6	1.5
贵　州	3659.5	2869.9	−789.6	−21.6
云　南	3581.8	3867.9	286.1	8.0
西　藏	5360.0	5508.7	148.7	2.8
陕　西	3686.7	3811.0	124.3	3.4
甘　肃	3422.8	3580.5	157.8	4.6
青　海	3715.7	3699.2	−16.5	−0.4
宁　夏	4223.7	4210.9	−12.8	−0.3
新　疆	5771.0	5981.5	210.5	3.6

数据来源：国家统计局统计资料。

7.2011年各地区粮食及油料播种面积和产量（一）

单位：千公顷；万吨；公斤/公顷

地 区	粮 食			稻谷		
	播种面积	总 产 量	每公顷产量	播种面积	总 产 量	每公顷产量
全国总计	**110573.0**	**57120.8**	**5165.9**	**30057.0**	**20100.1**	**6687.3**
东部地区	24899.6	14315.6	5749.3	6576.4	4533.2	6893.2
中部地区	32421.0	17251.7	5321.1	12290.0	8004.5	6513.0
西部地区	34034.7	14776.5	4341.6	6894.3	4371.7	6341.0
东北地区	19217.8	10777.1	5607.9	4296.4	3190.7	7426.4
北 京	209.4	121.8	5815.7	0.2	0.2	6521.7
天 津	310.8	161.8	5207.1	14.2	10.7	7528.1
河 北	6286.1	3172.6	5047.0	83.0	60.2	7248.9
山 西	3287.9	1193.0	3628.5	1.0	0.5	4902.0
内蒙古	5561.5	2387.5	4292.9	90.0	77.9	8657.4
辽 宁	3169.8	2035.5	6421.5	659.6	505.1	7657.7
吉 林	4545.1	3171.0	6976.8	691.2	623.5	9019.9
黑龙江	11502.9	5570.6	4842.8	2945.6	2062.1	7000.7
上 海	186.3	122.0	6544.5	106.1	88.9	8378.6
江 苏	5319.2	3307.8	6218.5	2248.6	1864.2	8290.2
浙 江	1254.1	781.6	6232.2	894.8	649.0	7253.6
安 徽	6621.5	3135.5	4735.3	2230.8	1387.1	6217.8
福 建	1226.8	672.8	5484.2	845.3	514.1	6082.2
江 西	3650.1	2052.8	5624.0	3317.7	1950.1	5877.8
山 东	7145.8	4426.3	6194.2	124.5	104.0	8347.5
河 南	9859.9	5542.5	5621.3	638.0	474.5	7437.3
湖 北	4122.1	2388.5	5794.5	2036.2	1616.9	7941.0
湖 南	4879.6	2939.4	6023.8	4066.3	2575.4	6333.5
广 东	2530.4	1361.0	5378.3	1940.9	1096.9	5651.4
广 西	3072.8	1429.9	4653.5	2078.5	1084.1	5215.7
海 南	430.6	188.0	4366.9	318.6	145.1	4554.9
重 庆	2259.4	1126.9	4987.6	686.5	493.50	7188.8
四 川	6440.5	3291.6	5110.8	2007.9	1527.1	7605.5
贵 州	3055.6	876.9	2869.9	681.5	303.9	4459.8
云 南	4326.9	1673.6	3867.9	1073.5	668.7	6229.2
西 藏	170.2	93.7	5508.7	1.0	0.6	6000.0
陕 西	3134.9	1194.7	3811.0	120.9	84.5	6987.3
甘 肃	2833.7	1014.6	3580.5	0.0	0.0	0.0
青 海	279.4	103.4	3699.2	0.0	0.0	0.0
宁 夏	852.4	359.0	4210.9	83.9	70.8	8429.6
新 疆	2047.5	1224.7	5981.5	70.6	60.6	8590.5

数据来源：国家统计局统计资料。

7.2011年各地区粮食及油料播种面积和产量（二）

单位：千公顷；万吨；公斤/公顷

地　区	小麦			玉米		
	播种面积	总 产 量	每公顷产量	播种面积	总 产 量	每公顷产量
全国总计	**24270.4**	**11740.1**	**4837.2**	**33541.7**	**19278.1**	**5747.5**
东部地区	8408.6	4538.0	5396.9	7029.9	4152.4	5906.8
中部地区	9481.4	4936.2	5206.2	6392.9	3388.9	5301.0
西部地区	6072.5	2157.1	3552.2	10262.6	5361.7	5224.5
东北地区	307.9	108.8	3535.0	9856.2	6375.1	6468.1
北　京	58.1	28.4	4883.0	140.5	90.3	6429.4
天　津	112.3	54.2	4827.6	169.0	94.4	5584.3
河　北	2396.1	1276.1	5325.9	3035.8	1639.6	5401.1
山　西	710.1	240.3	3383.9	1646.7	854.6	5189.7
内蒙古	567.9	170.9	3010.0	2669.6	1632.1	6113.7
辽　宁	6.9	3.7	5362.3	2134.6	1360.3	6372.6
吉　林	3.2	1.3	4213.8	3134.2	2339.0	7462.8
黑龙江	297.8	103.8	3485.4	4587.4	2675.8	5832.9
上　海	59.8	24.1	4031.1	4.2	2.8	6603.3
江　苏	2112.4	1023.2	4843.5	414.3	226.2	5458.6
浙　江	72.6	27.0	3720.0	30.9	14.6	4715.6
安　徽	2383.0	1215.7	5101.6	818.8	362.6	4428.1
福　建	2.8	0.8	2883.4	42.6	16.6	3903.7
江　西	10.9	2.2	2011.0	25.7	10.5	4089.7
山　东	3593.5	2103.9	5854.7	2995.9	1978.7	6604.7
河　南	5323.3	3123.0	5866.6	3025.0	1696.5	5608.3
湖　北	1013.6	344.8	3401.5	549.7	276.2	5024.9
湖　南	40.4	10.2	2524.8	327.1	188.5	5762.8
广　东	1.0	0.3	3000.0	173.1	78.9	4559.6
广　西	1.5	0.2	1418.9	565.9	244.7	4324.6
海　南	0.0	0.0	0.0	23.5	10.3	4375.5
重　庆	138.4	42.4	3063.4	466.9	257.0	5504.0
四　川	1259.3	436.0	3462.2	1363.1	701.6	5147.1
贵　州	257.6	50.4	1955.6	787.8	243.7	3093.6
云　南	437.9	98.9	2257.8	1409.0	598.2	4245.7
西　藏	37.6	24.9	6625.0	4.2	2.8	6626.5
陕　西	1136.7	410.9	3615.0	1177.8	550.7	4675.7
甘　肃	861.6	247.5	2872.6	838.7	425.6	5074.3
青　海	94.0	35.4	3760.5	20.5	15.2	7420.6
宁　夏	202.1	63.0	3116.3	231.1	172.4	7461.1
新　疆	1078.0	576.6	5349.3	728.0	517.7	7110.9

数据来源：国家统计局统计资料。

7.2011年各地区粮食及油料播种面积和产量（三）

单位：千公顷；万吨；公斤/公顷

地 区	大豆			油料		
	播种面积	总 产 量	每公顷产量	播种面积	总 产 量	每公顷产量
全国总计	**7888.5**	**1448.5**	**1836.3**	**13855.1**	**3306.8**	**2386.7**
东部地区	710.0	175.1	2466.0	2520.1	799.9	3174.1
中部地区	1818.7	279.9	1538.9	6064.5	1398.4	2305.9
西部地区	1733.0	339.4	1958.4	4484.8	895.9	1997.5
东北地区	3626.8	654.2	1803.7	785.6	212.6	2705.8
北 京	5.4	1.1	2011.2	4.9	1.4	2852.9
天 津	12.4	1.7	1366.2	2.2	0.7	2960.3
河 北	136.1	29.5	2169.2	453.1	141.8	3128.8
山 西	198.0	16.2	820.0	150.0	18.7	1247.2
内蒙古	687.6	137.2	1995.8	717.0	133.9	1867.2
辽 宁	120.2	34.1	2836.9	392.0	119.8	3054.7
吉 林	304.8	78.8	2584.7	245.1	69.6	2838.5
黑龙江	3201.7	541.3	1690.6	148.6	23.3	1566.4
上 海	3.4	0.9	2674.4	8.6	1.9	2178.4
江 苏	219.7	57.6	2622.1	552.3	144.1	2608.2
浙 江	51.1	14.0	2747.7	196.0	39.9	2033.5
安 徽	885.9	107.5	1213.4	878.3	213.8	2433.7
福 建	62.5	15.3	2441.7	112.5	27.5	2440.3
江 西	95.2	20.7	2178.4	732.4	113.6	1551.0
山 东	156.2	40.6	2599.3	806.7	341.0	4227.0
河 南	445.7	88.0	1975.5	1578.9	532.4	3371.7
湖 北	101.6	23.9	2348.7	1429.6	304.7	2131.5
湖 南	92.3	23.5	2546.0	1295.5	215.3	1661.9
广 东	59.7	13.5	2258.9	343.3	91.9	2676.6
广 西	111.9	20.1	1797.9	202.7	50.1	2473.9
海 南	3.6	0.9	2494.8	40.4	9.9	2458.6
重 庆	95.4	18.7	1955.0	257.1	46.5	1808.9
四 川	225.0	48.0	2133.3	1232.8	278.4	2258.7
贵 州	131.3	7.1	541.5	536.1	78.9	1470.7
云 南	125.3	24.3	1942.2	342.3	60.7	1774.7
西 藏	0.2	0.1	3529.4	24.0	6.4	2644.3
陕 西	174.4	37.7	2162.8	300.8	59.0	1960.1
甘 肃	91.0	15.8	1740.1	351.1	63.5	1809.1
青 海	0.0	0.0	0.0	167.9	33.3	1982.1
宁 夏	13.2	3.2	2444.3	88.7	18.4	2076.7
新 疆	77.8	27.1	3485.4	264.3	66.8	2526.2

数据来源：国家统计局统计资料。

8.农产品生产价格指数（2005～2011年）

（上年＝100）

指　　标	2005年	2006年	2007年	2008年	2009年	2010年	2011年
农产品生产价格指数	**101.4**	**101.2**	**118.5**	**114.1**	**97.6**	**110.9**	**116.5**
农业产品	**101.6**	**104.5**	**109.8**	**108.4**	**102.9**	**116.6**	**107.8**
谷物	99.2	102.1	109.0	107.1	104.9	112.8	109.7
小麦	96.4	100.1	105.5	108.7	107.9	107.9	105.2
稻谷	101.6	102.0	105.4	106.6	105.2	112.8	113.3
玉米	98.0	103.0	115.0	107.3	98.5	116.1	109.9
大豆	94.2	99.2	124.2	119.7	92.3	107.9	106.3
油料	91.3	104.8	133.4	128.0	94.2	112.1	112.1
棉花	111.8	97.1	109.6	90.6	111.8	157.7	79.5
糖料	111.6	121.1	100.0	98.4	101.5	106.0	125.5
蔬菜	107.2	109.3	106.9	104.7	111.8	116.8	103.4
水果	107.4	111.4	101.3	101.4	107.0	118.9	106.2
林业产品	**104.8**	**112.8**	**104.4**	**108.5**	**94.9**	**122.8**	**114.9**
畜牧产品	**100.5**	**94.3**	**131.4**	**123.9**	**90.1**	**103.0**	**126.2**
猪（毛重）	97.6	90.6	145.9	130.8	81.6	98.3	137.0
牛（毛重）	101.7	100.6	117.5	123.6	101.0	104.7	108.1
羊（毛重）	101.7	101.8	121.0	118.8	101.1	108.7	115.7
家禽（毛重）	105.6	97.2	117.0	111.9	102.2	107.0	112.0
蛋类	106.4	96.0	115.9	112.2	102.8	107.5	112.6
奶类	99.6	102.9	106.2	125.5	91.6	115.3	108.1
渔业产品	**104.7**	**103.9**	**108.1**	**111.2**	**99.0**	**107.6**	**110.0**
海水养殖产品							111.5
海水捕捞产品							111.2
淡水养殖产品							109.5
淡水捕捞产品							103.7

数据来源：国家统计局统计资料。

9.居民消费价格指数（2005～2011年）

（上年＝100）

项　目	2005年	2006年	2007年	2008年	2009年	2010年	2011年
居民消费价格指数	**101.8**	**101.5**	**104.8**	**105.9**	**99.3**	**103.3**	**105.4**
食品	**102.9**	**102.3**	**112.3**	**114.3**	**100.7**	**107.2**	**111.8**
#粮食	101.4	102.7	106.3	107.0	105.6	111.8	112.2
油脂	94.3	98.6	126.7	125.4	81.7	103.8	113.4
肉禽及其制品	102.5	97.1	131.7	121.7	91.3	102.9	122.6
蛋	104.6	96.0	121.8	104.3	101.6	108.3	114.2
水产品	105.9	101.2	105.1	114.2	102.5	108.1	112.1
菜	109.1	108.2	107.9	111.0	113.6	118.5	101.1
糖	104.0	111.2	101.6	104.0	102.5	108.3	111.2
茶及饮料	100.1	101.0	101.5	103.7	101.8	101.3	104.0
干鲜瓜果	102.2	117.9	102.2	110.8	107.1	114.6	115.9
液体乳及乳制品	100.9	100.9	102.7	117.0	101.5	102.8	105.1
烟酒及用品	**100.4**	**100.6**	**101.7**	**102.9**	**101.5**	**101.6**	**102.8**
#烟草	100.4	100.2	100.8	100.4	100.4	100.5	100.3
酒	100.6	101.2	103.5	107.5	103.4	103.6	106.7
衣着	**98.3**	**99.4**	**99.4**	**98.5**	**98.0**	**99.0**	**102.1**
#服装	98.1	99.0	99.4	98.3	97.8	99.1	102.4
鞋袜帽	98.3	100.2	99.0	98.2	97.8	98.2	100.7
家庭设备用品及维修服务	**99.9**	**101.2**	**101.9**	**102.8**	**100.2**	**100.0**	**102.4**
#耐用消费品	98.8	100.8	101.6	101.2	98.1	98.5	100.4
室内装饰品	99.5	100.0	100.3	100.2	99.7	99.9	101.0
家庭服务及加工维修服务	104.4	105.8	107.2	109.0	105.2	106.7	111.4
医疗保健和个人用品	**99.9**	**101.1**	**102.1**	**102.9**	**101.2**	**103.2**	**103.4**
医疗保健	99.5	100.2	102.1	102.2	101.4	103.3	102.9
个人用品及服务	100.8	103.2	102.1	104.4	100.8	103.0	104.4
交通和通信	**99.0**	**99.9**	**99.1**	**99.1**	**97.6**	**99.6**	**100.5**
交通	101.5	103.2	100.8	102.2	98.6	101.7	102.6
通信	96.6	96.4	97.1	95.6	96.3	97.3	97.5
娱乐教育文化用品及服务	**102.2**	**99.5**	**99.0**	**99.3**	**99.3**	**100.6**	**100.4**
文娱用耐用消费品及服务	93.8	94.2	93.1	92.3	90.6	94.3	93.7
教育	105.1	100.0	99.6	100.5	101.6	101.4	101.3
文化娱乐	101.2	101.0	101.0	101.3	102.5	101.0	101.1
旅游	99.6	103.1	102.3	101.1	97.5	104.9	103.8
居住	**105.4**	**104.6**	**104.5**	**105.5**	**96.4**	**104.5**	**105.3**
建房及装修材料	102.6	103.9	105.1	107.1	100.2	103.3	104.7
住房租金	101.9	102.7	104.2	103.5	101.6	104.9	105.3
自有住房	105.6	103.7	107.0	102.8	85.3	103.6	106.5
水电燃料	108.6	105.9	103.0	106.4	97.9	105.5	103.5

数据来源：国家统计局统计资料。

10.人均主要农业产品产量（1978～2011年）

单位：公斤

年 份	粮食	棉花	油料	糖料	水果	水产品
1978	318.7	2.3	5.5	24.9	6.9	4.9
1980	326.7	2.8	7.8	29.7	6.9	4.6
1985	360.7	3.9	15.0	57.5	11.1	6.7
1990	393.1	4.0	14.2	63.6	16.5	10.9
1995	387.3	4.0	18.7	65.9	35.0	20.9
1996	414.4	3.5	18.2	68.7	38.2	27.0
1997	401.7	3.7	17.5	76.3	41.4	25.4
1998	412.5	3.6	18.6	78.8	43.9	27.2
1999	405.8	3.1	20.8	66.5	49.8	28.5
2000	366.0	3.5	23.4	60.5	49.3	29.4
2001	355.9	4.2	22.5	68.1	52.3	29.8
2002	357.0	3.8	22.6	80.4	54.3	30.9
2003	334.3	3.8	21.8	74.8	112.7	31.6
2004	362.2	4.9	23.7	73.8	118.4	32.8
2005	371.3	4.4	23.6	72.5	123.6	33.9
2006	379.9	5.7	20.1	76.4	130.4	35.0
2007	380.6	5.8	19.5	92.5	137.6	36.0
2008	399.1	5.7	22.3	101.3	145.1	37.0
2009	398.7	4.8	23.7	92.2	153.2	38.4
2010	408.7	4.5	24.2	89.8	160.0	40.2
2011	425.2	4.9	24.6	93.2	169.5	41.7

注：2003年起水果产量含果用瓜。
数据来源：国家统计局统计资料。

11.粮食成本收益变化情况表（1991～2011年）

单位：元

年份	每50公斤平均出售价格				每亩总成本				每亩净利润			
	粮食平均	稻谷	小麦	玉米	粮食平均	稻谷	小麦	玉米	粮食平均	稻谷	小麦	玉米
1991	26.1	28.5	30.0	21.1	153.9	188.4	138.4	135.3	34.3	62.4	6.3	34.0
1992	28.4	29.3	33.1	24.3	163.8	192.3	149.3	150.6	44.0	67.7	21.2	42.3
1993	35.8	40.4	36.5	30.2	178.6	211.2	169.8	155.2	92.3	145.1	35.6	95.8
1994	59.4	71.2	56.5	48.2	239.4	298.1	213.2	206.7	190.7	316.7	82.3	173.3
1995	75.1	82.1	75.4	67.0	321.8	391.4	281.7	292.2	223.9	311.1	130.5	230.1
1996	72.3	80.6	81.0	57.2	388.7	458.3	359.5	351.2	155.7	247.5	92.9	123.8
1997	65.1	69.4	70.1	55.8	386.1	450.2	349.5	358.4	105.4	171.8	74.8	69.8
1998	62.1	66.9	66.6	53.8	383.9	437.4	357.5	356.6	79.3	155.9	−6.2	88.2
1999	53.0	56.6	60.4	43.7	370.7	425.2	351.5	337.2	25.6	75.8	−12.1	11.2
2000	48.4	51.7	52.9	42.8	356.2	401.7	352.5	330.6	−3.2	50.1	−28.8	−6.9
2001	51.5	53.7	52.5	48.3	350.6	400.5	323.6	327.9	39.4	81.4	−27.5	64.3
2002	49.2	51.4	51.3	45.6	370.4	415.8	342.7	351.6	4.9	37.6	−52.7	30.8
2003	56.5	60.1	56.4	52.7	368.3	419.1	339.6	347.6	42.9	94.9	−30.3	62.8
2004	70.7	79.8	74.5	58.1	395.5	454.6	355.9	375.7	196.5	285.1	169.6	134.9
2005	67.4	77.7	69.0	55.5	425.0	493.3	389.6	392.3	122.6	192.7	79.4	95.5
2006	72.0	80.6	71.6	63.4	444.9	518.2	404.8	411.8	155.0	202.4	117.7	144.8
2007	78.8	85.2	75.6	74.8	481.1	555.2	438.6	449.7	185.2	229.1	125.3	200.8
2008	83.5	95.1	82.8	72.5	562.4	665.1	498.6	523.5	186.4	235.6	164.5	159.2
2009	91.3	99.1	92.4	82.0	630.3	716.7	592.0	582.3	162.4	217.6	125.5	144.2
2010	103.8	118.0	99.0	93.6	672.7	766.6	618.6	632.6	227.2	309.8	132.2	239.7
2011	115.4	134.5	104.0	106.1	791.2	897.0	712.3	764.2	250.8	371.3	117.9	263.1

数据来源：国家发展改革委统计资料。

12.全国国有粮食企业主要粮食品种收购量（1978～2011年）

单位：贸易粮，万吨

年份	粮食合计	小麦	大米	玉米	大豆	其他
1978	5110.15	1176.80	1995.70	1046.65	216.00	675.00
1979	5925.00	1562.55	2200.95	1280.95	205.00	675.55
1980	5882.10	1396.10	2214.50	1357.75	296.50	617.25
1981	6255.50	1418.30	2421.05	1408.00	412.60	595.55
1982	7367.45	1933.60	2900.30	1427.40	401.65	704.50
1983	9879.55	2763.30	3312.40	2337.75	409.80	1056.30
1984	11165.85	3427.00	3858.10	2588.05	382.35	910.35
1985	7925.50	2666.10	3012.90	1374.20	503.30	369.00
1986	9453.20	2842.00	3258.70	2183.10	653.70	515.70
1987	9920.10	2816.20	3143.70	2848.60	609.70	501.90
1988	9430.40	2673.90	3185.90	2414.70	693.50	462.40
1989	10040.20	2855.50	3622.90	2587.70	620.00	354.10
1990	12364.50	3646.60	4316.00	3372.80	661.20	367.90
1991	11423.00	3392.45	3810.00	3338.40	582.20	299.95
1992	10414.35	3841.40	3272.60	2621.70	406.10	272.55
1993	9233.95	3373.10	2505.00	2469.95	606.20	279.70
1994	9226.41	3230.41	2697.60	2185.00	732.20	381.20
1995	9443.80	3125.00	3061.40	2435.60	522.50	299.30
1996	11919.80	3614.80	3382.15	4224.65	437.80	260.40
1997	11535.40	4600.20	3510.55	2692.15	515.20	217.30
1998	9654.50	2795.60	2562.00	3867.40	351.00	78.50
1999	12807.70	3863.30	3186.10	5425.10	246.60	86.60
2000	11695.10	4018.20	3327.30	4019.20	237.90	92.50
2001	11784.15	4437.85	2798.80	4128.20	326.80	92.50
2002	10826.25	4201.30	2189.60	4181.95	140.40	113.00
2003	9717.05	3682.00	2109.80	3702.45	120.30	102.50
2004	8919.45	3448.10	2138.05	3158.10	91.00	84.20
2005	11493.75	3745.20	2572.25	4529.90	506.00	140.40
2006	12256.50	6039.95	2153.45	3424.70	492.20	146.20
2007	10167.40	4733.15	1985.05	3008.30	321.45	119.45
2008	15470.88	6712.73	3604.84	4754.18	313.47	85.65
2009	15223.00	6833.95	2637.45	4988.45	653.00	110.15
2010	12406.00	6177.70	2135.95	3333.65	648.80	109.90
2011	11442.65	4650.40	2799.30	3428.10	465.65	99.20

注：1978～2002年粮食购销存数字按粮食年度统计，粮食年度是指当年4月1日至翌年3月31日。从2003年开始，粮食统计年度改为日历年度。年度数字均为国有粮食企业收购量。

数据来源：国家粮食局统计资料。

13.全国国有粮食企业主要粮食品种销售量（1978～2011年）

单位：贸易粮，万吨

年份	粮食合计	小麦	大米	玉米	大豆	其他
1978	5343.45	1869.50	1773.90	876.10	162.45	661.50
1979	5679.05	1940.30	1826.00	1067.90	179.80	665.05
1980	6416.80	2256.75	2014.30	1301.45	204.40	639.90
1981	7223.25	2563.50	2122.90	1622.25	239.00	675.60
1982	7710.40	2858.05	2289.45	1596.70	271.80	694.40
1983	8003.20	3005.90	2497.65	1458.50	288.75	752.40
1984	10417.85	3699.65	3438.50	1931.95	355.25	992.50
1985	8564.90	3078.50	3006.30	1328.10	322.90	829.10
1986	9347.70	3618.10	3243.90	1357.00	321.30	807.40
1987	9190.80	3643.30	3080.00	1423.80	355.50	688.20
1988	10091.00	3885.20	3038.00	1898.60	406.70	862.50
1989	8931.10	3521.80	2566.20	1846.10	346.50	650.50
1990	9033.30	3574.90	2770.50	1723.10	341.70	623.10
1991	10433.00	4085.00	3267.40	1046.30	1402.60	631.70
1992	9000.00	3247.00	3044.43	1637.30	256.80	814.47
1993	6700.30	2848.50	2128.50	1088.20	229.90	405.20
1994	7648.40	3328.20	2609.40	1121.30	234.00	355.50
1995	9264.20	3707.60	2896.80	1570.00	620.30	469.50
1996	7340.55	3090.25	2259.48	1346.72	356.80	287.30
1997	6830.65	2439.29	2042.94	1632.34	429.40	286.70
1998	6115.95	2137.10	1795.45	1648.50	348.60	186.30
1999	9353.25	3137.15	2420.90	3197.60	439.40	158.20
2000	12556.90	3961.88	3029.80	4718.50	645.50	201.20
2001	8528.70	3225.60	2155.60	2574.90	439.20	133.40
2002	12070.00	4733.00	3155.50	3551.50	510.50	119.50
2003	13453.70	5500.30	3559.05	3800.85	422.20	171.30
2004	11944.00	4640.60	3246.20	3574.50	309.30	173.40
2005	12138.30	4276.90	2556.75	4348.75	841.70	114.20
2006	12034.15	4246.10	2671.35	4133.20	847.60	135.90
2007	12958.25	5104.00	2896.00	3890.35	892.75	175.15
2008	15324.79	7352.83	3120.00	3985.40	755.91	110.65
2009	16693.18	7094.24	3054.12	5261.36	1145.71	137.75
2010	18911.25	7569.00	3047.63	6454.77	1662.90	176.94
2011	18922.45	7342.20	3609.45	5839.05	1992.20	139.55

注：1978～2002年粮食购销存数字按粮食年度统计，粮食年度是指当年4月1日至翌年3月31日。从2003年开始，粮食统计年度改为日历年度。年度数字均为国有粮食企业销售量。

数据来源：国家粮食局统计资料。

14.全国粮油进口情况表（1992～2011年）

单位：万吨

年份	粮食						大豆	食用植物油
		谷物						
			小麦	大米	玉米	大麦		
1992	1182	1152	1058	10	0	0	0	38
1993	16	1	1	0	0	0	0	24
1994	925	913	730	51	0	0	0	161
1995	2083	2036	1159	164	518	0	0	214
1996	1106	1078	825	76	44	0	0	163
1997	738	410	186	33	0	187	288	159
1998	742	382	149	24	25	152	319	113
1999	809	334	45	17	7	227	432	89
2000	1391	312	91	24	0	196	1042	41
2001	1950	344	74	27	4	237	1394	149
2002	1605	285	63	24	1	191	1131	266
2003	2526	208	45	26	0	136	2074	441
2004	3352	974	726	76	0	171	2023	529
2005	3647	627	354	51	0	218	2659	472
2006	3714	358	61	72	7	213	2824	581
2007	3731	155	10	49	4	91	3082	767
2008	4131	154	4	33	5	108	3744	753
2009	5223	315	90	36	8	174	4255	816
2010	6695	571	123	39	157	237	5480	687
2011	6390	545	126	60	175	178	5264	657

数据来源：国家发展改革委统计资料。

15.全国粮油出口情况表（1992～2011年）

单位：万吨

年份	粮食	谷物					大豆	食用植物油
			小麦	大米	玉米	大麦		
1992	1391	1194	0	95	1034	0	0	6
1993	151	1	0	0	1	0	0	13
1994	1306	1088	11	152	874	0	0	27
1995	162	43	2	5	11	0	0	25
1996	135	68	0	27	16	0	0	
1997	878	788	0	94	662	1	19	71
1998	939	861	1	374	469	1	17	27
1999	840	721	0	271	431	1	20	9
2000	1452	1359	19	295	1029	0	21	11
2001	991	876	71	186	600	0	25	13
2002	1620	1482	98	198	1167	0	28	10
2003	2355	2195	251	260	1640	0	27	6
2004	620	473	109	90	232	0	33	7
2005	1182	1014	60	67	864	0	40	23
2006	774	605	151	124	310	1	38	40
2007	1169	987	307	134	492	12	46	17
2008	379	181	31	97	27	1	47	25
2009	328	132	25	78	13	1	35	11
2010	275	120	28	62	13	1	16	9
2011	288	116	33	52	14	1	21	12

数据来源：国家发展改革委统计资料。

16.2011年粮食行业机构与从业人员情况年报表

2011年度

填报单位：全国

项 目	粮食行业机构													
	机构总数	按层次划分				人员总数								
		中央	省、自治区、直辖市	省辖市、自治州、行署	县（市、区）及以下		其中：女	其中：少数民族	其中：中共党员	1.在岗职工	其中：企业经营管理人员	其中：专业技术人员	其中：技术工人	长期职工
甲	1	2	3	4	5	6	7	8	9	10	11	12	13	14
总 计	44916	594	721	4582	39019	1016545	296059	47830	248179	982557	136292	117958	167579	911192
一、行政管理部门	2826	2	42	413	2369	47870	11624	4015	38394	47709	0	818	4599	47464
二、事业单位	2934	9	205	658	2062	37021	12908	2501	19428	36620	0	11428	7545	36022
三、粮食经营企业单位	39156	583	474	3511	34588	931654	271527	41314	190357	898228	136292	105712	155435	827706
其中：国有及国有控股企业	15151	583	363	2387	12818	464280	142748	20709	140472	447158	88885	63000	80546	431308

注：

1. “机构总数”：指具有法人资格的独立核算单位。
2. “从业人员”：指报告期的最后一天，在各级国家机关、政党机关、社会团体及企业、事业单位中工作，取得工资或其他形式的劳动报酬的全部人 员。包括在岗职工、再就业的离退休人员、民办教师以及在各单位中工作的外方人员和港澳台方人员、兼职人员、借用的外单位人员和第二职业者。不包括离开单位仍保留劳动关系的职工。
3. “在岗职工”：指在本单位工作并由单位支付工资的人员，以及有工作岗位，但由于学习、病伤产假（六个月以内）等原因暂未工作，仍由单位支付工资的人员。其中，长期职工是指用工期限在一年以上（含一年）的在岗职工，当年新分配的大中专技校毕业生虽在当年用工期限不满一年，但应视为长期职工；临时职工是指用工期限在一年以内的在岗职工，包括签订一年以内的劳动合同或使用期不超过一年的临时性、季节性用工，如临时招用的清洁工、司炉工等。
4. “其他从业人员”：是指劳动统计制度规定不作在岗职工统计，但实际参加各单位工作并取得劳动报酬的人员。包括：聘用和留用的离退休人员；聘用的外籍人员和港、澳、台方人员；领取补贴的人员（指主要由街道、里弄临时安排到单位劳动锻炼的待业青年和犯了错误开除公职留用察看的人员）、兼职人员和从事第二职业者，不包括领取报酬的在校学生；使用外单位离岗职工。
5. “离开本单位仍保留劳动关系的职工”：指由于各种原因，已经离开本人的生产或工作岗位，并已不在本单位从事其他工作，但仍与本单位保留劳动关系的职工。包括内部退养、长期病休、协保、无岗待工、轮流歇工，放长假、停薪留职和借到外单位工作并由外单位支付劳动报酬的人员等。
6. “学历”：指在国家认可的各类学校接受正规教育的学习经历，有国家认可的毕业证书，含全日制教育和在职教育。其中，研究生含博士研究生、硕士研究生。参加各种课程进修班学习获得结业证书的，不作为学历依据。
7. “粮食经营企业单位”：指辖区内所有从事粮食收购、销售、存储、加工、进出口等经营活动的企业单位。

数据来源：国家粮食局统计资料。

单位：个，人

从业人员															
	按层次划分				按学历划分						按年龄划分				
按用工期限划分 临时职工	2. 其他从业人员	中央	省、自治区、直辖市	省辖市、自治州、行署	县（市、区）及以下	研究生	大学本科	大学专科	中专	高中	初中及以下	35岁及以下	36～45岁	46～54岁	55岁及以上
15	16	17	18	19	20	21	22	23	24	25	26	27	28	29	30
71365	33988	65668	41260	168315	741302	6154	82251	178215	170466	321205	258254	308924	386296	256701	64624
245	161	144	1901	9027	36798	1374	13960	20268	5546	5191	1531	5171	13219	22471	7009
598	401	422	6569	7835	22195	1022	8944	12213	5263	7155	2424	8319	12683	12713	3306
70522	33426	65102	32790	151453	682309	3758	59347	145734	159657	308859	254299	295434	360394	221517	54309
15850	17122	65102	28137	74396	296645	2088	31374	86497	87410	152891	104020	120905	187864	127202	28309

后　记

经国家粮食局批准，在有关部门的大力支持下，《中国粮食发展报告》自2004年以来已连续出版8年，受到社会的普遍关注，得到了有关部门及社会各界的一致肯定。《2012中国粮食发展报告》(以下简称《报告》)全面、客观地介绍了我国2011年粮食发展情况，针对当前粮食生产和流通领域的热点、难点问题进行了对策研究，较为完整地收录了粮食行业统计资料。《报告》(包括附表)所有统计资料和数据均未包括我国香港、澳门特别行政区和台湾地区。

《报告》在编写过程中得到了国家发展改革委、农业部、国家统计局等有关部门的大力支持，参加《报告》编写工作的部门及单位有：国家发展改革委经贸司、农经司、价格司，农业部种植业管理司，国家统计局综合司、农村司，国家粮食局办公室、人事司、外事司、调控司、政策法规司、监督检查司、财务司、流通与科技发展司，国家粮油信息中心、标准质量中心、发展交流中心，中国粮油学会、中国粮食行业协会杂粮分会等。

在此，谨向在《报告》编写过程中给予大力支持的领导、专家和同志们表示衷心的感谢！《报告》如有不妥之处，敬请批评指正。

中国粮食研究培训中心
《中国粮食发展报告》编辑部
2012年9月28日